本书为河南省"中原历史文化"特色学科群
研究成果

本书出版得到郑州大学

历史文化遗产保护研究中心

考古学一级学科博士点学科建设项目

资助

"中原历史文化"研究丛书

鲁东南沿海地区聚落选址与聚落变迁研究

惠夕平 著

科学出版社
北京

内 容 简 介

对古代聚落和社会变迁的研究是当前学界关注的重要焦点之一。本书在地理信息系统的支持下对鲁东南沿海一带史前至汉代的聚落选址和聚落变迁进行研究。作者首先对地理信息系统在国内外考古学和文化遗产保护、研究中的应用和发展现状进行了梳理,之后以不同时期聚落选址为切入点,对不同时期聚落选址与环境因素的关系进行一般性讨论。在上述讨论的基础上区域内重要资源的获取和流通方式、区域中心的转移等问题进行了初步讨论。在对环境因素进行考察的同时,本研究对不同时期聚落形态特别是高等级聚落的微观布局变化进行了梳理,以考察古代社会组织和结构发展在聚落内部空间布局上的变化。

本书可供考古专业师生及考古、历史、环境等领域的研究者阅读。

图书在版编目(CIP)数据

鲁东南沿海地区聚落选址与聚落变迁研究 / 惠夕平著. —北京:科学出版社,2016.10
("中原历史文化"研究丛书/韩国河主编)
ISBN 978-7-03-050195-0

Ⅰ.①鲁… Ⅱ.①惠… Ⅲ.①聚落地理–考古–山东 Ⅳ.①K928.5

中国版本图书馆CIP数据核字(2016)第241157号

责任编辑:张亚娜 / 责任校对:邹慧卿
责任印制:肖 兴 / 封面设计:张 放

科学出版社 出版
北京东黄城根北街16号
邮政编码:100717
http://www.sciencep.com

中国科学院印刷厂 印刷
科学出版社发行 各地新华书店经销

*

2016年10月第 一 版 开本:787×1092 1/16
2016年10月第一次印刷 印张:11 1/4 插页:10
字数:250 000

定价:**138.00元**
(如有印装质量问题,我社负责调换)

"中原历史文化"研究丛书编委会

学术顾问　刘庆柱
主　　编　韩国河
编委会成员（按姓氏笔画排序）

　　　　　　王星光　安国楼　李　锋　张民服　张国硕

　　　　　　陈天社　袁延胜　韩国河　谢晓鹏　戴庞海

序

自20世纪80年代以来,聚落考古方法逐渐引入国内学界,并获得飞速发展。伴随着研究的日益深入,中国考古学的研究内容和主要目的逐渐由以器物编年研究为主向古代环境和社会的研究过渡。新技术和新方法在中国现代考古学研究中的尝试和探索如雨后春笋般出现,跨学科、精细化的研究已经成为中国考古学发展的鲜明特色。在这一发展过程中,以地理信息系统技术(GIS)、全球定位系统(GPS)和遥感技术(RS)为主要内容的3S技术在推动考古学和文化遗产研究及基础信息管理等领域发挥了巨大作用,尤其是地理信息系统软件的空间分析功能与考古学空间研究密切结合,在考古基础数据管理、空间分析与建模等领域具有得天独厚的优势,成为考古学和文化遗产领域未来发展的重要趋势。惠夕平博士的《鲁东南沿海地区聚落选址与聚落变迁研究》就是在地理信息系统软件的支持下对鲁东南沿海地区区域系统考古调查所获资料进行的研究。

该书的研究内容主要包含聚落选址和聚落形态变迁两部分。首先,作者在地理信息系统软件的支持下,结合土壤、地形地貌、岩石资源、坡向等数据对鲁东南沿海区域史前至汉代这一长时段内聚落选址进行了一般讨论;其次,利用地理信息系统成本分析和最优路径分析的基本原理和方法,生成研究区域内的主要通道,并与不同时期的聚落分布相结合,探讨影响和制约自史前至秦汉帝国时代聚落选址的自然和社会因素;最后,结合推动社会复杂化发展的动力等相关问题,对大汶口龙山时代北部区域中心由丹土向两城镇的转移进行了讨论。在对聚落形态变迁进行讨论的过程中,作者以微观层面的探讨为主,对不同时期聚落形态特别是高等级聚落的微观布局变化进行了梳理,以考察古代社会发展在聚落内部空间布局上的变化。全书包括绪论和四个章节:绪论对该书的研究目的、选题和研究方法进行了交代,并对相关领域的研究进行了梳理;第一章对研究区域内的自然地理环境和全新世以来的地理环境变迁研究进行了介绍和总结;第二章至第四章为该书的重点,分别从聚落与环境、聚落选址对重要通道的利用状况和个案研究等方面进行了分析。

如果从20世纪30年代开始的调查和发掘开始算起,鲁东南沿海地区的考古研究已经进行了80余年,几乎与我国科学考古学的历程同步,也与考古学在我国的发展一脉相承。经历了中华文化的探源与20世纪30年代中央研究院历史语言研究所的调查和发掘、区系类型学说的建立与1949年至20世纪80年代的研究,以及20世纪90年代考古学研究的转型和聚落考古的新实践等几个大的发展阶段,两城镇、丹土、尧王城等遗址的工作历程已经成为了解早期中国文化和考古学史的重要见证。始自20世纪90年代的区域系统调查工作为全面透视这一区域的聚落和社会变迁提供了新视角和新材料,正如我们在《鲁东南沿海地区系统考古调查报告》中所指出的:"它能通过某些重要发现,为区域社会政治变迁的深入研究提供基础性信息,甚至能够为历史时期低层行政系统的复原提供必要的历史地理资料。"

借助于地理信息系统软件的空间分析功能，作者在该书中就相关问题进行了探讨，尤其是借助于成本分析和最优路径分析的基本原理和方法对交通网络和资源获取与流通等问题进行了探讨，从而为观察和了解聚落形态变迁提供了新视角。人地关系是聚落形态研究的重要内容，通过对不同时期、不同聚落的空间布局及其与所处生态环境的考察，可以为长时段聚落和社会变迁研究提供重要资料。作者把鲁东南沿海地区史前至汉代聚落和社会变迁的历程归纳为三个大的发展阶段：一是代表早期文明和国家的起源与发展的龙山时代，包括大汶口文化晚期和龙山文化，早期城市的诞生、手工业生产专业化、图像文字的出现成为这一时期的鲜明代表；二是岳石与商文化时期，鲁东南沿海一带进入社会发展衰退、人口流失、聚落发展低潮期；三是西周至秦汉大一统时期。西周时期开始，研究区域内的聚落和社会发展又开始逐渐得到恢复，历经东周秦汉时期，帝国的发展在聚落形态变迁上留下了深刻的印记。

自然科学手段与考古学的结合历来是比较棘手的问题，在学科发展的早期往往会出现各说各话的问题。在该书的研究中，作者力图把地理信息系统与考古学研究密切结合起来，避免出现两张皮、相互脱离的现象。从研究成果来看，作者已经初步做到了这一点。需要指出的是，聚落形态研究包含多方面的内容，由于篇幅的限制，作者2011年之后的研究内容没有纳入该书，这不能不说是一个遗憾。期待作者继续在这个领域探索，并取得更大成就。

方辉

2016年7月26日于山东大学

目 录

序 ·· （i）

绪论 ·· （1）

  第一节　本研究课题的提出和选定 ·· （1）

  第二节　地理信息系统支持下的考古学研究的历史与现状 ······························· （4）

    一、国外相关研究的发展 ·· （5）

    二、国内相关研究的发展 ·· （7）

    三、未来的发展趋势 ·· （10）

  第三节　本书的研究方法 ··· （11）

  第四节　几个需要说明的问题 ·· （13）

第一章　鲁东南沿海地区的自然地理状况和全新世以来的地理环境变迁 ············ （15）

  第一节　研究区域内的自然环境状况 ·· （15）

    一、地理位置与自然地理基本状况 ·· （15）

    二、研究区域内的土壤类型、分布及其性状 ··· （16）

    三、研究区域内的地质地貌状况及其分类 ·· （18）

  第二节　鲁东南沿海地区全新世以来古地理环境与海岸线变迁 ························ （18）

  第三节　研究区域内的古环境研究与重建工作 ·· （21）

  小结 ·· （23）

第二章　史前至汉代聚落形态与聚落选址讨论 ··· （24）

  第一节　概述 ·· （24）

  第二节　研究方法与数据来源 ·· （25）

  第三节　史前至汉代不同时期的聚落选址与聚落形态讨论 ······························ （29）

    一、北辛文化 ·· （29）

    二、大汶口文化 ·· （30）

    三、龙山文化 ·· （38）

四、岳石文化 .... （49）
　　五、商文化 .... （55）
　　六、两周时期 .... （58）
　　七、秦汉时期 .... （63）
　　八、本章分析所选部分环境因素的讨论 .... （70）
小结 .... （71）
　　一、微观聚落形态的探讨 .... （71）
　　二、宏观领域的聚落形态特点 .... （72）

第三章　最优路径、聚落选址和资源获取与流通——地理信息系统支持下的成本分析初步讨论 .... （74）

第一节　概述 .... （74）
第二节　理论方法与数据来源 .... （76）
第三节　研究区域内主要路径的生成 .... （81）
第四节　不同时期聚落分布与最优路径的叠加分析 .... （83）
　　一、大汶口文化 .... （83）
　　二、龙山文化 .... （84）
　　三、岳石与商文化 .... （90）
　　四、两周时期 .... （91）
　　五、秦汉时期 .... （95）
第五节　最优路径分析与资源开发及产品流通问题的初步探讨 .... （102）
　　一、地方志和文献资料所载的矿产资源状况 .... （104）
　　二、考古所发现的重要资源的利用 .... （105）
　　三、几种资源和手工业制成品的初步讨论 .... （109）
第六节　不同时期交通路线比对及其反映的问题 .... （113）
第七节　河流水文、最优路径与聚落选址 .... （116）
第八节　相关问题的讨论 .... （118）
小结 .... （119）

第四章　从丹土到两城镇——地理信息系统支持下的技术经济角度的考察 .... （121）

第一节　概述 .... （121）
第二节　丹土与两城镇遗址的发现和研究历程 .... （125）
　　一、中华文化的探源与20世纪30年代史语所在鲁东南一带的调查和发掘工作 .... （125）

二、区系类型学说的建立与1949年新中国成立后至20世纪80年代的研究 ……（126）
　　三、考古学研究的转型和聚落考古的新实践 …………………………（128）
　第三节　丹土的聚落选址 ……………………………………………………（130）
　第四节　从丹土到两城镇 ……………………………………………………（131）
　　一、资源流通与贸易交换通道的影响——最优路径分析 ……………（132）
　　二、农业生产适宜性与可耕地的比较 …………………………………（134）
　　三、稻作农业及其影响 …………………………………………………（140）
　第五节　对本章所用研究方法的一点看法 …………………………………（146）

结语 …………………………………………………………………………（148）

参考书目 ……………………………………………………………………（151）
　一、地图、数据、实验教程等 ……………………………………………（151）
　二、地方志与历史文献资料 ………………………………………………（151）
　三、研究专著与论文集 ……………………………………………………（152）
　四、研究论文 ………………………………………………………………（153）
　五、考古调查、发掘报告类 ………………………………………………（158）

附表 …………………………………………………………………………（160）

后记 …………………………………………………………………………（167）

绪　　论

第一节　本研究课题的提出和选定

聚落与环境考古研究在国内方兴未艾。自20世纪80年代以来，欧美地区流行的一些聚落形态研究的理论和方法不断被介绍到国内，与中国考古学的实践相结合，逐渐改变了之前以文化史为主的学科取向，初步形成了自己的特色；考古学研究的主要目标，也由之前的年代学探索与文化谱系构建，开始转向人与社会的研究，拓展到"以人、社会、环境、资源及其相互关系为主要内容的社会考古领域"[①]。这些都是在20世纪20~30年代以来世界范围内考古学理论方法研究的蓬勃发展与现代科学技术广泛介入的基础上发生的。当代中国考古学研究正呈现出一种跨学科、多角度、精细化的趋向。聚落考古研究在国内的实践工作，严文明先生认为20世纪30年代安阳殷墟的发掘就已经开始，50年代西安半坡遗址的发掘已经开始通过对聚落的研究来复原社会组织[②]。这两个时期的工作，前者是在原中央研究院历史语言研究所相关学者的推动下进行的，后者则吸收了当时苏联考古学研究的经验，遗憾的是这两种学术实践都没有在之后一段时期国内的考古学研究中得到很好的继承与发展。自20世纪90年代中后期开始，区域性的聚落形态研究在国内开始发展起来，一些学者把区域系统调查与有选择的重点遗址发掘相结合，来考察广阔空间范围内长时段的聚落形态变迁和社会发展，围绕着学术界所关注的一系列重大问题，如社会复杂化发展、早期文明国家的起源与形成等，进行了一系列尝试，取得了令人瞩目的研究成果[③]。

聚落考古的发展促进了研究方法的发展和变革。空间观念的注重和提出，为在更宽广

[①]《考古学概论》编写组：《考古学概论》，北京：高等教育出版社，2015年，第339页。

[②] 严文明：《关于聚落考古的方法问题》，《中国聚落考古的理论与实践（第一辑）——纪念新砦遗址发掘30周年学术研讨会论文集》，北京：科学出版社，2009年，第9页。

[③] 类似的研究较多，如A. 中美两城地区联合考古队：《山东日照两城地区的考古调查》，《考古》1997年第4期，第1~15页；《山东日照地区系统区域调查的新收获》，《考古》2002年第5期，第10~18页；方辉等：《鲁东南沿海地区聚落形态变迁与社会复杂化进程研究》，《东方考古》（第4集），北京：科学出版社，2008年，第253~287页。B. 陈星灿等：《中国文明腹地的社会复杂化进程——伊洛河地区的聚落形态研究》，《考古学报》2003年第2期，第162~218页。C. 赤峰中美考古研究项目：《内蒙古东部（赤峰）区域考古调查阶段性报告》，北京：科学出版社，2003年。D. 中国社会科学院考古研究所二里头工作队：《河南洛阳盆地2001~2003年考古调查简报》，《偃师二里头遗址研究》，北京：科学出版社，2005年。E. 中国国家博物馆考古部：《垣曲盆地聚落考古研究》，北京：科学出版社，2007年。

的范围内探讨人类文化变迁与行为模式选择提供了一个很好的视角,"探讨考古遗存的空间问题是考古学的恒久课题"①。空间分析是进行聚落考古研究的重要方法,在20世纪80年代的演讲中,张光直将空间分析与文化生态学和系统理论视作聚落形态研究三个同时并进的重要焦点②。这既包括单一聚落形态、布局及结构的研究,又包括不同时期不同聚落的空间布局及其与所处生态环境的关系③。对环境因素的重视是近二十年来国内考古学发展的趋势之一,当然,聚落考古研究的主要目的并不仅仅是聚落问题的自然环境④,而是通过对古代地形地貌、水文、土壤、降水、地质等自然因素的综合考察,来复原古代社会及其发展过程。

在与自然环境因素的结合上,地理信息系统有着得天独厚的优势。经过几十年的发展,地理信息系统支持下的考古研究在西方获得长足发展。在探索聚落空间分布及其所呈现出的人类行为模式变迁的过程中,北美地区的学者将此前已在文化遗产管理领域成功运用的地理信息系统引入人类学和考古学研究;在欧洲范围内,景观考古的发展与地理信息系统的应用相得益彰,推动了地理信息系统支持之下考古研究的迅速发展。同类研究在国内起步相对较晚,但发展较快,自20世纪90年代后期以来,不断有学者将地理信息系统应用于考古学研究的一些理论方法介绍到国内,并在实际工作中加以运用。

较之于传统的分析方法,地理信息系统支持的空间分析的优势是显而易见的。斯坦顿指出了传统分析方法主要是统计学方法的一些局限:第一,传统方法很难用来描述和分析连续性数据(continuous data);第二,经典理论(classical theory)往往不适用于没有边界的空间数据;第三,传统分析方法缺乏固有的内部分割属性来确定有意义的空间分析单元(spatial unit);第四,传统统计学方法不具备同时对空间范围内的多重数据进行描述和关联的能力⑤。随着学科的发展和研究的深入,许多学者利用地理信息系统开展了一系列基于社会层面的考古学问题的探讨,如人口估算和可耕地统计、可视域与意识形态问题、古代交通研究、早期国家与社会统治疆域的推算等,已经初步显示出地理信息系统工具在类似研究上的巨大优势。

自史前时期特别是新石器时代开始到汉代的结束(220年)是西方一些学者所称的"早期中国"时期。这一时段"经历了从文明起源到文化初步成型的成长过程","不仅

---

① 曹兵武:《GIS与考古学》,《考古与文物》1997年第4期,第79~84页。
② 张光直:《考古学专题六讲》,北京:文物出版社,1986年,第78页。
③ 综合多位学者的意见,主要有张光直:《考古学专题六讲》,北京:文物出版社,1986年,第74~94页;严文明:《聚落考古与史前社会研究》,《文物》1997年第6期,第27~35页;张忠培:《聚落考古初论》,《中原文物》1999年第1期,第31~33页;栾丰实等:《考古学理论方法技术》,北京:文物出版社,2002年,第120~140页。
④ 〔美〕高登·R. 威利著,贾明伟译:《维鲁河谷课题与聚落考古——回顾与当前的认识》,《华夏考古》2004年第1期,第66~68页。
⑤ Green. S W. Approaching archaeological space: an introduction to the volume. In: Allen K M S, Green S W, Zubrow E B W, eds. Interpreting space: GIS and archaeology, London: Taylor & Francis, 1990: 3-8.

奠定了中华文明的基础，也孕育、塑造了此后长期延续的传统中国文化的基本性格"①。日照地区虽偏处一隅，与传统典籍中中原地区的核心地位不可同日而语，但从区域内史前至汉代考古研究的现状来看，建立在传统文献基础上的史学体系，与越来越清晰的早期社会发展面貌存在诸多不符②。日照地区龙山时代的考古研究表明，这一地区的社会发展尤其是史前文化在早期中国社会复杂化进程与文明和国家起源的研究中占有重要的地位。

本书拟在地理信息系统软件的支持下对鲁东南沿海地区史前至汉代聚落考古进行研究，以不同时期的聚落选址为切入点，对不同时期的聚落布局及其影响因素进行讨论。空间分析方法与聚落考古研究思想密不可分，这种方法最早发端于欧美地区的地理学研究实践中，后来为考古学家所借用，其中最突出的表现则是部分学者对中心地理论的借鉴和运用。中心地理论由德国学者沃尔特·克里斯泰勒于1933年在其博士论文《南部德国的中心地》中率先提出③，后来被认为是20世纪人文地理学研究最重要的贡献之一。自现代考古学在国内诞生伊始，尽管没有提出明确的理论和研究方法，研究人员已经有意识地将其应用到考古学中，如前文所提到的半坡遗址等的发掘。当然，地理信息系统在考古学上的应用并不仅限于此，这种工具几乎可以应用在现代考古学研究的各个层面，从遗址发掘数据采集、管理、分析、展示到自动成图，从不同遗址、遗迹之间的关系研究到遗址和区域环境复原尝试，乃至文化遗产保护和管理领域都可以找到其用武之地。

本书研究利用了山东大学与国外相关机构合作进行的鲁东南沿海地区区域系统调查13年的资料④，并结合历年来该区域已公布的考古发掘资料来考察史前至汉代聚落变迁。该时段日照沿海地区的区域系统调查始于1995年，终止于2008年。13年的调查积累了丰富的资料，这既包括研究区域内史前至汉代遗址的地表文化遗物、聚落面积、地形地貌信息，又包括研究人员采集的典型陶片与石器工具及不同时期聚落址上的陶片密度统计等。另外，还对于文化层堆积比较丰富的并暴露的遗址土壤采样，并进行了浮选工作⑤。调查期间，研究人员对两城镇遗址进行了发掘，获得了丰富的资料，对于深入了解该区域内龙山时代考古学文化发展以及中心性聚落的形态变迁积累了丰富的资料⑥。此外，相关机构还先后对区域内的东海峪、尧王城、丹土、六甲庄等重要遗址进行了发掘，积累了较为丰富的资料。所有这些都为本书的聚落选址考察与聚落形态变迁讨论提供了重要资料。需要说

---

① 引自朱渊清为上海古籍出版社所编之"早期中国研究丛书"之"序"。见〔美〕夏含夷主编：《远方的时习——〈古代中国〉精选集》，上海：上海古籍出版社，2008年。

② 有学者根据文献与考古材料进行了分析，如江林昌：《五帝时代中华文明的重心不在中原——兼谈传世先秦秦汉文献的某些观念偏见》，《东岳论丛》2007年第3期，第9～21页。

③ 葛本中：《中心地理论评价及其发展趋势研究》，《安徽师大学报》1989年第2期，第80～88页。

④ 中美日照地区联合考古队：《鲁东南沿海地区系统考古调查报告》，北京：文物出版社，2012年。

⑤ 方辉等：《鲁东南沿海地区聚落形态变迁与社会复杂化研究》，《东方考古》（第4集），北京：科学出版社，2008年，第253～287页。

⑥ 中美两城地区联合考古队：《山东日照市两城镇遗址1998～2001年发掘简报》，《考古》2004年第9期，第7～18页。

明的是，由于调查报告对研究区域内宏观层面的聚落形态已进行了较为深入的讨论[①]，本书的研究将从环境因素出发对史前至汉代时期的聚落选址问题进行探讨，并对微观层面的聚落变迁尤其是高等级聚落的内部布局变化进行初步分析。

聚落选址问题是包括考古学家在内的众多学科研究人员的关注焦点，地理学、人类学、历史学、社会学等不同领域的学者从各自的角度出发，对聚落及其相关问题进行了深入研究。影响聚落选址的因素有很多，既有自然环境因素，如地形地貌、光照、海拔、土壤类型与土地利用、气候、交通等因素，又受各种社会因素的制约，如政府统治策略、文化观念、经济结构、贸易和市场的形成等。下文将结合鲁东南沿海地区的具体状况进行分析。

第二节　地理信息系统支持下的考古学研究的历史与现状

地理信息系统应用于考古学研究究竟始于何时，不同的学者有不同的观点。夸默认为最早的应用阶段自1975年一直持续到20世纪80年代[②]；哈里斯认为始于20世纪80年代，并将1982年布朗和鲁宾考古报告的发表视为GIS考古研究诞生的标志[③]；高立兵认为始于1983～1985年[④]；也有人认为应当始于1986年科勒和帕克在北美地区所做的基于遗址预测模型基础之上的文化遗产管理研究[⑤]。实际上在考古学研究中引入"GIS"这个术语之前，西方学术界尤其是北美地区的一些学者便已经开始进行了一系列颇有意义的探索工作，这些工作完全可以看作地理信息系统支持下的考古学研究发展的一部分。

自诞生伊始，地理信息系统支持的考古学研究发展十分迅速，尤其是20世纪80年代后半期，随着行业地理信息系统软件的出现，从事类似研究的难度大大降低，欧美地区的许多高校和科研机构纷纷将其纳入研究视野，与之有关的地区和国际性会议也频繁举行，极大地推动了相关研究的进展；国内的研究虽然起步较晚，但发展迅速，尤其随着近些年考古学多学科融合趋势的发展和西方考古学理论方法的引入，类似的研究也渐渐多了起来。

---

① 中美日照地区联合考古队：《鲁东南沿海地区系统考古调查报告》，北京：文物出版社，2012年。

② Kvamme K L. A view from across the water: the North American experience in archaeological GIS. In: Lock G, Stancic Z, eds. Archaeology and Geographical Information Systems: A European Perspective, London: Taylor & Francis, 1995:1.

③ Harris T, Lock G. Toward an evaluation of GIS in European archaeology: the past, present and future of theory and applications. In: Lock G, Stancic Z, eds. Archaeology and Geographical Information Systems: A European Perspective, London: Taylor & Francis, 1995:350.

④ 高立兵：《时空解释新手段——欧美考古GIS的历史、现状和未来》，《考古》1997年第7期，第89页。

⑤ 参见Archaeology Data Service / Digital Antiquity, http://guides.archaeologydataservice.ac.uk/g2gp/Gis_1-2。

一、国外相关研究的发展

如前文所述，夸默[①]、哈里斯[②]、高立兵[③]等曾对欧洲和北美地区地理信息系统研究的发展状况进行了总结，介绍了这一研究方法的技术支撑、发展进程及欧美地区的不同特色等，这主要是从地理信息系统支持下的考古研究的历史进程来谈的。实际上，从制约这一研究的研究工具和研究目的及其应用来看，欧美地区相关研究的发展可以划分为两个大的发展阶段。

第一阶段在20世纪80年代后期之前，这一时期发展虽然短暂，但却是地理信息系统支持下的考古学研究的肇始及初步应用时期。研究工具的独立开发是这一时期研究人员面临的首要问题，所以这一时期的研究主要局限于少数精通计算机技术的专门人员手中。

第二次世界大战后欧美地区的考古学尤其是理论层面的发展突飞猛进，各种新思想新观点层出不穷。地理信息系统支持的考古学研究便是在欧美考古学理论飞速发展的基础上充分利用计算机技术的发展成果而兴起的。在这个过程中，考古学理论的发展是一面双刃剑，它既推动了考古学家空间分析和研究的拓展以及地理信息系统的引入，同时又使得一部分学者对这种研究方法产生抵触心理。特别是在发展初期的北美地区，地理信息系统支持下的考古学研究在诞生初始阶段受到一些研究人员的排斥，产生这一现象的原因主要是当时的遗址模型预测研究采取的从大量实际数据探索形态规律的归纳思维与当时考古学理论界所流行的先行假定模式再抽样验证、最后演绎规律的思想格格不入。

随着相关研究的进展，考古数据的空间属性成为学者们无法回避的重要问题。传统的研究手段主要依赖于统计学，随着现代考古学的迅猛发展，无论是关联分析还是聚类分析，对于庞大的数据量和空间变量来说，这一分析方法实在是力不从心。随着计算机图形科学的迅速发展，一些研究人员受其他学科如地质学研究启发，开始探讨利用迅速发展的计算机技术来推动传统考古学研究。早期的研究主要应用于计算机模拟和制图领域[④]，后

[①] Kvamme K L. A view from across the water: the North American experience in archaeological GIS. In: Lock G, Stancic Z, eds. Archaeology and Geographical Information Systems: A European Perspective, London: Taylor & Francis, 1995: 1-14.

[②] Harris T, Lock G. Toward an evaluation of GIS in European archaeology: the past, present and future of theory and applications. In: Lock G, Stancic Z, eds. Archaeology and Geographical Information Systems: A European Perspective, London: Taylor & Francis, 1995.

[③] 高立兵：《时空解释新手段——欧美考古GIS的历史、现状和未来》，《考古》1997年第7期，第89~95页。

[④] Zimmerman L J. Prehistoric Locational Behavior: A Computer Simulation. Office of the State Archaeologist, Iowa City: University of Iowa Press, 1977 (10). Chadwick A J. A computer simulation of Mycenaean settlement. In: Hodder I, ed. Simulation Studies in Archaeology, Cambridge: Cambridge University Press, 1978: 47、58. Effland R W. Statistical distribution cartography and computer graphics. In: Vphan S, ed. Computer Graphics in Archaeology, Anthropological Research Papers, Tempe: Arizona State University, 1979 (15): 17-29.

来在北美地区伴随着数字高程模型的应用，许多学者将视角投向了区域性考古研究，GIS遗址预测模型的研究在北美地区兴起。这一时期不得不提的重要研究是1979~1982年在美国西南部进行的"Granite Reef"研究项目。与同时期的其他研究相比，这一研究可谓开风气之先。依靠自己开发的软件，研究人员建立了这一地区的土壤类型、高程、温度分布以及降水量模型，并在此基础上生成了坡度和坡向数据，对适合于狩猎和早期农业的地理环境进行探讨。与今天一些学者所进行的研究相比较，"Granite Reef"项目毫不逊色，唯一的不同之处是这种研究是建立在相关人员自己开发软件的基础之上。GIS早期应用的这种状况严重限制了地理信息系统支持的考古学研究的拓展，如果缺乏精通计算机技术并能够独立开发相关支持软件的专业人员，研究工作便无从开展。

这一时期地理信息系统在考古学研究中的角色主要有以下三点[①]。

（1）空间分析的扩展工具；

（2）区域空间信息数据的绘图工具；

（3）基础遗址位置之上的考古预测模型的初步工具。

第二阶段是地理信息系统应用软件的出现并走向成熟时期。在承接前一阶段发展的基础上，北美地区的遗址预测研究突飞猛进，欧洲地区则在20世纪90年代之后兴起景观考古研究，研究的重点也逐渐拓展到人地关系的变迁及人类行为方式的探讨上面。

截止到1995年，市场上有报价的地理信息系统软件已达上千种[②]，这充分说明了此类软件应用的广泛性和受欢迎程度。行业软件的出现是地理信息系统支持下的考古学研究的一件大事，它使得这种研究从少数专业性技术人员中的束缚中解脱出来。尤其是大量具有考古学和人类学背景的研究人员的介入，使得相关研究工作在空间分析与人类行为和社会变迁的阐释方面更进一步。尽管诞生之初曾经受到部分学者的抵制，地理信息系统支持下的考古学研究还是先后在北美和欧洲地区盛行起来。20世纪80年代，美国政府主导下的土地资源及文化遗产管理首先将地理信息系统工具广泛应用其中。在广泛实践的基础上北美地区形成了定期召开会议探讨相关研究进展的习惯。自1985年美国考古年会第一次以"GIS：一种解决过去问题的未来工具"为题讨论地理信息系统支持的相关研究的进展以来，几乎每届年会都有关于地理信息系统研究的专场。这有力地推动了北美地区研究的进展，许多围绕文化遗产管理所进行的研究工作并非在结束之后便束之高阁，一部分研究人员利用项目实施过程中获得的基础数据和成果，进行了更多更广泛的考古学和人类学研究工作，这也是北美地区地理信息系统支持的考古学研究工作的发展趋势之一。地理信息系统支持的考古学研究在北美地区取得了丰硕成果，其中最突出的便是《空间解释——GIS与考古学》一书的出版[③]，这一方面是对北美地区十几年来地理信息系统相关研究在理论和实践层面的一次总结，同时又是推动另一个时代发展的开山之作——它极大地影响和

---

① Green S W. Approaching archaeological space: an introduction to the volume. In: Allen K M S, Green S W, Zubrow E B W, eds. Interpreting space: GIS and archaeology, London: Taylor & Francis, 1990: 3-8.

② 刘建国：《考古地理信息系统》，北京：科学出版社，2007年，第2页。

③ Allen K M S, Green S W, Zubrow E B W. Interpreting space: GIS and archaeology, London: Taylor & Francis, 1990.

推动了欧美地区相关研究工作的发展，从而导致了7年之后欧洲地区另一部重要作品的出版——*Archaeology and Geographical Information Systems: A European Perspective*[①]。

地理信息系统支持的考古学研究在欧洲地区虽然起步较晚，却发展迅速，尤其90年代后的进展令人瞩目，这与欧洲地区景观考古学研究的传统密切相关。欧洲有着丰富的历史文化遗迹和相关的记录，景观考古研究盛行。在将地理信息系统应用到古代社会、政治、经济甚至是宗教意识形态等方面的研究上，欧洲有着自己的优势。不同遗迹、遗物以及区域聚落群之间的空间模式研究，成为他们关注的焦点。欧洲地区同类研究工作走在前列的当属英国，这其中的代表性研究便是加夫尼与斯丹岑克1991年所发表的以赫瓦尔岛为例进行的地理信息系统区域分析方法的探讨[②]。这是欧洲学者所发表的从理论层面探讨地理信息系统支持下的景观考古研究的首例，与北美地区遗址预测为主要取向的同类考古研究迥然相异。此后，欧洲地区的研究工作便走上了一条具有自己特色的道路。欧洲地区对地理信息系统支持下的考古研究热情的全面展现体现在1992年的计算计应用与考古学定量方法（computer applications and quantitative methods in archaeology，CAA）年会上，在这次会议上共有11篇论文对地理信息系统支持的考古学研究的各个层面进行了探讨，展现出了欧洲学术界的实力。

二、国内相关研究的发展

地理信息系统引入国内考古学研究已是20世纪末期。相比而言，此时欧美地区的研究已经进入了比较成熟的阶段，这对国内相关研究的发展既是劣势，同时也是优势。国内的研究一开始便是在借鉴西方国家同类研究的基础上进行的，同时根据不同地区考古学研究的实际有所损益。与国外的发展相一致，国内考古文博领域对地理信息系统及其相关技术的应用，首先兴起于具有计算机操作与应用背景的专业人员当中。这主要表现在两方面：第一，相关技术人员利用自身优势开始探讨这一工具在考古学领域的应用；第二，伴随着学科的发展和研究手段的多样化，考古学界内部也开始表现出对这种研究手段的重视[③]。最开始只有几个人在几个刊物上发表一些介绍性和探索性的文字，当然也有一些学者和研究机构通过与国外同行合作将地理信息系统研究工具引入考古调查和发掘当中。通过十几年的发展取得了不小的进步，这不仅表现在相关研究理论与方法的借鉴与运用上，更重要的是许多研究人员开始把这种研究方法与中国考古学发展的实际相结合开展了一系列考古研究项目，在田野考古研究以及文化遗产保护等领域都进行了一系列卓有成效的探索。尤其是许多具有考古学专业背景的研究人员开始有目的、有意识地尝试采用这种工具，在聚

---

① Lock G, Stancic Z. Archaeology and Geographical Information Systems: A European Perspective, London: Taylor & Francis, 1995: 1-14.

② Gaffney V, Stancic Z. GIS Approaches to Regional Analysis: A Case Study of the Island of Hvar. Ljubljana: Znanstveni institut Filozofske fakultete, 1991.

③ 曹兵武：《GIS与考古学》，《考古与文物》1997年第4期，第79~84页；高立兵：《时空解释新手段——欧美考古GIS的历史、现状和未来》，《考古》1997年第7期，第89~95页。

落考古与社会复杂化研究等近年大家比较关注的领域进行了一些新的探索，使得这种方法呈现出更具吸引力的发展前景。

目前来看，国内的研究和应用主要表现在以下几个方面。

（1）文博考古信息管理系统的建立。从事此类研究的主要是具有计算机专业背景的相关人员，他们把迅速发展的地理信息系统技术与田野考古的实际操作相结合，以区域性田野考古信息系统的建立为中心，进行了一系列尝试。首先进行此类尝试的是南京师范大学的几位研究人员[①]，他们以长江三角洲地区为例，探讨了考古地理信息系统建设的有关问题。同类的研究还有很多，如GIS支持下的上海考古信息系统[②]；田野考古信息系统的设计方案与实施流程[③]；陕西周原七星河流域考古信息系统的建设与分析[④]；等等。

（2）地理信息系统支持下的田野考古技术手段的探讨。把地理信息系统工具与考古学研究相结合，主要探讨田野考古研究中相关问题如地层学、空间建模等问题。类似的研究主要有基于GIS数据库的田野考古地层剖面空间数据挖掘[⑤]；3S技术支持下的小型遗址提取方法[⑥]；古遗址三维重建及虚拟展示技术[⑦]；地理信息系统在考古学中的应用研究[⑧]；等等。

（3）与聚落与环境考古研究相关的个案研究，如地理信息系统在系统调查中的应用、聚落空间分析的探讨、人地关系的变化、社会复杂化进程和人口研究等有关问题的研究。这是近年来考古工作者利用GIS工具着力钻研的方向，也是未来发展的重要趋势之一。相关的研究比较多，涉及考古调查的有河南颍河上游考古调查中运用GPS与GIS的初

---

① 肖彬等：《GIS支持的考古信息管理系统——以长江三角洲地区为例》，《南京师大学报》（自然科学版）1999年第3期，第110～114页。

② 陈德超、刘树人：《GIS支持下的上海考古信息系统的研发》，《测绘与空间地理信息》2004年第5期，第41～43页。

③ 毕硕本等：《田野考古信息系统的设计方案与实施流程》，《测绘科学》2009年第5期，第193～195页。

④ 刘建国：《陕西周原七星河流域考古信息系统的建设与分析》，《考古》2006年第3期，第79～83页。

⑤ 杨林等：《基于GIS数据库的田野考古地层剖面空间数据挖掘——以陕西临潼姜寨遗址为例》，《地理与地理信息科学》2005年第2期，第28～31页。

⑥ 高飞等：《3S技术支持下的小型遗址提取方法》，《地理空间信息》2009年第4期，第75～78页。

⑦ 张慧：《真实感古遗址三维重建及虚拟展示技术研究与应用》，西北大学博士学位论文，2010年。

⑧ 梅启斌、熊霞：《地理信息系统在考古学中的应用研究》，《浙江万里学院学报》2005年第2期，第32～35页。

步报告①;3S技术在遗址探查中的应用②;3S技术支持下的考古探测方法研究述评③;GIS支持下的考古探测综合解释系统④等。聚落考古与社会复杂化进程研究的主要有GIS支持的聚落考古研究⑤;Arc View地理信息系统在中原地区聚落考古研究中的应用⑥;基于空间分析的史前郑洛地区连续文化聚落研究⑦;基于GIS的旧石器时代遗址时空分布规律的研究⑧;地理信息系统技术与三峡库区聚落考古研究⑨;数字计算模型与二里头早期国家的疆域⑩;基于GIS的历史文化遗址空间分布特征研究⑪;伊洛地区裴李岗至二里头文化时期复杂社会的演变⑫;两汉时期人口数据库建设与GIS应用探讨⑬等。环境考古方面的应用主要有内蒙古敖汉旗环境考古研究中的初步应用与探索⑭;GIS在西拉木伦河以南地区环境考古研究中的初步应用⑮,以及作者在上述研究的基础上所出版的专著《GIS支持下的赤

---

① 中国河南省文物考古研究所、美国密苏里州立大学人类学系:《河南颍河上游考古调查中运用GPS与GIS的初步报告》,《华夏考古》1998年第1期,第1~16页。

② 高飞等:《3S技术在遗址探查中的应用》,《文物保护与考古科学》2009年第1期,第9~14页。

③ 阚瑷珂、王绪本:《"3S"技术支持下的考古探测方法研究述评》,《国土资源遥感》2008年第3期,第4~8页。

④ 李海蓉:《GIS支持下的考古探测综合解释系统》,成都理工大学硕士学位论文,2007年。

⑤ 刘建国:《GIS支持的聚落考古研究》,中国地质大学博士学位论文,2007年。

⑥ 张海:《Arc View地理信息系统在中原地区聚落考古研究中的应用》,《华夏考古》2004年第1期,第98~106页。

⑦ 毕硕本等:《基于空间分析的史前郑洛地区连续文化聚落研究》,《地理科学》2008年第5期,第649~654页。

⑧ 陈诚等:《基于GIS的旧石器时代遗址时空分布规律的研究——以丹江口水库淹没区为例》,《云南地理环境研究》2008年第1期,第17~21页。

⑨ 王宏志:《地理信息系统技术与三峡库区聚落考古研究》(戊种第3号),北京:科学出版社,2010年。

⑩ 张海:《数字计算模型与二里头早期国家的疆域》,《中国聚落考古的理论与实践(第一辑)——纪念新砦遗址发掘30周年学术研讨会论文集》,北京:科学出版社,2009年,第79~92页。

⑪ 夏慧君:《基于GIS的历史文化遗址空间分布特征研究》,西安建筑科技大学硕士学位论文,2010年。

⑫ 乔玉:《伊洛地区裴李岗至二里头文化时期复杂社会的演变——地理信息系统基础上的人口和农业可耕地分析》,《考古学报》2010年第4期,第423~454页。

⑬ 王均、陈向东:《两汉时期人口数据库建设与GIS应用探讨》,《测绘科学》2001年第3期,第43~45页。

⑭ 滕铭予:《GIS在内蒙古敖汉旗环境考古研究中的初步应用与探索》,《华夏考古》2009年第3期,第120~144页。

⑮ 滕铭予:《GIS在西拉木伦河以南地区环境考古研究中的初步应用》,《内蒙古文物考古》2007年第1期,第81~105页。

峰地区环境考古研究》①等。

（4）文化遗产保护领域，这个领域开展的工作较多，涉及大遗址保护、古建筑、古街区等各个方面。主要有基于GIS的镇江西津渡历史街区保护管理信息系统②；基于GIS与三维激光扫描的古建筑保护研究③；基于GIS宏村世界文化遗产地保护规划修编中应用研究④；GIS技术在大遗址保护规划中的应用探索⑤等。

（5）古遗址古环境的虚拟重建，主要利用三维GIS结合相关研究成果来进行复原工作。类似的研究开展得还比较少，目前进行的都是一些尝试。主要有运用GIS进行古代城市结构复原的尝试⑥；基于VRGIS的三维古遗址重建与网络发布⑦；真实感古遗址三维重建及虚拟展示技术研究与应用⑧等。

地理信息系统支持的考古学研究在国内的发展既借鉴了北美地区文化遗产保护方面的应用，又吸收了欧洲景观考古发展的一些优势，特别是近几年，逐渐有学者开始转向社会层面的考古研究，研究的视野也逐渐拓展，社会复杂化、文明起源与发展等课题逐渐纳入研究的视野当中。但是，国内对西方的吸收还是有所选择的，北美地区比较盛行的遗址预测研究在国内应者寥寥无几，这可能与不同地方考古学研究的现状与发展水平有关。总体来看，地理信息系统支持的考古学研究目前还处于探索阶段，一方面与国内考古学及其他相关学科的理论方法储备不足有关，同时，又与国内考古学相关学科研究的定位和取向密切相关。

三、未来的发展趋势

当前，地理信息系统支持下的考古学研究在深度和广度上不断拓展，这一方面表现在研究领域的扩展上。地理信息系统支持的考古研究在诞生伊始主要关注于考古遗址及其周围自然环境因素之间互动关系的探讨上，这一工具的空间分析功能并没有得到充分的施展；随着技术的进步和考古学理论与方法的不断发展，更多的研究领域中出现了地理信息

---

① 滕铭予：《GIS支持下的赤峰地区环境考古研究》，北京：科学出版社，2009年。
② 胡明星、董卫：《基于GIS的镇江西津渡历史街区保护管理信息系统》，《规划师》2002年第3期，第71～73页。
③ 邢昱等：《基于GIS与三维激光扫描的古建筑保护研究》，《地理空间信息》2009年第1期，第88～90页。
④ 胡明星等：《基于GIS宏村世界文化遗产地保护规划修编中应用研究》，《安徽建筑》2010年第2期，第31～35页。
⑤ 张剑葳等：《GIS技术在大遗址保护规划中的应用探索——以扬州城遗址保护规划为例》，《建筑学报》2010年第6期，第23～27页。
⑥ 王一帆等：《运用GIS进行古代城市结构复原的尝试：以北宋东京城为例》，《第四届海峡两岸GIS发展研讨会暨中国GIS协会第十届年会论文集》，2006年。
⑦ 赵晓林：《基于VRGIS的三维古遗址重建与网络发布》，首都师范大学硕士学位论文，2007年。
⑧ 张慧：《真实感古遗址三维重建及虚拟展示技术研究与应用》，西北大学硕士学位论文，2010年。

系统的身影，人口估算、自然资源的获取与控制、社会上层的统治方式与统治策略乃至宗教、意识形态领域等都已经成为研究人员所讨论的内容。无论在技术手段上，还是在发展水平上，地理信息系统支持下的考古学研究正在走向深入。

（一）3S技术的整合

近年来，随着科学技术的进步，空间技术、传感器技术、卫星定位与导航技术和计算机技术发展迅速，多学科融合越来越密切。实际上，遥感技术已经于地理信息系统之前在国内的考古学研究中得到初步应用[①]，目前的应用主要是影像数据的获取及考古勘察方面，相信随着学科的发展和研究的深入，遥感技术在考古学研究中会发挥越来越大的作用。GIS技术与遥感技术、GPS技术的联系越来越广泛，多种手段的综合运用必将成为未来的发展趋势。

（二）三维重建与人机交互的实现

三维地理信息系统的发展突飞猛进，网络版的工具也在一定程度上开始普及。包括地理信息系统支持的三维重建在内的计算机模拟技术在考古学研究中前景十分远大，2010年的 *SCIENCE* 曾以 virtual archaeologists recreate parts of ancient worlds 为题报道了相关技术在考古学和其他研究中的应用[②]。随着现代考古学研究的深入，如何全面准确地复原古代人类社会的更多细节成为考古学家的历史使命。这其中既包括古代人类所赖以生存的自然环境的虚拟重建，如地形、地貌、地表植被等，又包括当时人类社会发展及其行为方式的重建，通过计算机模拟技术对古代文化和遗址进行复原，从而对考古学家的各种假设进行验证。

（三）地理信息系统和计算机考古数据库的共享

目前不同的机构和研究人员设立了适合于各自的研究项目的考古地理信息系统。由于标准的不统一和实现方式的不同，现有的地理信息系统支持的考古研究在数据共享方面不敢恭维。这种状况一方面阻碍了学科研究的发展，同时也造成了大量的重复劳动和资源浪费。随着研究的发展，这种工作必定要朝着协同式、共享化的目标迈进，只有这样，才能促进学科的发展和研究的进步。

第三节 本书的研究方法

考古学研究关注的一个焦点问题便是对不同时空框架下的人类行为模式的阐释，聚落的社会组织和行为模式往往通过聚落形态表现出来。在聚落考古研究中，空间分析的方法

---

① 相关的研究有不少，如何宇华、孙永军：《空间遥感考古与楼兰古城衰亡原因的探索》，《考古》2003年第3期，第77～81页；张立、吴健平：《浙江余杭瓶窑、良渚古城结构的遥感考古》，《文物》2007年第2期，第74～80页；刘建国：《安阳殷墟遥感考古研究》，《考古》1999年第7期，第69～75页。

② Bawaya M. Virtual archaeologists recreate parts of ancient worlds. Science, 2010: 327(5962): 140-401.

及其相关理论受到一些学者的青睐。空间分析在考古学中的应用较早，如前文所述，最开始是一部分考古学者有意地借鉴其他学科的相关理论：在欧洲主要表现为对人文地理学中相关理论的借用；在北美主要源自于地理人类学的传统[①]，重视对社会组织和聚落形态的研究。不同学者将空间分析划分为不同的层次或者步骤，如张光直的"四步骤"[②]、克拉克的"三个层次"[③]等。总的来说，学者们的论述都包括三个层次的研究，即单个聚落组成单位的研究、聚落布局和内部结构的研究、聚落的空间分布及相互关系的研究等[④]。也有学者将其表述为微观层面与宏观层面的研究。虽然表述方式不一，但其内容与关注的对象则是基本一致的。

近年来区域聚落考古的发展为相关考古学研究提供了一条新思路，区域调查与重点发掘的结合成为目前研究的主流。在地理信息系统诞生之前，虽然可以通过对文化遗物（如石器和陶器）分布的人工对比来探讨相关问题，但当考古学家在面对大量具有空间属性的考古数据时往往一筹莫展，传统的统计学方法在处理带有空间属性的数据时力不从心。这些数据既不易收集或存储，在分析、阐释乃至展示这些数据又时常无法入手，海量数据的系统性分析与探讨更是无从谈起。造成这种现象的原因一方面在于传统的考古理论无法将表现行为和物质形态（behavioural and material patterns）的相关遗存分组为任意的空间单位（spatial units）来进行研究；另一方面，在方法论层面上又无法有效地对并行的空间、时间、形态等属性进行系统性的考虑[⑤]。聚落考古研究与地理信息系统软件的结合，为这一问题的解决提供了有效的思路。空间分析方法是聚落考古研究的重要方法，空间分析功能是地理信息系统软件的优势所在，二者的有机结合可以有力地促进相关研究的进步，使研究人员从大量琐碎复杂的工作中解脱出来。尤其是随着计算机科技的发展，原本一些仅靠传统的研究方法不易实现或者无法实现的研究内容，都可以在地理信息系统软件的支撑下进行探讨。

在利用地理信息系统软件进行相关分析时，本书的研究主要运用了以下几方面的工具。

（一）叠置分析

叠置分析是地理信息系统中用来提取空间隐含信息的方法之一。这种方法将代表不同主题的各个数据层面进行叠置，从而产生一个新的数据层面，叠置的结果综合了原来两个或多个层面要素所具有的属性。叠置分析有两个方面的基本要求：第一，参加叠置的数据层面必须是基于相同坐标系统的相同区域；第二，必须检验叠加层面之间的基准面是否相

[①] 郭伟民：《论聚落考古中的空间分析方法》，《华夏考古》2008年第4期，第142~150页。

[②] 张光直：《考古学专题六讲》，北京：文物出版社，1986年，第86页。

[③] Clark D L. Spatial Archaeology. Boston: Academic Press, 1977.

[④] 栾丰实等：《考古学理论方法技术》，北京：文物出版社，2002年，第122页。

[⑤] Green S W. Approaching archaeological space: an introduction to the volume. In: Allen K M S, Green S W, Zubrow E B W, eds. Interpreting space: GIS and archaeology, London: Taylor & Francis, 1990: 3.

同①。考古研究中最常用的叠置分析是代表不同要素的图层合并，如河流、水文等要素的叠加与同一活动面上不同种类遗迹（如柱洞、房址、墓葬等）的叠加。

（二）缓冲区分析

缓冲区分析主要运用于矢量数据的研究，在考古学研究中常常被运用，如生成距离河道一定范围的缓冲区来考察聚落分布规律等。它是对一组或者一类地图要素（点、线、面）等按设定的条件获取一定邻域的分析。本书中不同时期聚落分布与现代海岸线之间的距离分析采用了这种方法。

（三）距离制图

距离制图根据栅格数据对每一栅格相距其最邻近要素的距离分析制图，从而反映每一栅格与其最邻近源的相互关系。本书距离制图分析主要采用了成本距离加权分析和最优路径分析的方法。详见第三章介绍。

（四）三维分析

本书的研究主要用这一工具进行坡度和坡向数据的计算和生成。

第四节 几个需要说明的问题

本书所讲的鲁东南沿海地区在行政区划方面主要包括日照的东港、岚山的大部和诸城、胶南的南部。这一区域东临黄海，西侧有起伏的山脉与莒县、五莲等地相连，南、北两端低山间的低平地带分别通往苏北和山东半岛北部，中间起伏的丝山与河山一线将研究区域分成南、北相对独立的两个盆地（图版一）。

在地理信息系统软件的选用上，主要运用了ESRI公司的Arc GIS软件，如无特殊说明，下文分析都在该软件的支持下进行。同时，在分析的过程中运用了Google地球软件和其他一些辅助软件。区域内地形地貌的数据上采用了原国际科学数据服务平台提供的30米分辨率数字高程数据产品②，该数据利用ASTER GDEM第一版本（V1）的数据加工而来。

本书中所涉及的聚落分级状况，以中美日照地区联合考古队所公布的调查报告为准③。为了便于对照，将其收录在附表1。1997年的调查报告根据不同时期聚落规模大小和所具备功能，将研究范围内调查所发现的龙山文化聚落分为四类级，以考察聚落形态所呈现出的等级状分布：第一级，地区中心。面积在1 000 000平方米以上，有城墙和大型建筑

---

① 汤国安、杨昕：《ArcGIS地理信息系统空间分析实验教程》，北京：科学出版社，2006年，第202页。

② 数据来源于中国科学院计算机网络信息中心国际科学数据镜像网站（http://www.gscloud.cn）。

③ 中美日照地区联合考古队：《鲁东南沿海地区系统考古调查报告》，北京：文物出版社，2012年；中美两城地区联合考古队：《山东日照两城地区的考古调查》，《考古》1997年第4期，第2~5页。

设施，文化堆积深厚，在这些地点往往发现有相应的高劳动含量的各种器物。第二级，本地中心。这类聚落的面积从几万到几十万平方米不定，一般有城墙，文化堆积也比较厚，见有高劳动含量的遗物，并有生产这类产品的手工业作坊遗存。第三级，一般聚落。聚落的面积一般在数千至几万平方米，文化堆积较薄，不见城墙和大型建筑遗存，也看不到玉器或蛋壳黑陶等精美的遗物。第四级，遗物分布点。陶片和残石器只是零星分布，很难计算其具体面积。实际上，在具体操作过程中不同时期不同区域的操作标准的相关因素并不是绝对的，必须根据实际情况灵活处理。

第一章　鲁东南沿海地区的自然地理状况和全新世以来的地理环境变迁

第一节　研究区域内的自然环境状况

一、地理位置与自然地理基本状况

本书的研究区域位于山东省东南部沿海一带，山东半岛南翼，东濒黄海，西邻莒南市、莒县，北接五莲市、胶南市，南靠江苏赣榆。东经119°04′～119°39′、北纬35°04′～35°36′，包括日照市的大部以及胶南和诸城的一小部分，调查面积约1300平方千米。整个区域北、东、南三面环山，东面靠海，南北狭长，东西略短，丝山、河山、会稽山一线自中部将其分为南、北两个小区域，是一个相对独立的地理单元。从地质构造看本区域属山东一级构造单元鲁东断块内部二级单元胶南隆起的一部分，位于沂沭断裂带东侧。区域内地形地貌以低山丘陵为主，地势自西向东略呈倾斜状。低山丘陵形成两个高起的条带作平行分布，丝山、奎山、大旺山和阿掖山组成滨岸第一条带；河山、黄山、白云寺和老牛头顶组成第二条带。区域内常见的第四纪堆积物有两种：一是低山丘陵斜坡上分布的残坡积物和谷地中的洪积、坡积混合物；二是河流入海处形成的小的冲积、洪积滨海平原。地层堆积情况基本一致，以胡林村的地层剖面为例，自上而下可以分为三层：第3层，棕黄色沙质土，具铁锰质侵染，厚约6.3米；第2层，杂色沙砾层，其中砾石多为花岗岩，厚0.2～0.4米；第1层，黄棕色沙质土，土质疏松，厚约1.2米[1]。境内最高山海拔656.9米，位于市境西北桥子山；最低海拔1.3米，位于涛雒镇朝阳村一带的海滨平地。西部和西北部多低山丘陵，间有少量沟河谷平地；东部和南部多山前、岭间、沿河、滨海平地，间有剥蚀丘陵和岛状低山丘陵。低山丘陵占全市总面积的56.76%，剥蚀丘陵约占15.21%，陵下平地约占21.53%，滨海平地约占5.66%[2]。

由于鲁东南沿海地区地理位置的特殊性——位于鲁南、苏北的沿海地带且西侧有起伏的山地与莒县、五莲、诸城等地相分割，形成了本区域相对独立的气候特点。区域内气候属暖温带湿润季风区大陆性气候，四季分明，雨热同期。受海洋调节，与同纬度内陆相比，夏无酷暑，冬无严寒。春季干旱、多风、少雨；夏季湿热，降水集中，易成涝；秋季凉爽、温差大、晚秋旱；冬季干燥、无严寒，雨雪稀少。

---

[1] 尤玉柱等：《山东日照沿海发现的旧石器及其意义》，《人类学学报》1989年第2期，第101～106页。

[2] 日照市地方史志编纂委员会：《日照市志》，济南：齐鲁书社，1994年，第68页。

境内诸河均属山溪性河流，源短流浅，多数自西向东注入黄海。傅疃河、两城河、吉利河、绣针河、巨峰河、龙王河等为现代主要河流①。傅疃河为研究区域内第一大河，源自五莲县韩家窝洛西北约2千米处的大马鞍山东麓，自西向东流经竖旗、黄墩、三庄、东陈疃、小后村、奎山等乡镇，在夹仓村东南入海。全长约51.5千米，流域面积1127.6平方千米，是日照市最重要的水源地。其重要支流有坊子河、阎马河、挑沟河、蔡庄河、三庄河、竖旗河、邱前河、皋陆河、沈马庄河、大曲河、崮河等。傅疃河干流及其支流共有大型水库1座、中型水库2座、小型水库53座。其中最大的是日照水库，1959年6月建于傅疃河的中游占卜潭处，总库容达到2.72亿立方米，多年平均来水量1.86亿立方米；另外，在其支流彭家河的上游还建有马陵水库。潮河又称潮白河，日照境内称两城河，又名梁乡河。有北、西两源，流经日照和胶南两地。主要源头为北面的老支河，出自五莲县西峪村东北十八盘，在大榆林、小峪子两村之间与出自九仙山和卧象山西麓的西源相汇。之后流经长青、刘官庄、林泉、孔家小岭子、两城镇、河南等地，注入黄海。干流长47千米，流域面积516.92平方千米，在上游老支河上建有户部岭中型水库，控制流域面积64平方千米，库容0.48亿立方米。川子河又名廒头河，源自东港区牛头山一带，东南流至南辛庄子村南折东流，至夹仓村东南入黄海。干流长约20千米，流域面积93.58平方千米，该河下游地势低洼，易产生内涝。龙王河发源于岚山办事处幽尔崮山，东南流至龙王河村折向东流，至董家湖村折向东北流，在韩家营子村东入黄海，干流长16.7千米，流域面积93.3平方千米。绣针河源自莒南县朱芦乡三皇山东麓，曲折东南向流，至李家彩村西北，为大山水库。水库控制流域面积20平方千米，总库容0.16亿立方米。河出水库后继续东南流，先后流经茅墩村、朱府村、后野泉村、岳家村、西辛兴村、大朱槽村、潘庄村、仁家村、获水村等地，最终注入黄海。绣针河干流长46千米，流域面积412平方千米，平均坡降2.34‰，日照市境内流域面积157.3平方千米，是岚山办事处的重要水源地。

境内植被以暖温带落叶阔叶林为主，低山丘陵形成的林草植被为辅。以松类、麻栎混交林、矮林和阔叶杂木林等天然次生林为主。地表植被以山丘矮树灌草丛类和山丘农林隙地类草场植被为主。天然植被经过度采伐垦殖和滥牧已经稀少，逐步被人工植被所取代。海岸线北起白马、吉利河口，南至绣针河口，全长93.1千米，属于比较平直的基岩沙砾质海岸。矿产资源以非金属为主，主要有石棉、蛇纹岩、花岗岩、黄沙以及少量金、铜、铁矿等。

二、研究区域内的土壤类型、分布及其性状②

根据1995年出版的1∶1 000 000《中华人民共和国土壤图》③，研究区域内的土壤类

---

① 河流信息数据来自日照市水利局：《〈山东省志·水利志〉日照市资料长编》（1986—2000），日照市水利局资料。

② 本节内容除注明外，相关土壤信息均引自山东省土壤肥料工作站：《山东土壤》，北京：中国农业出版社，1994年，第67～68、125、173～185、260～264、274～290、302～306页。

③ 黄鸿翔等：《中华人民共和国土壤图》，西安：西安地图出版社，1995年。

型可以划分为棕壤、潮土、粗骨土、水稻土、滨海盐土、褐土等六大类。棕壤下又分麻砂质棕壤、白浆化棕壤、潮棕壤、冲积壤质潮棕壤、洪冲积砂壤质潮棕壤、洪冲积壤质潮棕壤、麻砂质棕壤性土等七小类；潮土分为沙砾质潮土、砂质潮土、砂壤质潮土、壤质潮土、砂质氯化物盐化潮土等五小类；粗骨土包括中性粗骨土、麻砂质中性粗骨土等；水稻土主要是淹育水稻土；滨海盐土主要有滨海潮滩盐土、粉砂质滨海盐土等；褐土主要为泥质褐土性土。

根据《山东土壤》，棕壤是在暖温带湿润和半湿润地区，经过比较强烈的淋溶作用和黏化作用，可溶盐和石灰已经被淋失，呈酸性和微酸性的一类土壤。山东省山地丘陵地区是我国棕壤的重点分布区之一，棕壤亚类主要分布于山丘坡麓和山前平原；白浆化棕壤主要分布于低丘坡麓和剥蚀平原，中低山高坡地林下有小面积零星分布；潮棕壤分布于山前平原中下部和山间谷底、河谷平原。潮棕壤为农用土地，主要种植粮食；白浆化棕壤以农用为主，兼营果林；棕壤性土是农林兼用土壤。

潮土是发育在河流沉积物上，受地下水影响并经过长期的旱耕熟化而形成的一类土壤。区域内的潮土主要分布于山地丘陵区的河谷平原、山间谷底、山前平原河流两侧等。砂质潮土耕土层土壤质地为砂土和壤砂土，属潮土中肥力最低的土壤，不保水肥，但土壤的通透性较好，目前以种植棉花、花生和瓜类居多，有的地方桐粮间作或者辟为林地；壤质潮土主要分布于广阔的缓平地，土体深厚，冲击层理明显，土粒结持力较弱，通透性较好，适耕期长。

粗骨土是发育在各种岩石残坡积风化物之上、含有大量砾石和石砾、土层浅薄、成土过程微弱的一类土壤。粗骨土主要分布于中、低山和丘陵坡地地区。本区域的类型主要为中性粗骨土，土壤中碳酸盐含量在0.5%以下。基岩类粗骨土颜色较暗，土壤质地多为砂质黏壤土、砂质壤土，土壤中有机质、全磷、速效磷和阳离子交换量一般比砂页岩类中性粗骨土要高。粗骨土由于分布地势高、坡度大，水土流失严重、土层薄，养分含量低，含水量小。多为林区，已开辟为耕地的，全部为低产田。

水稻土是在母质和其他类型母土之上，在种植水稻淹水条件下，经受人为活动和自然因素的双重作用，产生水耕熟化和氧化还原交替过程，从而形成的特有剖面特征的土壤。淹育水稻土，亦称幼年水稻土，处在水稻土的初期发育阶段，水耕历史较短，基本已脱离地下水的影响，水分以表土蒸发和下渗为主，除了耕层形态特征、理化性质发生较大变化和已经初步形成的犁底层外，下部土层基本保留了母土的性质。

滨海盐土是滨海地区盐渍性母质，经过海水浸渍和溯河倒灌为主要盐分补给方式的积盐过程发育的土壤。这种土壤主要分布于海拔7米以下的滨海平原和滩涂。

褐土，又称褐色森林土，是亚热带地中海型气候和欧亚大陆东部暖温带大陆性季风气候区的地带性土壤。褐土主要分布于暖温带半湿润的山地和丘陵地区。本区域内褐土分布较少。

三、研究区域内的地质地貌状况及其分类[①]

《黄淮海平原地貌图》[②]将研究区域内的地貌类型分为海滩、濒海低地、潟湖洼地、平地（坡度<1/6000）、微倾斜平地（坡度1/2000~1/6000）、冲积扇、阶地、平台、缓坡地（坡度<3°）、斜坡地（坡度>3°）、低丘（相对高度<50米）、低山（海拔<1000米）等十二类。地貌成因划分为海积平原、冲积平原、洪积冲积平原、海蚀剥蚀平原、剥蚀或堆积台地等五类。岩性以花岗岩、砂页岩、变质岩为主。

本研究区域属于鲁东低山丘陵的一部分，地质构造位于胶辽台隆上的胶南隆起区，南部与苏北盆地相连。古生代以来，本区长期缓慢上升隆起，沿海地区遭受强烈的海蚀改造。中生代燕山运动时期，强烈的火山活动和岩浆侵入，致使古老的基底又进一步形成复杂的褶皱、断裂和破碎，遂形成隆起和断陷盆地相间的构造格局。

沿海区域陆地地貌以侵蚀剥蚀高丘陵、侵蚀剥蚀低丘陵、侵蚀剥蚀平原、冲积平原、海积冲积平原和海积平原及潮间浅滩为主。侵蚀剥蚀高丘陵主要位于元古界胶南群的大山沟组地层组成的丝山（海拔40.5米）、大旺山（海拔410米）、岚山头附近的老爷顶、奎山（海拔230米）等地区，风化剥蚀作用强烈。变质岩组成的低丘陵主要分布于高兴和杨家湾至江苏境内的朱官庄一带；花岗岩和花岗斑岩组成的低丘陵主要见于三柱山和高家岭等地。冲积平原主要分布于独流入海的小河两侧，两城河、傅疃河、涛雒河和绣针河沿河冲积平原呈狭带状分布。海积冲积平原和海积平原以傅疃河下游涛雒地区为主，在各小海湾的顶部也有分布。除河流来沙外，沿岸自北向南的泥沙运移也是海积冲积平原的物质基础。组成物质以中砂、细砂、粉砂为主。日照市的潮间滩涂约为50平方千米，潮滩宽度一般在2千米以内，表层物质以中细砂、粉砂为主，河口区有污泥沉积。

第二节 鲁东南沿海地区全新世以来古地理环境与海岸线变迁

从物质组成上看，鲁东南沿海地区属于基岩沙砾质海岸，河口和海湾附近沙坝和潟湖发育良好，而在基岩岬角附近，往往形成海蚀平台和海蚀阶地。所有这些都为该地区古地理环境的复原研究提供了必要的条件。自20世纪60~70年代以来，许多学者就对研究区域内及其附近地区的古地理环境与地貌变迁进行了讨论。最初的探讨主要以科技工作者为主，通过对微体古生物和孢粉的分析以及岩相古地理研究和海岸地貌调查所获资料，来讨论山东沿海地区海陆变迁和古植被古气候的演变规律；进入21世纪以后，随着考古学研究

[①] 本节内容除注明外，相关地质地貌状况均引自山东省科学技术委员等：《中国海岸带和海涂资源综合调查图集》（山东省第三分册），1990年。

[②] 中国科学院地理研究所地貌研究室：《黄淮海平原地貌图》，济南：山东省地图出版社，1990年。

多学科融合趋势的发展，越来越多的学者开始尝试利用遗址出土的动植物遗存来进行古代地貌环境的重建工作。相比而言，在前者的基础上后者的研究又进了一步，但由于考古发掘所获得材料的限制以及古代地貌与环境重建工作的复杂性，目前的研究还只是刚刚起步。

20世纪80年代，一些学者就靠近研究区域北部胶州湾地区的古代植被气候与地理地貌等进行了探讨。王永吉等讨论了胶州湾地区20 000年以来的古植被与古气候变化[1]。他将该地区全新世以来的古植被与古气候划分为四个发展阶段：①距今11 000～8500年植被为少量针、阔叶林的森林和草原，气候温和略干；②距今8500～5000年，植被为以阔叶树为主的针、阔叶森林，气候温暖湿润；③距今5000～2500年，以针叶树为主的针、阔叶森林和草原，气候温和略干；④距今2500年至今，早期为针、阔叶森林和草原，气候温暖湿润。晚期以针叶树为主并含少量阔叶树的森林，气候温和湿润。韩有松等对青岛沿海地区包括全新世以来20000年的古地理环境演变进行了研究[2]，他认为在距今20000～12000年的晚更新世末期，青岛附近的黄海与海湾曾是陆地环境，此时的黄海海岸线位于朝连岛南部水深50～60米的海区。这一时期陆上的植物以草本植物为主，木本植物较少。气候比较干凉，年降水量500～600毫米，年平均气温在9～12℃，较现代年平均气温低而干燥；12 000年以来，海平面开始上升，到距今6000～5000年时海侵达到最盛，海水曾淹没了沿岸海拔5米以下的陆地，当时的海平面比现在高2～3米。这一时期的自然环境接近于现代长江中下游平原北部和淮河流域，年降水量在800～1000毫米，年平均气温在14～15℃。虽然草本植物仍占多数但在逐渐减少，木本植物松、桦、栎等开始变多，同时喜暖湿的树种开始出现。在胶南阡上孔深5～5.2米的钻孔中，槭属花粉占到13%左右；胶南泊里剖面中的漆树、胡桃、木兰和枫香也占到一定的比例；在距今4000～3500年海平面开始出现回降趋势，并在距今3500年左右回降到现代海平面附近。3500年以来植物发育呈现出衰落的特点，植被面貌同现代基本相似。木本植物显著减少，喜暖湿的亚热带树种已不多见，而喜温凉的松和桦有所增加。

几乎与此同时，耿秀山等对晚冰期以来山东沿岸的海面变动进行了研究并绘制了区域内的海面升降曲线[3]（图1-1）。他认为约在距今6800年前区域内的海平面上升到现在的位置，在距今6500～5000年时海面上升达到最高峰。最高峰时的海岸线北起河北海兴县高湾，经过原山东滨州县城、利津乔家庄和博兴黄金寨，在黄河三角洲内伸50多千米，向东经广饶岳刘、寿光寒桥、昌邑岔路口、平度新河和掖县沙河等地区，与山东半岛—鲁南—江苏赣榆山地港湾岸的阶地古海岸线断续相连。距今5000年以后的海平面总体进入较明

---

[1] 王永吉、李善为：《青岛胶州湾地区20000年以来的古植被与古气候》，《植物学报》1983年第4期，第385～392页。

[2] 韩有松、孟广兰：《青岛沿海地区20000年以来的古地理环境演变》，《海洋与湖泊》1986年第3期，第196～206页；韩有松、孟光兰：《青岛胶州湾地区全新世海侵及其海平面变化》，《科学通报》1984年第20期，第1255～1258页。

[3] 耿秀山等：《晚冰期以来山东沿岸的海面变动》，《黄渤海海洋》1987年第4期，第38～46页。

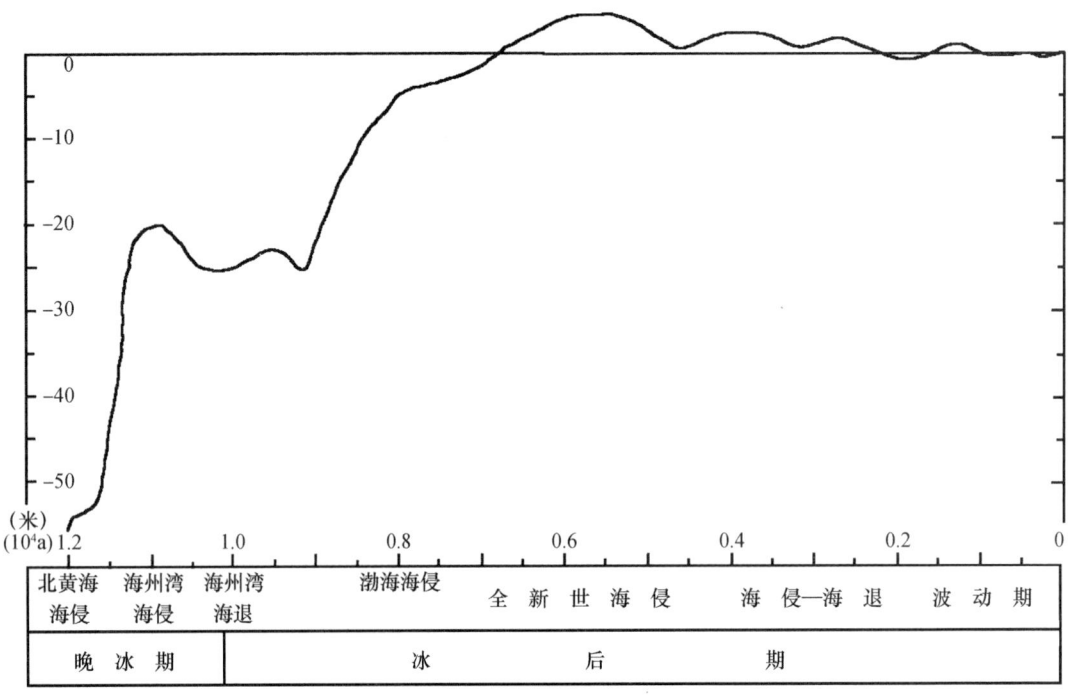

图1-1 晚冰期以来山东沿海海面变化曲线示意图

显的下降趋势。虽然如此,在距今4400~3400、2900~2400、2000~1200年尚有2米、1.5米、1米以上的较高海平面存在。

进入90年代末期,史同广对黄海西岸胶州湾至海州湾段全新世海岸变迁进行了探讨[1]。他认为全新世以来该区域的沿海地区经历了滨海沼泽—海岸潟湖与河口湾—海滨平原的演变过程。具体来讲,他将该区全新世海陆变迁的过程分为以下五个阶段:①大理冰期之后,全球气候变暖,海面上升迅速,发生大规模海侵,至距今12000年左右,海平面上升到-56米等深线附近;②距今12000~8000年,海平面逐渐上升到现代海平面的高度;③距今约8000年后,海平面继续缓慢上升,至距今6000~5000年,海平面停止上升,达到全新世最高海面,高于现代海平面1.5米左右;④高海面之后海面开始下降,到距今2500年左右回落到目前的高度;⑤距今2500年以来,海平面处于相对稳定阶段。

除此之外,还有学者根据新石器时代考古遗址的发现情况对山东半岛地区的海岸变迁进行了探讨。在《从胶东半岛新石器遗址的分布看海岸的变迁》[2]一文中,王锡平发现距今五六千年的遗址距离现代海岸线都较远,一般都在6千米以外,充分说明这一时期海平面上升的状况;到了4000年左右,随着农业生产的发展,区域内的遗址多选择在河谷两旁平坦的台地上。靠近海岸的龙山遗址,如沙窝孙家和东泊子遗址,距离现代海岸线的距离

---

[1] 史同广:《黄海西岸胶州湾至海州湾段全新世海岸变迁》,《曲阜师范大学学报》1997年第2期,第107~110页。

[2] 王锡平:《从胶东半岛新石器遗址的分布看海岸的变迁》,《海洋科学》1985年第2期,第19~22页。

分别为2000米和500米，且两个遗址上面均被海沙所覆盖。这一方面说明这一时期海平面消退的现象，同时也说明距今4000年以后的海岸线仍有所变化。同时根据他的观察，他认为距今五六千年的白马河入海口应向陆地推进3000米以上。

1999年出版的《胶东半岛贝丘遗址环境考古》将中国北方地区的新石器时代环境变迁划分为以下四个阶段：①距今7000年以前的波动升温期；②距今7000~6000年前的稳定暖湿期；③距今6000~5000年前的波动降温期；④距今5000~4000年前的稳定温暖期[1]。此外，书中还对胶东半岛的海岸线迁移和海平面变化进行了讨论。滨海海积平原地区的海岸线变迁较剧烈，海侵最盛时在莱州湾沿岸要深入陆地30余千米；而基岩港湾地区的变化相对较稳定，最高海平面大致与5米等高线保持一致。具体来讲，在距今7300~7000年，海岸线推进到现代海岸线附近；到距今6000~5000年，海岸线向陆地推进达到最大范围；距今4500年左右海岸线开始后退；距今4000~3000年海平面降到现代海平面以下；距今3000年以来海平面在现代海平面上下小幅度浮动[2]。

在前述研究的基础上，毛晓平等进一步结合考古资料对山东古代气候和海岸变迁研究状况进行了讨论[3]。在整个山东区域内，他认为距今8500~7500年区域内是气候温暖、水网密布的亚热带景观，其植被具有明显的草原特征；到了距今7500~6300年，气候较今日温暖湿润，大体与今日长江流域的气候环境相似；距今6000~5500年处于大西洋期，气温高出现在4~5℃，降雨也较目前为多，一般称之为气候最宜时期；距今5000~4500年，气候温和略干，气温有所下降；距今4000年前后，总的气候趋势是向干凉方向发展，雨量减少，湖沼水域收缩。他还根据山东沿海地区龙山文化遗址的分布情况，推断这一时期自黄县绕山东半岛至日照一带的海岸线基本定型，只是在一些河流入海处浅滩地区略有变化[4]。

第三节　研究区域内的古环境研究与重建工作

在区域内古环境重建方面，相关学者也进行了大量的工作。研究证明，龙山时代的鲁东南沿海地区气候条件要比现在温暖湿润得多。两城镇遗址出土的刚竹遗存及稻谷遗存充分证明了这一点。早在20世纪30年代的发掘中，即在龙山时代灰坑中发现炭化的竹类遗存，竺可桢将其与遗址中出土的竹节形陶器的存在一同视作反映当时气候状况的重要材料之一。他根据考古发现推测自仰韶文化以来，竹类分布的北限在纬度上向南后退

---

[1]　中国社会科学院考古研究所：《胶东半岛贝丘遗址环境考古》，北京：社会科学文献出版社，1999年，第174页。

[2]　中国社会科学院考古研究所：《胶东半岛贝丘遗址环境考古》，北京：社会科学文献出版社，1999年，第183~185页。

[3]　毛晓平等：《山东古代气候与海岸变迁》，《河南气象》2006年第2期，第31~34页。

[4]　毛晓平等：《山东古代气候与海岸变迁》，《河南气象》2006年第2期，第34页。

了1°~3°①。有学者据此认为全新世中期长江中下游地区亚热带北界可能即位于N35.5°的两城镇—兖州一线②。在近年的一系列研究中，学者们获得了更多的炭化标本。靳桂云在两城镇中心遗址及其城壕中均发现炭化的刚竹，并认为当时遗址附近的"河岸和池塘周围生长着刚竹林"③。此外，她所主持的土壤样品中植硅体鉴定结果也证明了竹类植物的存在④；孙梁红在对遗址出土的木炭标本进行鉴定时同样发现了刚竹⑤，充分证明当时的两城镇区域内存在着适合刚竹生存的暖湿条件。除此之外，孙梁红还在研究的16号环孔材晚材中发现梯状穿孔板的存在，同时该样品的树材年轮较宽。一般情况下，具有前者特征的植物"在干旱条件下是罕见的"，后者"较宽的年轮反映出当时的雨量充沛而持久"⑥。截至目前，除刚竹外，两城镇遗址木炭鉴定出的植物还有麻栎、辽东桤木、杜梨、蒙栎、石栎属、赤松、漆树、圆柏、槭木、榆、构树、柳等。当然，这不能代表当时两城镇地区的所有地表植被类型，但这些木炭标本或多或少地体现了龙山时期居民有意识地选择的结果，或者作为薪柴，或者作为房屋建筑的支撑等。距今4600~4000年的两城镇地区植被具有明显的东部北亚热带落叶常绿阔叶混交林成分，麻栎盛行，并有较多的松类和竹类存在⑦。

凯利·克劳福德对两城镇龙山文化遗址发掘中的浮选标本进行了研究⑧，在进行分析的265份样品中有122份发现了炭化的植物种子，总数达4000粒，共鉴定出19类不同植物的种子，主要以农作物和一年生杂草为主。其中最引人瞩目的是大量炭化稻谷种子以及适合生活在湿润环境中的莎草科植物的发现，此外，其他的农作物还有小麦、粟和黍、大豆等。作者通过对浮选出土的稻和粟在数量和分布密度上分析后认为，稻在当时的经济生活中可能比粟占有更加重要的地位。两城镇龙山文化居民食谱的稳定同位素测定也支持稻谷

---

① 竺可桢：《中国近五千年来气候变迁的初步研究》，《考古学报》1972年第1期，第15~38页。又见《中国科学A辑》1973年第2期，第168~189页。

② 毛晓平等：《山东古代气候与海岸变迁》，《河南气象》2006年第2期，第33页。

③ 靳桂云等：《山东日照两城镇龙山文化（4600~4000aB.P.）遗址出土木材的古气候意义》，《第四纪研究》，北京：科学出版社，2006年，第571~579页；靳桂云等：《山东地区考古遗址出土木炭种属研究》，《东方考古》（第6集），北京：科学出版社，2009年，第289~305页。

④ 靳桂云等：《山东日照市两城镇遗址土壤样品植硅体研究》，《考古》2004年第9期，第81~86页。

⑤ 孙梁红：《日照两城镇遗址古木炭的初步研究》，山东大学硕士学位论文，2006年，第32~33页。

⑥ 孙梁红：《日照两城镇遗址古木炭的初步研究》，山东大学硕士学位论文，2006年，第33页。

⑦ 靳桂云等：《山东日照两城镇龙山文化（4600~4000aB.P.）遗址出土木材的古气候意义》，《第四纪研究》，北京：科学出版社，2006年，第571~579页；靳桂云等：《山东地区考古遗址出土木炭种属研究》，《东方考古》（第6集），北京：科学出版社，2009年，第289~305页；孙梁红：《日照两城镇遗址古木炭的初步研究》，山东大学硕士学位论文，2006年，第33页。

⑧ 〔加〕凯利·克劳福德等：《山东日照市两城镇遗址龙山文化植物遗存的初步分析》，《考古》2004年第9期，第73~80页；Crawford G. Late Neolithic Plant Remains from Northern China: Preliminary Results from Liangchengzhen, Shandong. Current Anthropology, 2005, 46(2): 309-317.

在当时社会生活中的重要地位①。

由于汉代以前鲁东南沿海地区文献资料的缺失和工作开展较少，相关历史时期的详细古环境研究资料非常缺乏。竺可桢根据文献资料、物候特征和考古材料，并结合前人的成果，对中国最近5000年来的气候变迁进行了研究②。他根据殷墟出土甲骨文和动物骨骼资料推断商代殷墟一带气候接近于热带、亚热带，而近年亦有学者从山东济南附近商代遗址中出土的动物骨骼推测当时济南一带气候接近于现在的江南地区③；到了周代初期温暖，但不久气温开始下降；春秋时期气温又开始回升；战国时期温暖气候依然持续，这一时期齐鲁地区的农业种植可以实现一年两熟，这种状况一直延续到秦和前汉时期，"齐鲁千亩桑麻"；东汉时我国气候开始趋于转冷。

小　结

综合上述分析，本区域内全新世以来的气候大致经过了波动升温—稳定暖湿—波动降温—稳定温暖的发展过程，但不同学者对气候发生改变的具体年代尚存在不同意见；地表植被状况也经过了少量针、阔叶林的森林草原—以阔叶树为主的针、阔叶森林和喜暖树种的出现—以针叶树为主的针、阔叶森林草原—针、阔叶森林草原等几个大的发展阶段；在海岸线变迁方面与鲁北滨海平原地区剧烈的海陆变化相比要小得多，海平面最高也未超过5米等高线，可能还要低。从史同广的研究来看，包括整个研究区域在内的胶州湾至海州湾区域，全新世最高海平面也就高出现代海平面1.5米左右。根据系统调查的情况来看，大汶口晚期聚落分布的最低海拔为3米左右（DG-DHY-1），其他聚落都分布于海拔5米以上的区域；龙山时期则出现大量在海拔2~3米区域的聚落，其中处在海拔高度2米区域的聚落就有接近10处，这说明了大汶口和龙山时期的海平面始终未超过2、3米。结合龙山文化聚落的分布及现代海岸线走向来看，毛晓平认为龙山时期自黄县绕山东半岛至日照一带的海岸线基本定型的结论是比较可靠的。

从几位学者的研究中都可以看出，龙山时代两城镇一带的气候环境要远比现在温暖湿润得多，这一点对当时的稻作农业生产非常有利。区域内新石器考古学文化最早产生于距今7000~6100年的北辛文化时期，正处于《胶东半岛贝丘遗址环境考古》所划分的稳定暖湿期，此后至汉代时期几经起伏。但目前对研究区域内历史时期的环境研究开展得还比较少，前文学者根据历史文献与其他资料相结合所得出的结论是否符合本区域的实际目前不得而知。除此之外，由于上文第二节多数学者所得出的年代都是未经树轮校正的数值，因此在相关问题的讨论上必须予以注意。

---

① 〔美〕Lanehart等：《山东日照市两城镇遗址龙山文化先民食谱的稳定同位素分析》，《考古》2008年第8期，第55~61页。

② 竺可桢：《中国近五千年来气候变迁的初步研究》，《考古学报》1972年第1期，第15~38页；又见《中国科学A辑》1973年第2期，第168~189页。

③ 王振国：《古生物学家推测——商代济南气候似江南》，新华网山东频道，2003年4月2日，http://www.sd.xinhuanet.com/news/2003-04/02/content_355913.htm。

第二章 史前至汉代聚落形态与聚落选址讨论

第一节 概 述

地理环境是影响史前文化和社会发展的重要因素，地貌环境、气候条件、生物资源和水系格局等自然因素在相当程度上影响着史前文化的特征和社会发展的高度，制约着聚落形态和经济类型[①]。历史时期亦是如此，但随着社会的发展和人类适应自然能力的提高，聚落选址对环境因素的依赖程度相对越来越低，特别是在大型区域性聚落中心的选址上表现得更为明显。近年来，考古学研究中的古环境重建工作受到越来越多学者的关注，尤其是在史前研究领域，这一方面得益于现代科学技术的进步以及考古研究多学科发展趋势的形成，使得相关研究成为可能；同时，由于现代考古学研究理论与研究方法的发展，越来越多学者的研究视野与研究范围不断拓展，考古学研究工作越来越倾向于在不同时期人地关系的动态变化中来对社会组织和社会结构进行观察。通过对研究区域内不同时期环境变化的研究，可以帮助我们更加深入地理解人类在不同时期的文化选择和行为模式。正是在这一思想的主导下，环境考古研究发展迅速，越来越多的学者将视线投向人与社会后面的自然环境因素。

本章将在地理信息系统软件的支持下对鲁东南沿海一带史前至汉代聚落发展与环境因素之间的关系进行探讨，以对可能影响不同时期聚落选址的自然和社会因素进行考察。地理信息系统支持下的考古研究之初曾一度面临一些学者的非议，其重要根源在于一部分学者认为该工具的引入导致了"环境决定论"的出现。发展到今天，随着研究方法的不断改进和研究水平的逐渐提高，越来越多的学者开始掌握和使用该工具。应该说，地理信息系统并不是导致走向环境决定论的罪魁祸首，研究人员不同的研究方法和倾向性才是产生这种问题的根源。

作为聚落形态研究重要内容之一的聚落选址研究受到很多学者的重视，尤其是地理、环境领域的学者和研究人员。古环境的研究引入考古学之后，人地关系的考察成为聚落形态解读的重要途径之一，尤其是基于文化生态学、文化功能理论之上的新考古学研究更是如此。聚落选址也是现代城市规划研究的重要内容，包括海拔、坡度、坡向、水文等内容的地形分析成为现代城市聚落选址分析的重要内容。该类研究首先要接触的便是地形、地貌数据，海拔、坡度、坡向等都是地形、地貌因素的表达方式，这些数据都可以利用数字高程模型来生成。数字高程模型（DEM）是投影平面上规则格网点的平面坐标（X，Y）及其高程（Z）的数据集，通常用地表规则网格单元构成的高程矩阵表示。它与数字地形

---

① 夏正楷、张俊娜：《聚落考古研究中的环境考古学问题》，《中国聚落考古的理论与实践（第一辑）——纪念新砦遗址发掘30周年学术研讨会论文集》，北京：科学出版社，2009年，第21页。

模型（DTM）息息相关，后者是地形表面形态属性信息的数字表达，是带有空间位置特征的数字表示。数字地形模型中地形属性为高程时称为数字高程模型[①]。简单说，数字高程模型是用一组有序数值阵列形式表示地面高程的一种实体地面模型，它的建立方法有多种：其一是通过地面测量；其二是从现有地形图上采集后通过内插生成；其三可以经由航空或航天影像，通过摄影测量途径获取。坡向是坡面法线在水平面上的投影的方向。坡向的描述有定性和定量两种方式。定量是以东为0°，顺时针递增，南为90°，西为180°，北为270°，范围在0°～359°59′59″。定性描述有8方向法和4方向法，8方向为东、东南、南、西南、西、西北、北、东北；4方向法有阴坡、半阴坡、阳坡、半阳坡。坡向对古代聚落选址的影响至少表现在两个方面：①坡向的选择影响日照时数和太阳辐射强度，对于北半球的居民来说，光照和辐射收入南坡最多，其次为东南坡和西南坡，再次为东坡与西坡及东北坡和西北坡，最少为北坡；②坡向对生物多样性尤其是植物的发育有重要影响，我国北方的山岳、丘陵地带，茂密的乔木林多生长在阴坡，而灌木林多生长在阳坡。这是由于阴坡土壤的水分蒸发慢，水土保持好，所以植被恢复比阳坡快，易形成森林。另外，不同植被的形成还跟树木的习性有关，一般来说，冷杉、云杉等在山的北坡生长得好，而马尾松、华山松、桦树、杨树等就多生长于南坡。在光照、温度、雨量、风速、土壤质地等因子的综合作用下，地表生物和环境之间的关系也会发生变化，从而影响到人类的聚落选址。本书的坡向研究采取了8方向法，利用GIS软件自动生成北（0-22.5°），东北（22.5°-67.5°），东（67.5°-112.5°），东南（112.5°-157.5°），南（157.5°-202.5°），西南（202.5°-247.5°），西（247.5°-292.5°），西北（292.5°-337.5°），北（337.5°-360°）。其中北方向以0°为界分0-22.5°和337.5°-360°两部分（图版三，1），这是需要读者在阅读本书所附图表要注意的。

本书所指的聚落形态主要包括三方面的内容：其一，不同聚落内各个单位的发展；其二，单个聚落的布局和形态；其三，广域的聚落空间分布及其与环境因素的关系。聚落形态变迁与生态环境变化之间的互动是聚落考古研究的重要内容，也是对古代社会研究的重要途径。如前文所述，已经发表的调查报告对研究区域内的聚落形态在宏观领域的发展进行了详细的探讨，因此本章的讨论将以不同时期微观层面的聚落布局变化及聚落分布与自然环境因素的关系为主。此外，在进行土壤类型、地貌类型等的分析中，经常会出现单个聚落分布于多种土壤或地貌类型的状况，因此在统计表格中会出现总数量大于该时期聚落总数的状况，这是正常的。

第二节　研究方法与数据来源

本书所用史前至汉代时期聚落的位置面积、河流分布、海岸线等以中美日照地区联合考古队区域系统调查所获资料为准[②]，将相关地图数字化并进行校准后生成区域内不同时

[①] 刘建国：《考古测绘、遥感与GIS》，北京：北京大学出版社，2008年，第220页。

[②] 中美日照地区联合考古队：《鲁东南沿海地区系统考古调查报告》，北京：文物出版社，2012年。

期聚落分布图，采取叠加分析的方法对相关问题进行探讨。需要说明的是，除去已经公布的13年调查资料外，书中还引用了一些尚未发表的数据。地质地貌数据主要采自山东省地图出版社出版的《黄淮海平原地貌图》[①]及《山东省地质图》[②]，并结合公开出版的《日照市志》[③]及日照地方史志编委会办公室所编辑的自然地理方面的资料对相关数据进行了补充；土壤数据以西安地图出版社出版的《中华人民共和国土壤图》为主[④]，并参考日照市土壤普查办公室所编写的《日照土壤资料》进行了纠正（图版二，1）；数字高程数据主要采用了经过中国科学院计算机网络信息中心加工的美国太空总署（NASA）和国防部国家测绘局（NIMA）联合测量30米高程的ASTER数据[⑤]，在此基础上提取并生成研究区域的海拔高度分布图（图版二，2）、坡向图（图版三，1）、等高线河网（图版三，2）等。

本章的地貌类型描述中，以中国科学院地理研究所地貌研究室编辑的《黄淮海平原地貌图》的分类标准，共分为平地（坡度小于1/6000）、微倾斜平地（坡度1/2000～1/6000）、缓坡地（坡度小于3°）、斜坡地（坡度大于3°）、低丘（相对高度小于50米）、高丘（相对高度50～200米）、低山（海拔小于1000米）六类。对于本研究区域地貌来讲，微倾斜平地是最为平缓的地貌类型，原地图中所标示的平地在本研究区域没有分布（图版四，1）。

根据研究区域的地理位置和地形地貌特点，本书在利用地理信息系统软件工具对史前至汉代不同时期聚落选址同生态环境因素的关系进行讨论时，主要选取了以下几个方面的主要因素。这些因素分别为海拔、坡向、土壤类型、地貌类型、岩石缓冲区、海岸线缓冲区等，其他因素如河流水道等将会在下文的分析中根据需要结合上述因素来进行。

与多数的单点提取方式不同，在进行不同时期聚落址的海拔和坡向分析时，本书没有以单个聚落为基本单位，而是尝试采用了多点提取的方式，以栅格数据像元为基础，统计不同时期聚落所占据的像元数量，在此基础上计算出不同类型海拔和坡向条件下的聚落占据情况。土壤类型的叠加分析主要用以考察不同时期聚落遗址的倾向性选择上，特别是考虑其与不同作物种植的可能关系，研究区域内土壤类型及分布见第一章第二节讨论。

从大的岩石分类看，研究区域内的岩石主要以花岗岩和变质岩为主。在结合地质因素进行岩性分析的时候，为考察聚落分布与区域内分布的石料资源的关系，本书主要采取了缓冲区分析的方法考察不同类型的聚落距离各种岩石资源的距离。缓冲区分别以1千米、3千米和5千米为半径，然后对分布于不同区域的聚落数量进行统计。

海岸缓冲区以现代海岸线为基准。根据前文第二章的研究，研究区域内龙山文化海岸线就已经基本定型，这是选择现代海岸线的基本依据。通过对不同时期聚落选址在海岸线

---

① 中国科学院地理研究所地貌研究室：《黄淮海平原地貌图》，济南：山东省地图出版社，1990年。
② 中国地质科学院编辑：《中华人民共和国地质图集》，北京：中国地质科学院，1973年。
③ 日照市地方史志编纂委员会编：《日照市志》，济南：齐鲁书社，1994年。
④ 黄鸿翔等：《中华人民共和国土壤图》，西安：西安地图出版社，1995年。
⑤ 数据来源于中国科学院计算机网络信息中心国际科学数据镜像网站（http://www.gscloud.cn）。

不同时期缓冲区的分布情况进行统计,以观察不同时期对可能存在的对海洋资源的利用问题(图版四,2)。

土壤类型图的制作与生成。

目前,获得土壤类型图的途径有多种:第一种途径是向相关机构购买高分辨率的土壤图。这类图精度较高、可信度较大,且目前大多已经完成了数字化工作,研究人员在使用时直接购买栅格(raster)或矢量(vector)格式的数据即可。缺点是高分辨率的数据往往仅限于国土等部分单位内部使用,不对外公开,高分辨率的数据更是涉及保密问题。第二种途径是从网上下载免费的土壤数据。目前在国家地球系统科学数据共享平台(http://www.geodata.cn/)、地理空间数据云(http://www.gscloud.cn/)、资源环境科学数据中心(http://www.resdc.cn/)、人地系统主题数据库(http://www.data.ac.cn/)等数据平台均可以找到分辨率不一的免费共享数据,但个别数据需要校验后才能使用。第三种途径便是利用公开出版的土壤图集矢量化而成。由于未找到合适的现成数据,本章研究所用的土壤数据均由前文所引的数据扫描后矢量化而来。

早期地图的矢量化首先要读图,弄清常用地图采用的坐标系统及投影方式。我国常用地理坐标系有北京54坐标系,系采用苏联克拉索夫斯基椭球元素建立的坐标系;西安80坐标系,该坐标系采用新的椭球体参数GRS(1975),以陕西省西安市以北泾阳县永乐镇某点为国家大地坐标原点建立的全国统一的大地坐标系;CGCS2000坐标系及WGS84坐标系。我国基本比例尺地形图(1:50万、1:25万、1:10万、1:5万、1:2.5万、1:1万、1:5000)均采用高斯-克吕格(Gauss-Kruger)投影(横轴等角切圆柱投影,又叫横轴墨卡托Transverse Mercator投影)为地理基础,1:100万地形图采用兰伯特Lambert投影(正轴等角割圆锥投影)。此外,在进行地图投影变幻时,还要考虑分带的问题,通常是按6°和3°分带投影。6°分带从本初子午线开始,按经差6°为一个投影带自西向东划分,全球共分60个投影带,带号分别为1~60;3°投影带是从东经1°30′经线开始,按经差3°为一个投影带自西向东划分,全球共分120个投影带。在我国,1:2.5万~1:50万比例尺地图一般采用6°分带,大于1:1万比例尺地图采用3°分带。

矢量化的工具和软件有多种,本文选择了ESRI Arc GIS10.1系列组件来实现。其实现步骤如下。

(1)纸质地图扫描,将土壤图集中涉及研究区域的图幅扫描至电脑。

(2)建立工作目录。在Arc Catalog建立工作目录,建立文件夹链接,将扫描后的土壤类型图添加到Arc Map中。

(3)地理配准。①打开地理配准工具,单击"地理配准"下拉菜单,将"自动校正"前面的对钩取消。②根据土壤图上的网格选择合适的控制点,点击"添加控制点"图标,放大地图到合适比例,在选择的第一个网格交点处鼠标左键点击,然后右键点击在弹出的对话框中输入该点的实际坐标。③用同样的方法均匀选择并添加所需的控制点,可以通过点击地理配准工具栏上的"查看链接表"按钮浏览已经添加的控制点信息。检查控制点的残差和RMS,删除残差特别大的控制点并重新选取控制点。若需要,单击链接表对话框中的"保存"按钮,将其保存,以备下次使用。④完成所有的控制点添加并检查均方差(RMS)后单击"地理配准"下拉菜单中的"更新显示"。⑤右击"内容列表"中的"图层",点选"属性",打开"数据框属性"对话框。在"常规"选项页中,根据研究需要,选择合适的地图显示单位,如"米""十进制度"等。打开"坐标系"选项页,根据扫描地图的信息,选择合适的坐标系。早期地图的坐标系多为北京54或西安80等。⑥单击"地理配准"下拉菜单选择"校正",对配准的影像进行重采样,另存为新的影像文件并加载至Arc Map窗口中。

（4）矢量化。①打开Arc Catalog模块,在Arc Catalog中选择要建立的数据层所在目录后,点击右键,在弹出的对话框中以此选择"新建""文件地理数据库",并命名。②右击新建的文件地理数据库,在弹出的菜单中依次选择"新建""要素类",在"新建要素类"对话框中设置新建要素的名称和类型。Arc GIS提供点、线、面等多种类型可以选择,根据土壤图矢量化的需要,我们选择构建"面要素"类型,点击下一步,选择合适的坐标系并添加所需的字段、名称和类型。③运行Arc Map,将配准后的土壤栅格数据和新建的面要素图层添加到内容列表,并打开"编辑器"和"捕捉"工具条。④点击"编辑器"工具条上的"编辑器"下拉菜单,点击"开始编辑",弹出"开始编辑"对话框,选择要编辑的图层对象并点击确定。单击"捕捉"工具条下拉菜单中,确保"使用捕捉"选中。⑤在Arc Map右侧的"创建要素"窗口中选中加载进来的面要素图层;在其下面的"构造工具"中选择"面",此时鼠标指针变成"十"字形,便可以开始进行土壤图矢量化的编辑工作。⑥依次完成不同的土壤类型斑块后,单击"编辑器"工具条下拉菜单中的"保存编辑内容"。此外,还可以利用Arc GIS提供的Arc Scan工具完成批量矢量化的工具,首先要激活扩展模块,点击Arc Map菜单栏上的"自定义"按钮,打开"扩展模块"对话框,选中需要的扩展模块,如Arc Scan、3D Analyst、Spatial Analyst等,之后进行相应的编辑以便分析工作,此处不再赘述。

数字高程模型及坡向、水文等相关数据的制作与生成。

本研究所用数字高程数据来自国际科学数据镜像网站,导入Arc Map并经符号化处理后生成如图所示的模型（图版二,2）。下载及处理相关数据的过程如下。

（1）国际科学数据镜像网站（http://www.gscloud.cn）下载包含研究区域的DEM数据,目前该网站上有两种数据可以选择,分别为GDEM 30米数据和SRTM 90米数据,前者由日本METI和美国NASA联合研制,并免费面向公众分发。本研究使用了分辨率和高程改进后的ASTER GDEM V2版数据。后者由美国太空总署和国防部国家测绘局联合测量,目前公开数据为90米分辨率的数据。

（2）使用研究区域的矢量图裁切下载后的DEM,得到研究区域的DEM。可以利用分析工具中的"掩膜提取"或者"数据管理工具"中的"栅格处理"。后者操作步骤如下:打开Arc Toolbox工具箱,依次点击"数据管理工具""栅格""栅格处理""裁剪",打开裁剪对话框。在输入栅格中选择被裁减对象,输出范围中加载研究区域的矢量数据并勾选"使用输入要素裁剪几何",之后选择输出栅格数据的目录保存确定即可。

（3）裁剪之后的DEM数据加载到Arc Map,右击内容列表窗口中的DEM图层文件名,在弹出的菜单中选择"属性",打开"图层属性对话框"。

（4）单击"符号系统"选项,在右侧的"显示"中选择"已分类",单击"将栅格分组值绘制为各个类别"项中的分类按钮打开"分类"窗口,根据研究需要自定义分类方法、类别和中断值。完成后确定返回"符号系统"选项页面。

（5）选择合适的"色带"，确定即可。

坡向模型操作如下。

（1）Arc Map中加载研究区域的DEM。

（2）打开Arc Toolbox工具箱，依次单击"Spatial Analyst"工具、"表面分析""坡向"，打开坡向对话框。

（3）输入栅格选择加载的研究区域DEM，输出栅格中选择保存文件夹和名称，点击确定后待软件处理完毕即可。

第三节　史前至汉代不同时期的聚落选址与聚落形态讨论

一、北辛文化

整个北辛文化（距今7300～6300年）的聚落形态尚不是特别明晰，社会复杂化发展程度不高，但已经有了初步发展，尤其是在微观层次的聚落布局方面。由于研究区内尚未有经过发掘和解剖的北辛文化聚落，我们以周边地区的相关材料来探讨。从山东汶上东贾柏遗址的发掘中，我们可以看出该时期一些较大规模的聚落内部的特点：在东西略长、南北略窄的4万平方米范围中，墓葬区集中分布于遗址的东部；居住活动区位于遗址中西部，并发现专门用于储藏物品的窖穴。另外，还在遗址的南部发现一大一小两壕沟①，聚落内部各组成单位之间已经出现了初步的分区现象。由于未发现窑址等可能与手工业生产有关的区域，手工业生产活动的组织形式尚不清楚。相比之前的后李文化，这一时期聚落内部组成单位的最大变化主要表现在单个房址规模的变小以及房址内部灶台等实用器物的设置方面。房子由之前的后李文化30余平方米甚至更大，骤然缩小到10平方米以下乃至4～6平方米，相应的单个房址内的灶台数量也由多变少（图2-1）②，有学者认为这是社会结构发生变化的表现③。

宏观领域的聚落形态发展脉络也不很清晰，除了

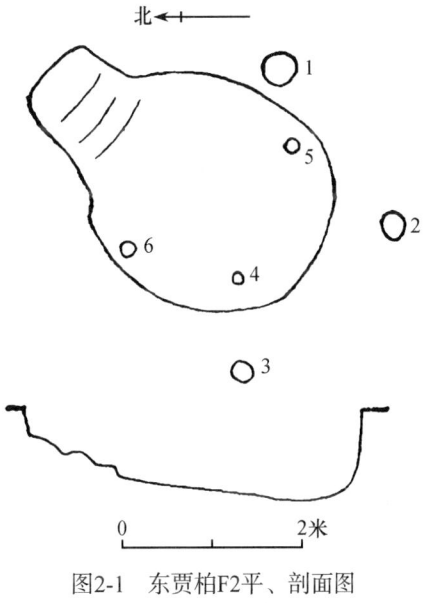

图2-1　东贾柏F2平、剖面图

---

① 中国社会科学院考古研究所山东工作队：《山东汶上县东贾柏新石器时代遗址发掘简报》，《考古》1993年第6期，第481～487页。

② 图引自中国社会科学院考古研究所山东工作队：《山东汶上县东贾柏新石器时代遗址发掘简报》，《考古》1993年第6期，第482页。

③ 栾丰实：《东夷考古》，济南：山东大学出版社，1996年，第81页。

目前已发现的四个比较集中的北辛文化地方类型分布区外，不同聚落之间无法看出明显的分层现象。

由于研究区域内仅仅发现两处北辛文化聚落，且均为面积不足1万平方米的小型遗址，故均未进行发掘工作，这一时期研究区域内的聚落形态状况有待更多的资料来解读。

将两处北辛文化遗址与本区域的相关图层叠加可见，南屯岭所处（DG-NTL-4）的土壤类型为壤质潮土，附近的土壤均为壤质潮土和白浆化棕壤；东两河（DG-DLH-1）及其附近地区的土壤类型为白浆化棕壤。地貌类型均属于低山区域，地质类型均属于侵蚀山地丘陵。两处聚落所处的奎山山麓均以花岗岩为主，西北侧3千米左右的山上有变质岩分布，有着丰富的石料来源。两遗址距离现代海岸线的直线距离分别为2000米和1500米左右，未显示出对海洋资源的明显重视。

从坡向选择看，这一时期并没有跟之后的聚落一样偏向南或东南方向，而是主要占据了西南（41.8%）和西（29.1%）方向，二者合计超过70%（图2-2-1），表明光照和辐射收入并不是这一时期聚落选址的首要考量因素。从海拔来看，两个聚落都落在20~50米的奎山西侧山麓地带（图2-3-1），遗址中心的海拔高度为34米。

从聚落选址来看，这两个遗址沿山麓地带分布的特点可能与当时较高的海平面和沼泽地分布规律有关[①]。浮选标本中粟类遗存的发现[②]，说明当时可能存在着一定的农业生产活动。从前文所述土壤性状看，白浆化棕壤农用为主，兼营果林；壤质潮土土粒结持力较弱，通透性较好，适耕期长。两种土壤都是易于农耕的土壤类型，尤其是后者，再考虑到两个遗址位于小河的支流附近，很可能北辛文化的居民在聚落选址时已经考虑到了对优质土壤的利用。

二、大汶口文化

本区域共发现大汶口文化聚落29处，其中属于早期的有2处，分别为南屯岭（DG-NTL-4）及徐家村（LS-XJC-3）。从整个海岱地区考古学文化的发展来看，与邻近聚落分布相对密集、文化高度发展的莒县盆地相比，本区域大汶口文化发展较晚，开始可能处于相对边缘地位；较早阶段的大汶口聚落在附近区域由于缺少可资比较的对象暂不讨论。结合本地区屈指可数的北辛文化聚落分布来看，研究人员认为生活在研究区域内的大汶口晚期的居民可能由陵阳河地区迁徙而来[③]。

聚落形态发展脉络在临近地区以陵阳河遗址为中心的莒县盆地一带较为清晰。这一时

---

① 方辉等：《鲁东南沿海地区聚落形态变迁与社会复杂化研究》，《东方考古》（第4集），北京：科学出版社，2008年，第253~287页。

② 陈雪香：《山东日照两处新石器时代遗址复选土样结果分析》，《南方文物》2007年第1期，第92~94页。

③ 栾丰实：《日照地区大汶口、龙山文化聚落形态之研究》，《中国考古学跨世纪的回顾与前瞻》，北京：科学出版社，2000年，第227~244页；中美日照地区联合考古队：《鲁东南沿海地区系统考古调查报告》，北京：文物出版社，2012年；方辉等：《鲁东南沿海地区聚落形态变迁与社会复杂化研究》，《东方考古》（第4集），北京：科学出版社，2008年，第253~287页。

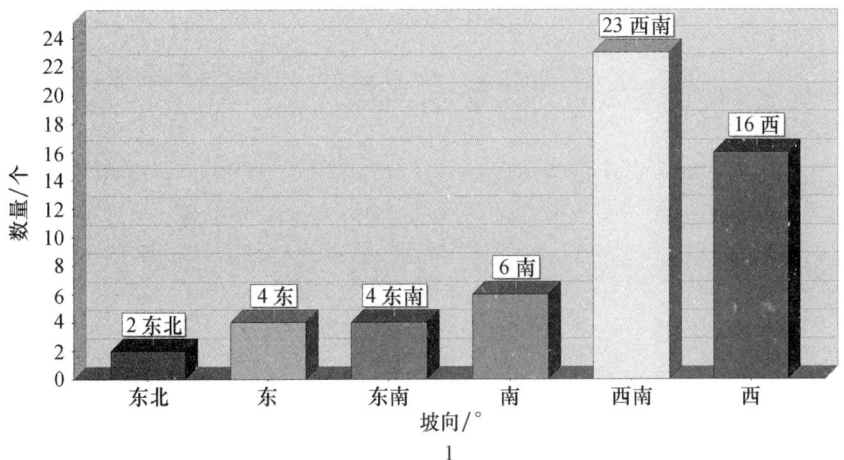

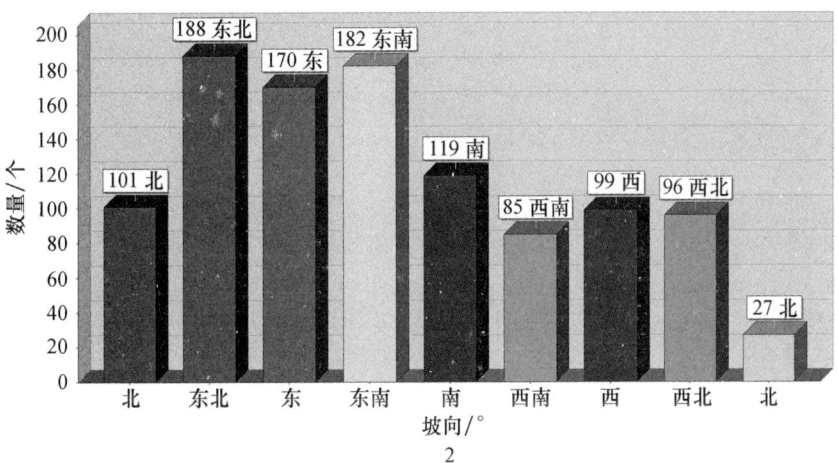

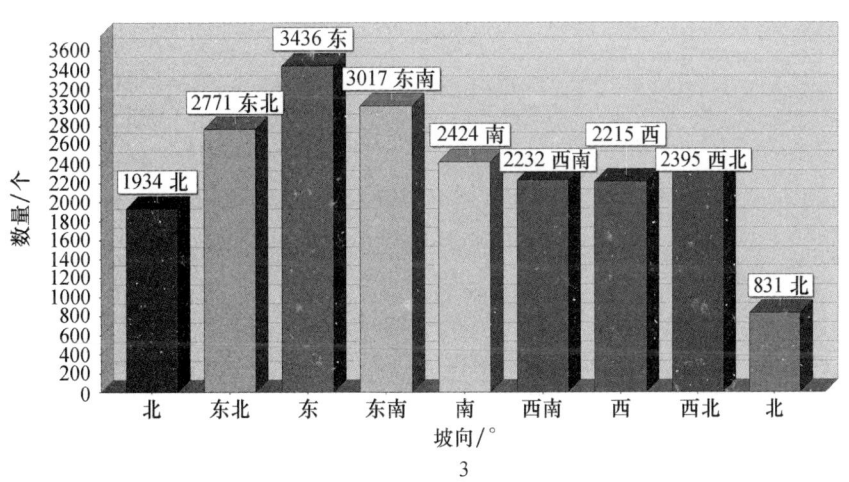

图2-2 北辛至龙山早期聚落坡向选择

1. 北辛聚落坡向选择 2. 大汶口聚落坡向选择 3. 龙山早期聚落坡向选择

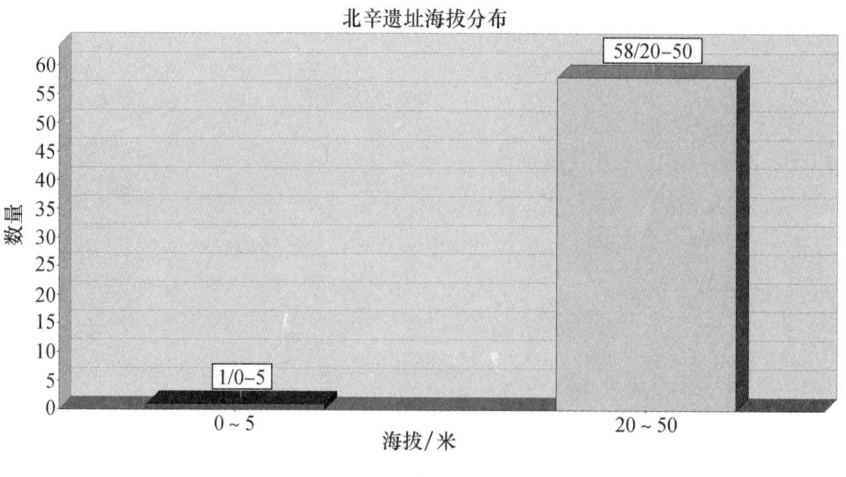

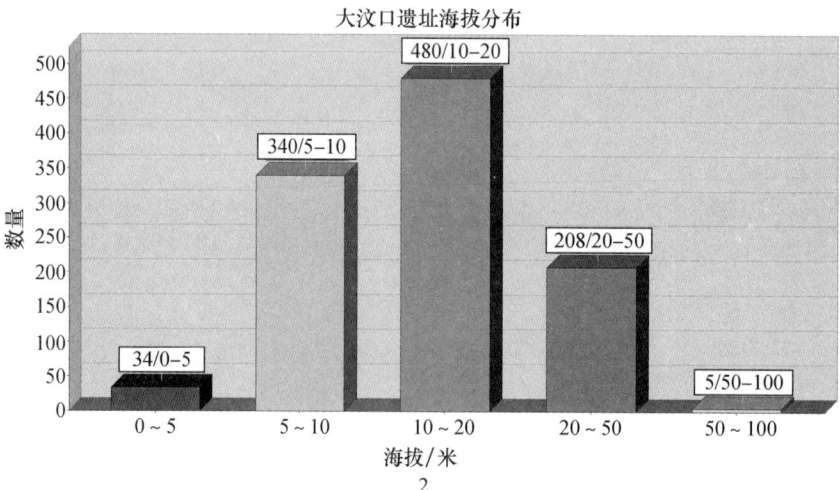

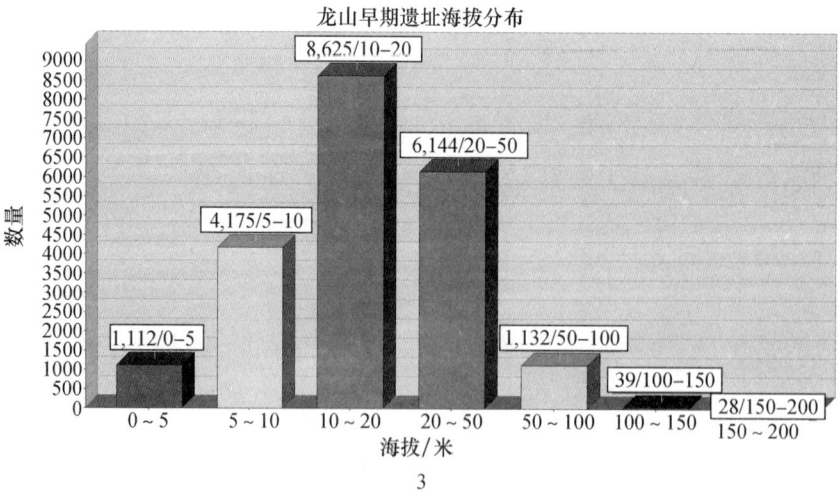

图2-3　北辛至龙山早期聚落海拔分布

1. 北辛聚落海拔分布　2. 大汶口聚落海拔分布　3. 龙山早期聚落海拔分布

期大型聚落内部已经出现功能分区,有意设置的分属不同等级或者家族的墓葬区的存在说明了这一点,这在陵阳河遗址和大朱家村遗址墓地的布局中表现得尤为明显。根据已有的发掘材料,陵阳河遗址的墓葬集中分布于三个区域,可划分为四组,分别分布于遗址的北部(一、二组)、东北部和东部偏南[①]。大朱家村遗址的墓地也具有明显的分区设置[②],与尧王城一带有着密切联系的临沂大范庄遗址的发掘情况亦是如此[③]。另外,从墓葬组成单位的角度来考虑,这一时期以墓葬规模和随葬品多寡为主要特征的墓葬等级区分十分明显,不同等级的墓葬分别埋葬,墓葬内部的社会分层和不同功能区的设置显示出这一时期的聚落内部已经形成了有意识的布局与规划。遗憾的是其他聚落组成单位(如代表居住区的房址等)没有发掘,无法进行更加细致的分析。在宏观层面的聚落形态上,有学者将其划分为三个等级的聚落,在陵阳河地区、大朱家村地区、前寨地区表现均十分明显[④]。既往的资料和研究也证明了大汶口文化晚期山东及其邻近地区若干个地区中心和政治实体的存在[⑤]。

本区域内单个聚落遗址内部布局也有初步研究。区域内规模最大的大汶口晚期遗址之一——丹土遗址曾报道发现大汶口晚期的城,并存在明显的功能分区现象[⑥]。根据当地媒体的介绍,"城内生活居住区、各种手工业作坊区和墓葬区分布规整、错落有致"[⑦]。由于丹土城址包括大汶口、龙山早期、龙山中期等几个不同的城圈,所以在缺乏详细发掘资料的情况下还无法进行深入的探讨,布局问题的阐明有待于完整系统发掘报告的公布。尧王城遗址与东海峪遗址虽然已经过局部发掘,但大汶口晚期的内容报道得非常简略。在宏观角度的聚落形态方面,研究人员认为尽管大汶口晚期的聚落已经出现面积上的差别,但似乎无法证明存在多个聚落层级[⑧]。

---

① 山东省考古所等:《山东莒县陵阳河大汶口文化墓葬发掘简报》,《史前研究》1987年第3期,第62~82页。

② 山东省文物考古研究所等:《莒县大朱家村大汶口文化墓葬》,《考古学报》1991年第2期,第167~206页。

③ 临沂文物组:《山东临沂大范庄新石器时代墓葬的发掘》,《考古》1975年第1期,第13~22页。

④ 栾丰实:《日照地区大汶口、龙山文化聚落形态之研究》,《中国考古学跨世纪的回顾与前瞻》,北京:科学出版社,2000年,第228~232页。

⑤ 高广仁、邵望平:《海岱文化与齐鲁文明》,南京:江苏教育出版社,2005年,第84~103页;Allard F. Mortuary ceramics and social organization in the Dawenkou and Majiayao cultures. *Journal of East Asian Archaeology*, 2000, 3(3~4): 1-22; Underhill A, Habu J. Early sedentary communities in East Asia: Economic and sociopolitical organization at the local and regional levels. In: Stark M T. An Archaeology of Asia, Oxford: Blackwell Publishers, 2006: 121-148.

⑥ 山东省文物考古研究所:《五莲丹土发现大汶口文化城址》,《中国文物报》2001年1月17日第1版;刘延常、王学良:《五莲县丹土大汶口文化、龙山文化城址和东周墓葬》,《中国考古学年鉴2001》,北京:文物出版社,2002年,第182~184页。

⑦ 郭公仕:《丹土遗址:亚洲最古老的城市》,《黄海晨刊》2006年6月8日。

⑧ 中美日照地区联合考古队:《鲁东南沿海地区系统考古调查报告》,北京:文物出版社,2012年;方辉等:《鲁东南沿海地区聚落形态变迁与社会复杂化研究》,《东方考古》(第4集),北京:科学出版社,2008年,第258页。

根据聚落在不同土壤类型中的分布统计表可见（表2-1），大汶口时期的聚落主要分布于棕壤、潮土中，比例分别占到75.9%、20.1%左右。这些都是土质较好、较适宜农耕的土壤类型，显示出人们在聚落选址时的倾向性。其中所占比例较高的是白浆化棕壤、麻砂质棕壤、壤质潮土和洪冲积壤质潮棕壤等，遗址数分别为8、7、4、3处。分布于白浆化棕壤范围的遗址比较集中，有尧王城附近的一组、东海峪附近的一组及河山店遗址；分布在麻砂质棕壤一带的有西寺、张家大庄、大石河口、苏家村等。

表2-1　大汶口文化土壤类型统计

土壤类型	淹育水稻土	壤质潮土	砂壤质潮土	沙砾质潮土	麻沙砾质棕壤性土	洪冲积砂壤质潮棕壤	洪冲积壤质潮棕壤	白浆化棕壤	麻砂质棕壤
遗址数量/个	1	4	1	1	3	1	3	8	7
百分比/%	3.4	13.8	3.4	3.4	10.3	3.4	10.3	27.6	24.1

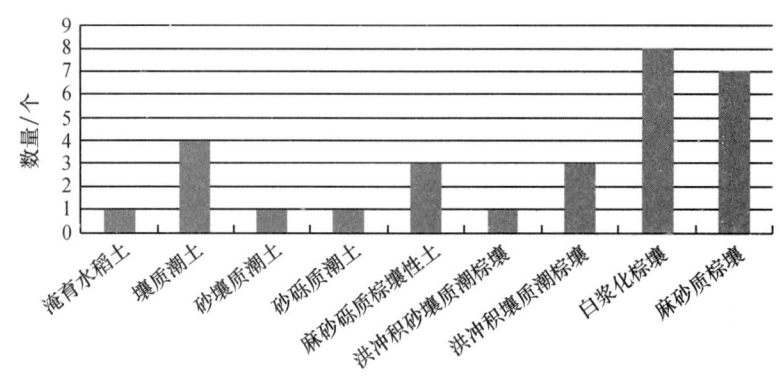

大汶口不同土壤类型聚落分布

大汶口时期的人们在地貌类型的选择上表现出一定的倾向性（表2-2）。从统计表看，这一时期人们考虑的地貌类型主要有微倾斜平地、斜坡地、低丘、平台地、低山、高丘和阶地等。分布在微倾斜平地上的聚落数量占到了31%左右，有9处，余下的各种形式的地貌状况占到69%。虽然在土壤类型的选择上这一时期表现出对相对优质土壤的青睐，但在聚落选址时选择了具有一定地形起伏度的地貌类型。在各种地貌类型中，大于3°的斜坡地成为大汶口时期的首选，共有10处，约占34.5%；其次为微倾斜平地，共9处，约占31%；平台和低丘地貌也成为一些聚落选址的首选，均为3处。与北辛文化相比，大汶口的这种聚落选址模式，已经由靠近山麓地带逐渐向平原地带过渡，仅有少量的聚落选择了境内地势最平坦的地形地貌，其中的原因有待继续探讨。根据前文分析，这一时期的海岸线已经接近于现代，东海峪所处海拔最低处只有3米左右，因此海平面的变化应该不是影响这一时期聚落选址的主要原因。

表2-2　大汶口地貌类型统计

地貌类型	微倾斜平地	斜坡地	平台	高丘	低山	阶地	低丘
数量/个	9	10	3	1	2	1	3
百分比/%	31	34.5	10.3	3.4	6.8	3.4	10.3

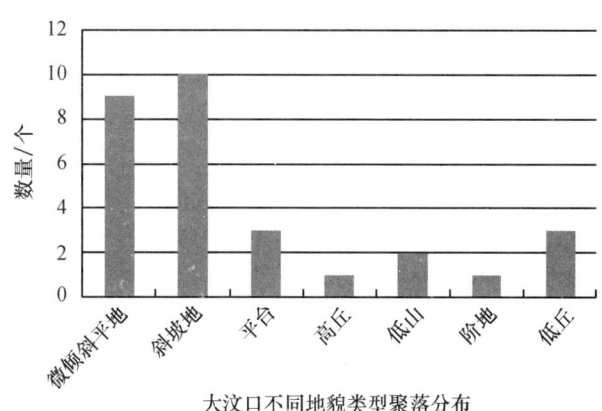

大汶口不同地貌类型聚落分布

通过对对岩石资源的分布及其缓冲区进行分析（表2-3），有4个聚落分布于岩石资源丰富的地区，占13.8%；6个聚落位于1千米以内的直线范围，占20.7%；1~3千米的聚落数目最多，总计有10个，占34.5%；5个聚落位于距岩石分布区直线距离3~5千米的范围内，占17.2%；直线距离5千米以外的聚落有4个，占13.8%，分别位于南部的尧王城及其附近的两个小型聚落和北部两城镇2/3（DG-LCZ-2/3）。总体来看，这一时期，石料的分布不是大汶口晚期人们聚落选址时的主要考虑对象。在需求不大和人口较少的情况下，通

表2-3　大汶口岩石资源缓冲区分布

距离/千米	岩石分布区内	1千米以内	1~3千米	3~5千米	5千米以外
数量/个	4	6	10	5	4
百分比/%	13.8	20.7	34.5	17.2	13.8

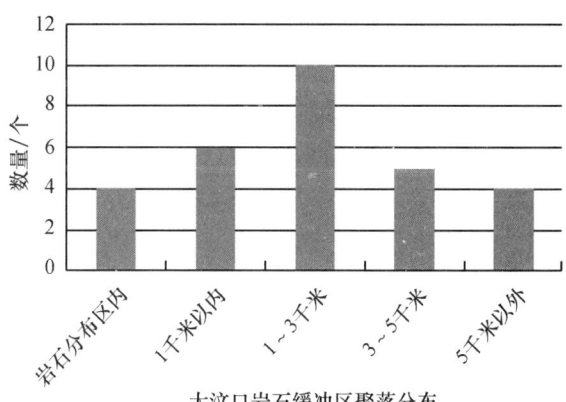

大汶口岩石缓冲区聚落分布

常地面拣拾和河流冲刷而下的石料即能满足人们的需要。虽然如此，这一时期尧王城的石料来源仍旧是一个值得探讨的问题。尧王城与两城镇不同，虽然后者同样距大规模的石料分布区域较远，但其附近白石山、丝山余脉与潮河沿岸有着较为丰富的石料来源。不仅如此，这一时期的两城镇2/3规模较小，相对来说其需求量肯定也远远小于尧王城一带。尧王城一带可能在这一时期应该已经利用了外来输入的石料，特别是分布在特殊位置的稀缺资源，如远在蛇纹岩分布区域的大汶口文化聚落——前水车沟（LS-QSCG-1）的发现可能与这一情况有关。

由表2-4可以看出，大汶口时期没有距离现代海岸线的距离在0.5千米以内的聚落，1千米以内的也只有一个。聚落分布的密集区域出现在距离现代海岸线6~10千米的范围内，占到所有聚落总数的44.8%以上。其次在距离现代海岸线2~4、4~6以及10~12千米的范围内聚落分布比较均匀，均有3个。这种分布格局，从本书第三章大汶口晚期海岸地带的交通网络已经出现的情况分析来看，这一时期的聚落选址可能开始了有意识地规划，但由于这一时期海平面比龙山时期要高或者人们的适应能力不强，只能选择分布在500米以外的区域。

表2-4 大汶口海岸线缓冲区统计

距离/千米	0~0.5	0.5~1	1~2	2~4	4~6	6~8	8~10	10~12	12~14	14~16	16~18	18~22
数量/个	0	1	3	3	3	7	6	3	1	1	1	0
百分比/%	0	3.4	10.3	10.3	10.3	24.1	20.7	10.3	3.4	3.4	3.4	0

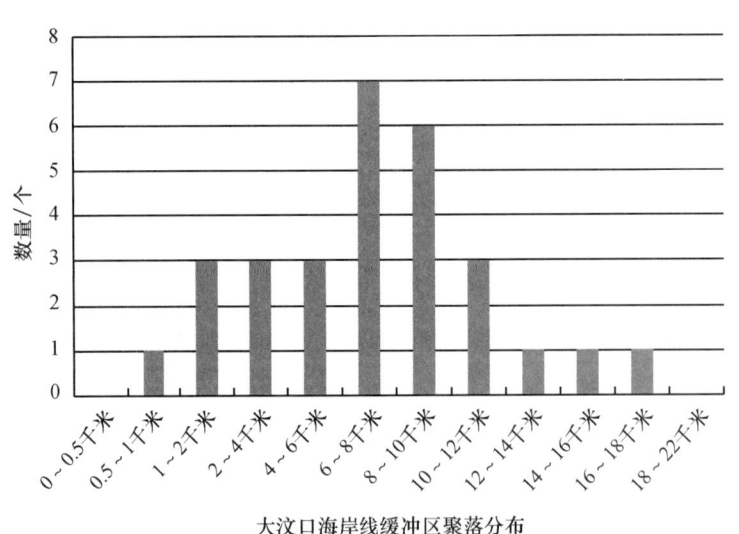

大汶口海岸线缓冲区聚落分布

从坡向分布来看，大汶口时期聚落在各个方向上均有分布，但重点突出。这一时期最集中的三个区域分别为东北、东、东南方向，分别占总量的17.1%、15.9%、17.6%，三者合计达到50.6%，与北辛文化时期倾向西南和西迥然不同，似乎显示出大汶口时期聚落选址对"东方"的重视，这与该时期墓葬的头向接近。在早期发掘的陵阳河墓地和大朱家村墓地的材料中，头向基本都是东南（图2-2-2）。从海拔分布来看，10~20米海拔分布占

45%，其次为5~10米，占31.9%，二者合计接近80%。20~50米高程范围占19.5%，0~5米海拔占3.2%，50~100米海拔占0.5%，未发现海拔100米以上的聚落分布（图2-3-2）。从系统调查获取的数据看，遗址中心所在地低于5米的只有东海峪（DG-DHY-1）1处，海拔为3米。该遗址所在地形为冲积平地，地势低平，东部边缘距离海岸的距离不超过500米。大汶口文化时期的海拔分布与地貌类型的分布态势接近，反映了这一时期在聚落选址上的特点。

综合以上分析，我们可以看出：大汶口文化聚落选址在土壤类型上呈现出对较优质土壤类型的倾向性；在地形地貌的选择方面开始由靠近山麓地带逐渐向平原地带过渡，这一时期的选址侧重具有一定地形起伏度的地貌类型，如大于3°的斜坡地和微倾斜平地，并没有将研究区域内地势最平坦的地形作为聚落的首选。从距离海岸线的分布以及后文最优路径的讨论看，这一时期的居民可能已经有意识地开始靠近研究区域内的重要通道和海洋资源。在坡向的选择上，这一时期的居民倾向于东、东南及东北，这一方面可以获得较为充足的阳光辐照，同时也可能跟研究区域的地理地貌和这一时期的原始宗教信仰有关。陵阳河遗址出土了数例与太阳崇拜有关系的陶文符号（图2-4），其中有几个符号"☀""☀""☀""☀"等被认为与太阳崇拜有关。这组符号由"日""月""山"或"日""火""山"或"日""云""山"组成。有学者认为东夷部落是一个崇拜太阳神的民族，古文字学家多将其释为现代汉字的渊源之一。于省吾先生在《关于古文字研究的若干问题》中，引述了陵阳河发现的"☀"，将其解释为"旦"字，认为其是由日形、云气形和五峰的山形"三个偏旁构成的会意字"，认为这是"原始文字由发生而日趋发展的时期"[①]。唐兰先生把包括有山与无山的符号释为"炅"字，并根据有山与无山的不同，说明当时"已经有简体字，说明它们已经是很进步的文字"[②]，他还进而将使用这种符号的族群推定为少昊部落的人群。田昌五先生则有着自己独到的见解，他将"☀"视作"日月山"的组合，并认为"这明显的是一个氏族部落标志……其意应当是太皞和少皞之'皞'字，有如后来铜器上的族徽"[③]。饶宗颐先生基本赞同此说[④]。总体来看，考虑到

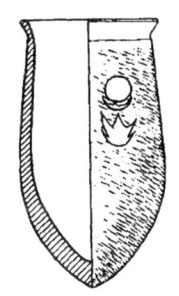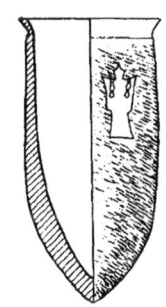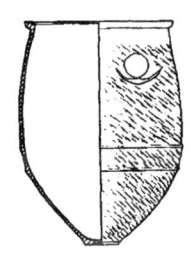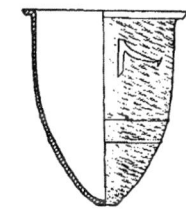

图2-4　鲁东南大汶口遗址出土陶文

---

① 于省吾：《关于古文字研究的若干问题》，《文物》1973年第2期。
② 唐兰：《关于江西吴城文化遗址与文字的初步探索》，《文物》1975年第1期。
③ 田昌五：《古代社会断代新论》，北京：人民出版社，1982年。
④ 饶宗颐：《中国古代东方鸟俗的传说——兼论大皞少皞》，《中国神话与传说学术研讨会论文集》（上册），台北：汉学研究中心，1996年。

大汶口晚期区域内聚落较少，相互之间缺乏竞争的情况，这一时期聚落选址行为应当都是有意识地主动选择。

三、龙山文化

进入龙山文化时期，日照沿海地区的聚落数量明显增多，调查发现的聚落共计500余处，与大汶口文化时期的不到30处形成鲜明对比。同时，不同级别聚落中心的规模明显变大，这一时期两城镇遗址地面陶片的分布面积达到272.49万平方米，尧王城遗址则达到367.52万平方米，二、三级聚落中心的规模也比大汶口晚期的同级聚落要大。

这一时期微观层面的聚落形态变化首先表现在中心性聚落周围城壕的普遍发现——这种经过明确规划的大型防御工事充分展现了这一时期聚落形态的主要特点。研究人员在两城镇、尧王城、丹土等聚落均发现具有明确规划的围城遗迹，根据局部夯土的发现以及剖面来看，这一时期中心性聚落周围城墙的存在是基本成立的。孙波对目前所发现的一些山东龙山文化城址的特点进行了总结：城址形状多数不甚规整；垣与壕一般紧贴在一起，城垣并不高大，主要依靠城壕来加强防御效果；大多数城址存在两层或者三层城圈等[1]。两城镇遗址发现了布局完整的内、中、外三圈围壕，并发现三个出入口[2]；尧王城遗址在1995年的调查中发现夯土城墙的存在，后经研究人员的钻探进一步证实了这一点[3]，近年的勘探和发掘对城墙的结构和范围有了更加清晰的认识[4]。丹土遗址龙山时期的城址被研究人员分为早、中两期。早期城址呈椭圆形，并在城的西、北、东三面各发现城门通道；中期的城址呈不规则刀把形，在城的西南、西、北、东共发现四个城门通道[5]。城的出现在龙山时代已经成为普遍的现象，标志着这一时期社会复杂化程度的提高以及资源和财富的进一步集中。

相比大汶口晚期，龙山文化大型聚落的内部布局开始发生一些明显变化。与大汶口晚期聚落内部具有明确规划的独立墓葬区不同，龙山时期日照沿海一带的考古发掘则呈现出另外一番景象——无论是从1936年还是1998~2001年度对两城镇遗址的发掘来看，两城镇遗址的居住区与墓葬区并没有完全分置，一些遗址内部表现出居住区、墓葬与可能的活

---

[1] 孙波：《山东龙山文化城址略论》（简稿），中国考古网，2010年4月23日，http://www.kaogu.cn/cn/detail.asp?Product ID=11369。

[2] 于海广：《山东日照两城镇遗址龙山文化围城遗迹的发现和发掘》，《东方考古》（第5集），北京：科学出版社，2008年，第74~79页；中美两城地区联合考古队：《山东日照市两城镇遗址1998—2001年发掘简报》，《考古》2004年第9期，第11~12页。

[3] 栾丰实：《日照地区大汶口、龙山文化聚落形态之研究》，《中国考古学跨世纪的回顾与前瞻》，北京：科学出版社，2000年，第235页。

[4] 中国社会科学院考古研究所山东队等：《山东日照市尧王城遗址2012年的调查与发掘》，《考古》2015年第9期，第7~24页。

[5] 刘延常、王学良：《五莲县丹土大汶口文化、龙山文化城址和东周墓葬》，《中国考古学年鉴·2001》，北京：文物出版社，第182~184页。

动场所交错杂居的迹象①，反映出这一时期来自不同群体的居民杂处和区域间交流的拓展，同时也说明了这一时期社会复杂化进程的日益深化。尧王城遗址以及另一个规模略小的东海峪遗址的发掘状况亦是如此（图2-5）②，后者的房址分布似乎还经过一定的规划（图2-6）③。从现有迹象来看，这个时期的聚落布局似乎呈现出以活动场所为中心，房址和墓葬或远或近向心式分布的特点，显示出这一时期在社会基层组织方面的某些变化。两城镇1998～2001年度发掘中的F39与F65共用一活动面：F39坐北朝南，在其外面形成三层人为铺垫的活动面，房后和东、西两侧则逐渐形成以灰土为主的堆积；F65位于F39的西南面，门道向东，二者共用一个活动场所的迹象十分明显。尧王城F2、F3之外也保存有比较好的活动面。由于目前所见材料的限制，房址与活动面及其附近墓葬的准确关系尚无法推断，但以活动场所为中心的居址与墓葬的分布似乎是经过有意规划的。综合两城镇遗址20世纪30年代与1998～2001年度

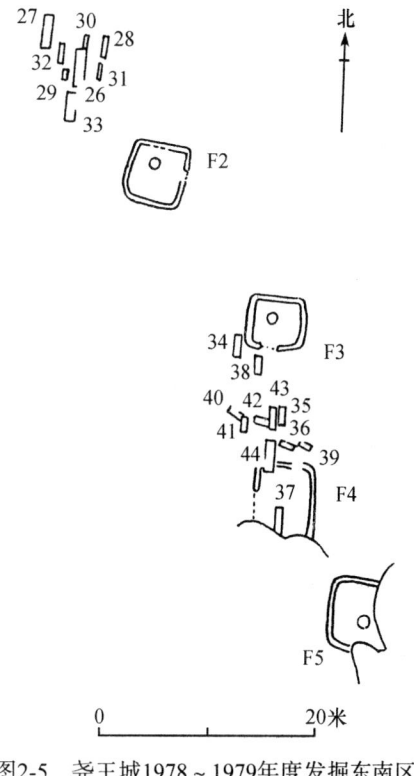

图2-5 尧王城1978～1979年度发掘东南区
墓葬和房址分布图

的发掘资料来看，在不同的发掘区域都出现了居住遗址与墓葬共同分布的现象，我们推测这一时期聚落内部布局可能呈现出比大汶口晚期更为复杂的局面。与龙山时代聚落内部格局发生变化相联系的是这一时期聚落组成基本单位——墓地在布局上的一些变化。宫本一夫对呈子遗址龙山文化墓葬间存在的"阶级"性进行了研究，他将该墓地的95座龙山文化墓葬分为早、中、晚三个时期，每个时期不同墓群内的高等级墓葬均分布于墓群的中心区域④。从尧王城遗址20世纪70年代末的发掘来看，呈子遗址这种现象并非孤例。从发掘简报中公布的部分墓葬表来看，位于东南区两个墓群中心的墓葬M26、M33和M44都是各自墓群中面积较大者，M33的长、宽分别为1.9、0.5米，墓中无随葬品，但有七组陶片将尸

---

① 中美两城地区联合考古队：《山东日照市两城镇遗址1998—2001年发掘简报》，《考古》2004年第9期，第8～18页；刘燿：《山东日照两城镇附近史前遗址》，《两城镇遗址研究》，北京：文物出版社，2009年，第1～24页。

② 修改自临沂地区文物管理委员会等：《日照尧王城龙山文化遗址试掘简报》，《史前研究》1985年第4期，第52页，图三。

③ 修改自山东省博物馆、日照县文化馆东海峪发掘小组：《一九七五年东海峪遗址的发掘》，《考古》1976年第6期，第378～382页，图四。

④ 〔日〕宫本一夫：《山东新石器时代墓制所见阶级性及礼制的起源》，《东方考古》（第3集），北京：科学出版社，2006年，第42～46页。

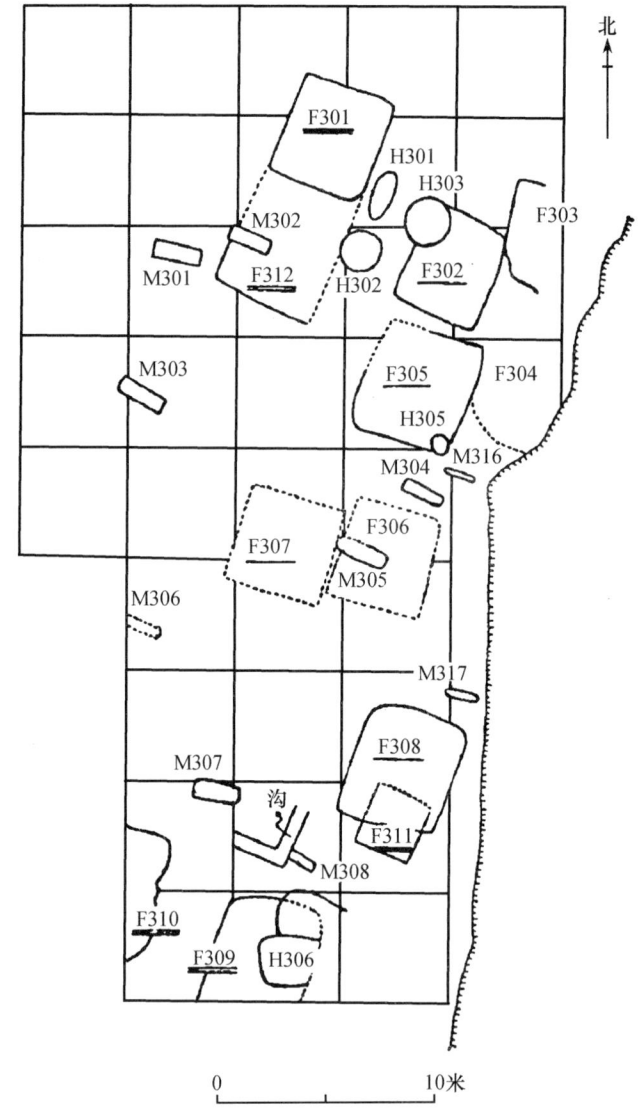

图2-6 东海峪部分房址墓葬分布图

骨围在正中；M44长、宽分别为1.8、0.6米，未发现随葬品；M26的资料未给出。

墓地内部分区成群分布，整个聚落内部又以居住场所、墓地、活动场所为基本单位分区设置，两城镇等龙山聚落的分布格局与大汶口时期明显不同。大汶口时期及其以前大型聚落的分区主要表现为功能区分，即不同的功能分区（如墓葬区、手工业作坊区）分别设置。而到了龙山时期，在功能区分继续存在与发展的同时，以社会层级和不同族群为依据的分区已经出现。这一时期的居住与墓葬分区不再仅仅按功能进行划分，而是以社会不同层级为基本依据，表明这一时期的社会组织与社会结构发生了重大变化。

从目前的迹象来看，这一时期独立的手工业作坊区已经形成。如20世纪30年代在两城镇遗址北部偏中一带发现的玉器坑，由于既有成品玉器的存在，又有尚未完成的玉料，学者认为这里可能是龙山文化玉器作坊的所在①，可惜由于遗址的破坏和发现年代的久远，相关遗迹的复原工作已无法进行。此外，还有学者推测两城镇遗址有专门的谷物和石器加工场所的存在②等。陶器的专业化和标准化生产在这一时期已经成为可能，种种迹象表明龙山时期的陶器生产已经出现了社会上层控制下的奢侈品与日常用品的不同分工。通过对现有出土陶器的检测以及对两城镇及其附近地区陶土资源分布的调查，基本确定了陶器生产在当地的进行③。

这一时期的房址在布局上除了上文所述的与活动场所、墓地紧密联系外，在单体布局上呈现出一些与以往不同的特点：以单体建筑为主，基本不见或很少见连体多间建筑，这种分布方式一定程度上说明了这一时期的社会基层组织方式；同一时期不同房址间可能存在一定的布局，如上文所提到的东海峪遗址，但由于目前所揭露的面积有限，在其他几个遗址中这种现象并不是非常明显；虽然房子形状多样，有圆形、方形等，但目前所发现的多数房子规模差别不大。例如，尧王城1978～1979年度发掘的几座房址，F1近方形，南北4.45、东西4.65米，房内面积15平方米；F2南北西东四墙的尺寸分别为4.05、3.9、4.03、4米；F3呈方形，长宽均为3.6米；F4仅存北墙和东墙，北墙长4.25、东墙长4.7米（图2-5）④。

房址内部结构大同小异，居址内活动面上可见灶及红烧土面、门道处的石块，还有少量石器、陶器及其碎片等。尧王城及东海峪房址内的灶均位于房屋内部正中偏离门道的一侧。两城镇已经公布的几座房址的资料与此略有不同，特别是灶的形制。简报中所公布的两城镇发掘所见的灶多为圆形平底式，与周围地面没有明确界限，只是在灶的范围内均烧成黑褐色或红褐色；也有在灶的位置修筑一个小圆形台，略高于周围地面；未见低于地面的坑式灶⑤。而尧王城"灶址中间都有保存火种的圆洞，直径一般在9厘米左右"，以F1所见灶为例，灶面略低于居住面，由黏土掺粗砂做成，直径0.7米，中间有一洞，洞径约0.09、深0.06米⑥。这种细微的差异或许反映了龙山时期两地不同的环境适应方式。

聚落的内部微观布局特点必然影响到宏观领域的聚落形态。龙山时代这种规模庞大的，拥有玉石器、陶器等各种手工业生产和农业生产活动的"城"的出现，在一定程度上

---

① 刘敦愿：《有关两城镇玉坑玉器的资料》，《考古》1988年第2期，第121～123页。

② 靳桂云等：《山东丹土和两城镇龙山文化遗址水稻植硅体定量研究》，《东方考古》（第2集），北京：科学出版社，2005年，第286页；Eugene C G. The production and use of stone tools at the Longshan period site of Liangchengzhen, China. Ph.D. Dissertation, Yale University, 2007.

③ 范黛华等：《山东日照两城镇龙山文化陶器的初步研究》，《考古》2005年第8期，第65～73页；张小雷：《两城镇遗址龙山文化陶器的生产及相关问题初步研究》，山东大学硕士学位论文，2008年。

④ 临沂地区文物管理委员会等：《日照尧王城龙山文化遗址试掘简报》，《史前研究》1985年第4期，第53～54页。

⑤ 中美两城地区联合考古队：《山东日照市两城镇遗址1998—2001年发掘简报》，《考古》2004年第9期，第13页。

⑥ 临沂地区文物管理委员会等：《日照尧王城龙山文化遗址试掘简报》，《史前研究》1985年第4期，第53页。

会对它辐射范围内的地域产生了广泛影响。不论是手工业生产所需要的各种自然资源的获得和输入，还是"城"内众多人口所赖以生存的食物来源，都影响到了这一时期广域范围的资源流通和聚落布局。这一点在调查者发表的报告中已有详细的论述，此处不再赘述。下面着重对龙山时代聚落选址与周围自然环境之间的关系进行分析。

（一）龙山早期

龙山早期的聚落分布较多的几种土壤类型分别是麻砂质棕壤（48处）、壤质潮土（43处）、麻砂质棕壤性土（29处）、白浆化棕壤（28处）、洪冲积壤质潮棕壤（15处）、砂壤质潮土（12处），详细如表2-5所示。

表2-5 龙山早期土壤类型统计

土壤类型	麻砂质棕壤性土	麻砂质棕壤	砂壤质潮土	壤质潮土	洪冲积壤质潮棕壤	麻砂质中性粗骨土	砂质氯化物盐化潮土	白浆化棕壤	灰泥质钙质石质土	淹育水稻土	洪冲积砂壤质潮棕壤	粉砂质滨海盐土	沙砾质潮土	冲积壤质潮棕壤
数量/个	29	48	12	43	15	4	2	28	3	2	3	2	5	1
百分比/%	14.7	24.4	6.1	21.8	7.7	2	1	14.2	1.5	1	1.5	1	2.5	0.5

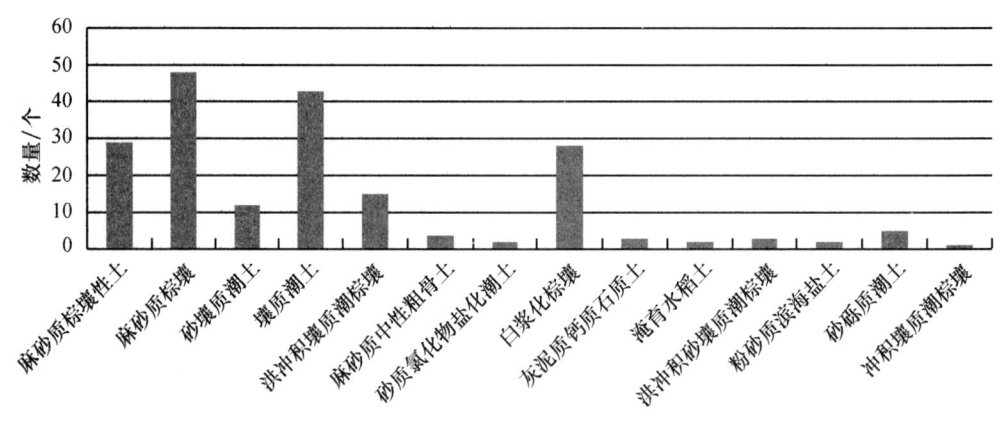

龙山早期不同土壤类型聚落分布

从土壤分类来看，麻砂质棕壤和壤质潮土是龙山早期聚落分布比较多的土壤类型，比例分别占到24.4%和21.8%。从分布上来看，聚落数量比较多、分布比较集中的几个区域，如两城镇（DG-LCZ-1）及其周边、白马河上游及其与吉利河的中间河谷地带、以西寺（JN-XS-1）为中心的区域、潮河上游夏家庄（WL-XJZ-1）及其附近区域等，土壤类型分别为洪冲积壤质潮棕壤、麻砂质棕壤、麻砂质棕壤性土和砂壤质潮土。南部区域比较大的几个聚落如尧王城（LS-YWC-1），附近土壤类型为白浆化棕壤、壤质潮土和淹育水稻土；井沟（LS-JG-3/4），附近的土壤类型为洪冲积砂壤质潮棕壤和淹育水稻土；东海峪（DG-DHY-1），附近的土壤类型为白浆化棕壤。按土壤肥力多寡排列，一般是壤质潮土大于砂质潮土，后者明显不保水肥；潮棕壤大于白浆化棕壤大于棕壤性土。从现代土壤资料来看，以两城镇为中心的北部区域在地力上是弱于南部地区的。虽然都是比较适合于农业生产水平的土壤类型，但相比而言，南部地区是更有优势的。这也在一定程度上造成了两个区域农业生产先天条件的不同，也必然意味着前者要想获得同样的收获必须动员更多的力量、进行更多的投入。

值得注意的是，这一时期有几个聚落出现在今天看来土壤类型比较差的区域，也就是表2-5中所列的位于粉砂质滨海盐土和砂质氯化物盐化潮土区域的几个聚落，分别为两城镇东部的安家岭（DG-ANC-1）、石庙子村（DG-SMZC-1）与尧王城东部的马家村-1（LS-Majc-1）、马家村-2（LS-Majc-2）。这四个聚落所在的区域都是鲁东南沿海一带重要的产盐区，其中马家村在汉代发展成为尧王城区域东部的重要三级聚落中心。我们推测这几个聚落的存在可能与海盐资源的获取有关，山东地区新石器时代居民对盐类资源的利用方式目前尚不清晰，相关结论的作出还需要更多的工作。

龙山早期分布在各类平坦地貌中的聚落有107处（表2-6），约占总数的57.5%；分布于低山与高丘地貌类型的聚落有38处，约占总数的20.4%。具体来看，最适合于农业生产的微倾斜平地成为这一时期居民的首要选择，共计72处，约占38.7%，这与大汶口时期的表现迥然相异。其次为斜坡地，约占21.5%。高丘的聚落达到26处。这一时期，除了海拔较高的高山和不适合人类居住的区域外，基本都有聚落遗址的存在。从南、北两个区域的对比来看，两城镇丹土区域的地貌类型以微倾斜平地和坡度大于3°的斜坡地为主，两者几乎对半。由于潮河及其支流的影响，大半以上的微倾斜平地实际很难有效利用；夏家庄及其附近区域以海拔50～200米的高丘和谷地为主；西寺一带的地貌较好，均为微倾斜平地。南部地区几个大的聚落周围都有着大片的微倾斜平地可以开发利用。对比南北部的地形地貌以及河流分布情况，南部区域的大型聚落基本都位于河流的中下游地区，地理位置优越，河流淤积给中下游发展农业提供了得天独厚的条件；北部地区除了两城镇区域外，其他次级中心均处于河流上游，相比而言对于发展农业经济的优势是不及南部的。

表2-6　龙山早期地貌类型统计

地貌类型	平台	微倾斜平地	低丘	高丘	谷地	冲积扇	斜坡地	低山	阶地
数量/个	9	72	18	26	7	1	40	12	1
百分比/%	4.8	38.7	9.7	13.9	3.8	0.5	21.5	6.5	0.5

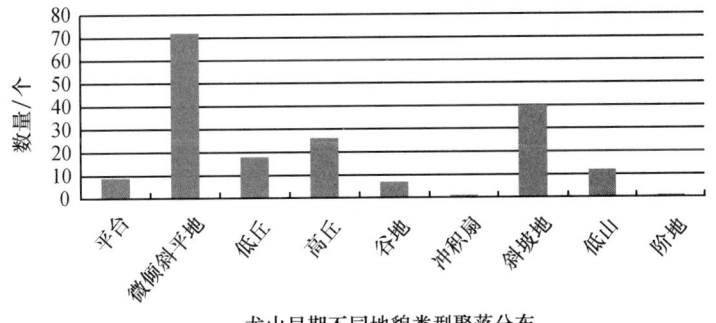

龙山早期不同地貌类型聚落分布

从岩石的分布以及龙山早期聚落的分布来看（表2-7），直接分布在花岗岩和变质岩分布区域的聚落一共有33个，占总数的17.4%；距离各种岩石资源1千米范围内的聚落有52个，占到27.4%，二者合计达到总数的44.8%，接近总数的一半，说明近半数的聚落在选址时可能考虑了对区域内存在的石料的利用。距离岩石资源直接距离大于1千米的聚落共有105个。而有5个聚落距离各种岩石资源的直线距离都在5千米以外，这几个聚落集中分布于尧王城及其周围区域。

表2-7　龙山早期岩石缓冲区统计

距离/千米	岩石分布区内	1千米以内	1~3千米	3~5千米	5千米以外
数量/个	33	52	69	31	5
百分比/%	17.4	27.4	36.3	16.3	2.6

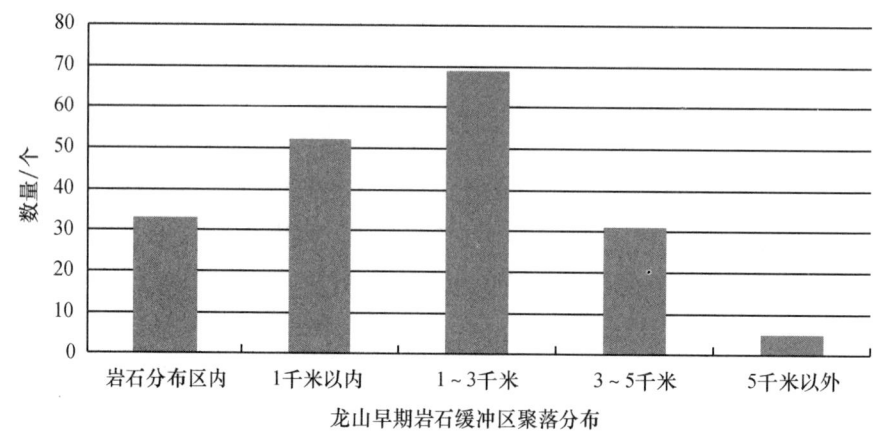

龙山早期岩石缓冲区聚落分布

从遗址到现代海岸线的距离来看（表2-8），这一时期有两个聚落出现于现代海岸线500米范围以内，分别是小山后（DG-XSH-1）和焦柯庄（DG-JKZ-9）。从实验室研究来看，这一时期对海洋资源的利用已经得到部分证实，如Rheta等人关于两城镇发掘所获资料食谱分析中海洋资源的存在[①]。小山后聚落面积较小，紧靠现代海岸线，面积约为0.32万平方米，典型标本为龙山早期的鼎口沿。焦柯庄聚落面积约0.45万平方米，典型标本为鼎足。这两个聚落都位于南部区域的二级中心东海峪的辐射范围之内。其具体功能尚不明确，但联系到最近在东海峪遗址及其附近的金家沟遗址所发现的贝丘遗迹的存在，推测其可能与海洋资源的获取有关。日照沿海地区的贝丘遗址发现较少，由于现代城市建设的加快，许多遗址遭到毁灭性的破坏，使得沿海地区的很多遗存消失殆尽，2008年在金家沟村东发现的贝丘遗存就位于现代工厂院内。东海峪遗址所发现的贝丘堆积距地表30~50厘米，为红烧土叠压。剖面长约5.3、最厚处0.3米。可以肉眼分辨出的有白垩化的牡蛎壳、海螺壳和种类繁多的贝壳等。在堆积剖面中，还发现一幼儿头骨、肩胛骨和部分上

---

① 〔美〕Lanehart Rheta、Tykot Robert H、加里·费曼等：《山东日照市两城镇遗址龙山文化先民食谱的稳定同位素研究》，《考古》2008年第8期，第55~61页。

肢骨[①]。金家沟遗址坐落在日照经济开发区"金明工业园"院内，遗址东宽西窄，呈刀把形，面积约6500平方米。现残余堆积厚0.3～0.5米。在遗址中，可以分辨出的有白垩化的牡蛎壳、海螺壳和种类繁多的贝壳。地表除了遍地贝壳外，散见新石器时代到周、汉代的陶片、陶器口沿、器足等[②]。

表2-8　龙山早期海岸线缓冲区统计

距离/千米	0～0.5	0.5～1	1～2	2～4	4～6	6～8	8～10	10～12	12～14	14～16	16～18	18～22
数量/个	2	1	12	19	18	25	35	36	18	9	18	5
百分比/%	1	0.5	6	9.6	9.1	12.6	17.7	18.2	9.1	4.5	9.1	2.5

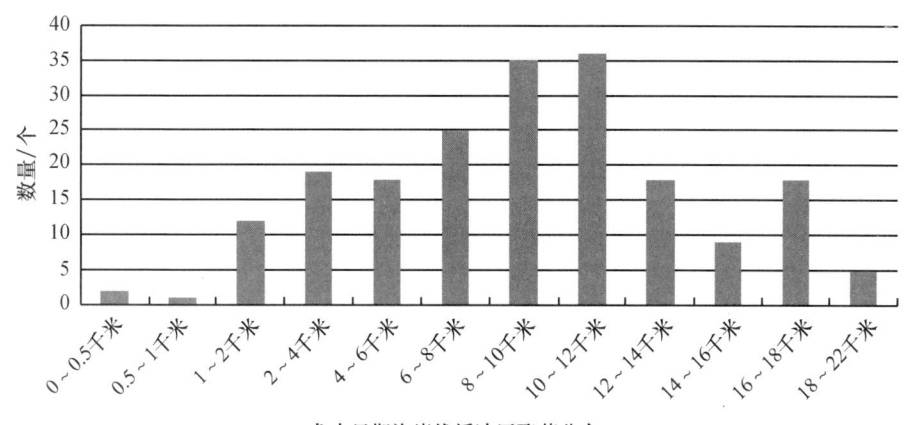

龙山早期海岸线缓冲区聚落分布

距离海岸线6千米以内的聚落一共有52处，约占所有聚落数量的26.1%。如果仔细观察，南北两个区域的中心性聚落尧王城和两城镇均位于距离现代海岸线6～8千米的范围内。这种布局规划，一方面有利于区域中心与沿河上游各等级聚落间资源的交流和沟通，另一方面又可以很方便地获得海洋资源。从表2-8看，这一时期聚落最集中分布的区域当是距离海岸线2～14千米的范围之内，约占全部聚落总数的76.2%。可见在聚落选址时人们是充分考虑了各种不同资源的获取以及交通等因素的。

从坡向分布来看（图2-2-3），这一时期分布最高的三个区域是东、东南、东北三个方向，分别占总数的16.2%、14.2%、13%，这与大汶口晚期的聚落选址倾向一致，但三者累加约占总数的43.4%，与大汶口晚期超过50%相比有所下降。从海拔分布来看（图2-3-3），这一时期与大汶口晚期相比最明显的变化是在海拔100米以上的范围出现少量聚落。这一时期分布在海拔80米以上的较大聚落有3个，分别是小代瞳（LS-XDT-4），遗址中心海拔106米，标本有鼎足1，龙山时期聚落面积不大，不到2000平方米，为龙山时期三

---

① 张雪晨：《山东日照东海峪遗址发现贝丘遗迹》，《中国文物报》2007年3月23日第2版。
② 王仕安：《日照再次发现新石器时代贝丘遗址》，《中国文物报》2009年3月27日第2版。

级聚落中心小代疃（LS-XDT-3）外围的小型聚落，土壤类型以砂土为主；庙山后（DG-MSH-1），遗址中心海拔85米，地面采集标本有龙山早期的鼎口沿1、鼎足4、鬶足1，以及分期未定的石钺、石锛各1件；夏家庄（WL-XJZ-8），遗址中心海拔80~85米。从这几个聚落的选址看，其分布很可能有着某种特殊目的。小代疃是控制区域内资源流往莒县一带通道上的重要据点；夏家庄位于潮河上游的五莲山地区，有着丰富的石料资源。其他大多数聚落的分布与大汶口晚期变化不大，多分布于海拔5~50米的区域，总体来看，居于20~50米海拔范围的聚落分布有上升趋势，显示出这一时期聚落选址在海拔上有逐渐抬高的趋势。

（二）龙山中期

能够确定的龙山中期聚落共137个。从土壤类型的分布来看（表2-9），壤质潮土、麻砂质棕壤、白浆化棕壤、洪冲积壤质潮棕壤是这一时期聚落分布较多的土壤类型，分别占到聚落总数的30.1%、24.7%、15.8%和12.3%。壤质潮土主要分布在傅疃河、潮河、吉利河及其支流沿河两岸的冲积平原处，土壤肥沃，水力资源充足，为发展稻作农业提供了极为有利的条件。麻砂质棕壤主要分布在上述几条河流的中上游地区壤质潮土的两侧；白浆化棕壤主要分布于低山丘陵、岗地的缓坡及坡状平原，与其他棕壤类型呈镶嵌状分布。洪冲积壤质潮棕壤主要分布于三个地区：一是两城镇、丹土及其附近地区，是这两个遗址附近的主要土壤类型之一；二是吉利河左岸地区，紧靠壤质潮土，沿河呈狭长状分布；三是南部的巨峰河中上游沿岸地区，这一区域的聚落较少。与龙山早期聚落的土壤类型分布特征相比较，虽然二者都分布于适宜农耕的区域，但这一时期更趋向水源充足的河流沿岸地区土壤类型，如壤质潮土、麻砂质棕壤等，正符合龙山时代稻粟兼营、以稻为主的农业生产实际。

粗骨土由于分布地势高、坡度大，水土流失严重、土层薄，养分含量低、含水量小，明显不符合农业生产的首选类型，龙山中期的白云聚落（LS-BY-4）出现于此。它位于白云村东北约100米一组水塘的西侧，所在地形为丘陵，遗址坐落在山麓坡地上，海拔70~85米，现在被开垦为梯田。在小河东岸的断面上发现一处包含有龙山中期陶片的、厚约0.4米的灰黑色文化层堆积，龙山聚落的面积只有0.13万平方米，采集标本有鼎足1、鬶足2、匜口沿1。一般说来，类似白云遗址所处的这种易于防守的地形常为商和西周聚落所选择。白云遗址正处于变质岩分布区，位于南部的主要聚落中心尧王城和二级聚落中心井沟遗址（LS-JG-3/4）之间，推测其可能充当某种特殊的功能，或为尧王城遗址石料的来源地之一，或者在尧王城与井沟遗址二者之间的交通甚至贸易或者交换活动中起到一定的中转或保护作用。

与此类似的还有分布于灰泥质钙质石质土的两个聚落，它们分别为上李家庄（DG-SLJZ-5）与北大村（DG-BDC-4）。前者面积较小，不足1万平方米；后者略大，超过3万平方米，龙山陶片分布密度相当高。北大村位于该村村西、村南和村北，略微隆起，属于山麓地带,海拔高度40米,处于傅疃河支流的最上游地区。这一时期与这两个聚落距离最近的二级聚落中心的是面积约25万平方米的黄家河(DG-HJH-2/3),由此来看,它们的功能可能与获取附近山区资源有关。

表2-9 龙山中期土壤类型统计

土壤类型	麻砂质棕壤性土	麻砂质棕壤	壤质潮土	洪冲积壤质潮棕壤	麻砂质中性粗骨土	砂质氯化物盐化潮土	白浆化棕壤	灰泥质钙质石质土	淹育水稻土	洪冲积砂壤质潮棕壤	粉砂质滨海盐土	沙砾质潮土	冲积壤质潮棕壤	中性粗骨土	潮棕壤	砂壤质潮土
数量/个	11	36	44	18	4	3	23	2	1	3	3	1	1	1	9	
百分比/%	7.5	24.7	30.1	12.3	2.7	2.1	15.8	1.4	0.7	2.1	1.7	2.1	0.7	0.7	0.7	6.1

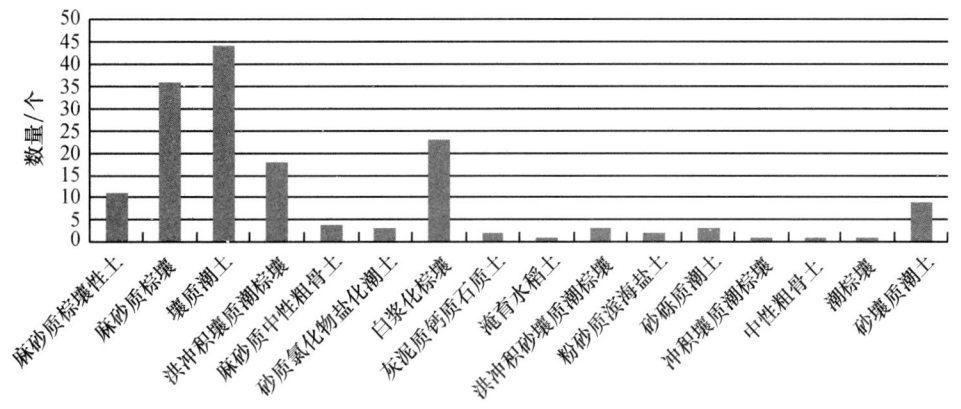

龙山中期不同类型土壤聚落分布

龙山中期聚落在不同地貌类型中的分布如表2-10所示:在各种地貌类型中微倾斜平地和斜坡地是聚落分布最广泛的两种土地类型,其比例分别占到33.1%和24.8%。其次为高丘和低丘土地类型,其比例占13.1%和7.6%。这与龙山早期的趋势基本保持一致。这一时期最明显的变化是在滨海低地新出现的两个聚落——胶南市的后岚(JN-HL-3)与东港的肥家庄(DG-FJZ-2)。特别是后者距离现代海岸线非常近,与其南部的安家村功能类似,可能与获取海洋资源有关。后岚聚落面积约1.1万平方米,遗址中心海拔高度12米。肥家庄聚落面积约0.25万平方米,遗址中心海拔高度4米,现代农作物以种植冬小麦为主。

表2-10 龙山中期地貌类型统计

地貌类型	平台	微倾斜平地	低丘	高丘	谷地	冲积扇	斜坡地	低山	阶地	滨海低地
数量/个	7	48	11	19	6	1	36	9	6	2
百分比/%	4.8	33.1	7.6	13.1	4.1	0.7	24.8	6.2	4.1	1.4

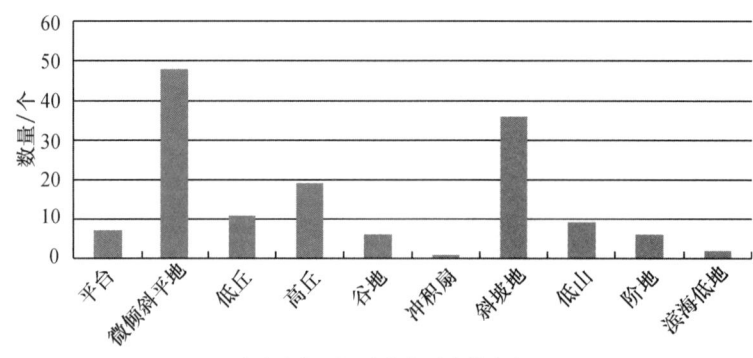

龙山中期不同地貌类型聚落分布

从聚落分布到各种不同岩石资源的直线距离里来看（表2-11），龙山中期聚落分布比例由高到低分别为1~3千米占38.9%、1千米以内占22.6%、3~5千米占21.9%、岩石分布区内占19%、5千米以外占2.9%。这一分布状态与龙山早期时期是非常接近的，说明两个时期在对相关资源的利用方面基本一致。

龙山中期聚落分布到海岸线距离如表2-12所示。聚落分布格局与早期相比，这一时期聚落分布数量最多的区域是距离海岸线6~8、8~10千米处（共33.8%），这与龙山时期的高峰8~10、10~12千米相比较，聚落选址总体向海岸线区域推进了2千米。

龙山中期坡向选择与早期相比变化不大（图2-7-1）。东、东北、东南三个方向仍占比较高，三者所占比例分别约为15.9%、13.6%和13.6%，合计43.1%，其他几个方向占比略低，但差距不是很大。从海拔分布来看（图2-8-1）亦是如此，对于龙山时代的大多数聚落来说，龙山早期选址确定之后未再发生大的改变。

表2-11 龙山中期岩石缓冲区统计

距离/千米	岩石分布区内	1千米以内	1~3千米	3~5千米	5千米以外
数量/个	26	31	53	30	4
百分比/%	19.0	22.6	38.9	21.9	2.9

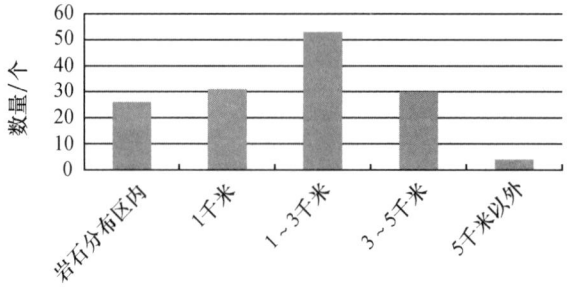

龙山中期岩石缓冲区聚落分布

表2-12 龙山中期海岸线缓冲区统计

距离/千米	0~0.5	0.5~1	1~2	2~4	4~6	6~8	8~10	10~12	12~14	14~16	16~18	18~22
数量/个	0	2	6	19	10	25	26	23	17	9	8	6
百分比/%	0	1.3	3.9	12.6	6.7	16.6	17.2	15.2	11.3	6	5.3	3.9

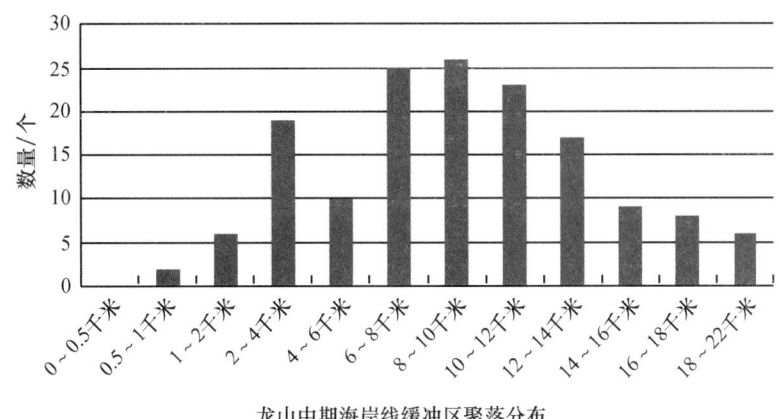

龙山中期海岸线缓冲区聚落分布

四、岳石文化

本区域的岳石文化聚落共有19处，聚落面积均较小，除北部的西寺面积较大（JN-XS-1）接近10万平方米外，其他均为小型聚落遗址。从物质文化特征及发现的聚落数量与规模来看，较之于龙山时期的兴盛，鲁东南沿海地区的岳石文化发展陷入低谷。由于规模较小且开展的实际发掘工作较少，目前对鲁东南地区岳石文化的聚落形态了解不多。研究人员曾对六甲庄遗址进行了发掘，遗憾的是遗址破坏太严重。因此这一部分主要以考察聚落选址与环境因素的关系为主。

在土壤类型的分布方面（表2-13），尽管这一时期的聚落非常分散，但基本都分布于比较适宜农业生产的土壤类型中。其中分布最多的是麻砂质棕壤，一共有5处，约占26.3%。分布在各类棕壤和潮土上的聚落一共16处，占到总数的84.2%。没有聚落出现在土壤条件较差的区域。从岳石文化聚落在不同土壤类型的分布来看，似乎这一时期的居民在聚落选址时并没有将土壤类型作为首要因素。麻砂质棕壤上分布的5处岳石聚落实际上是以西寺为中心的一个小聚落群。在这19个聚落中，有14个聚落位于河流500米缓冲区内（图2-9），这一时期水源可能在当时的聚落选址中占有更加重要的地位。

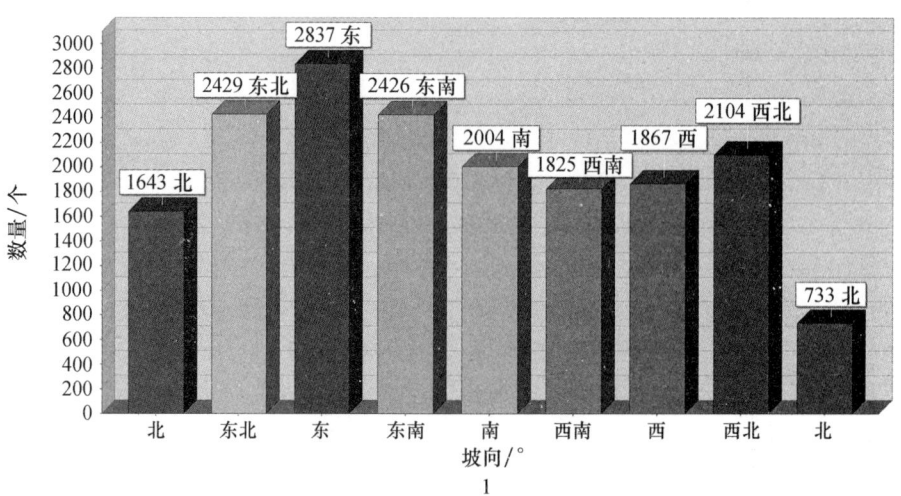

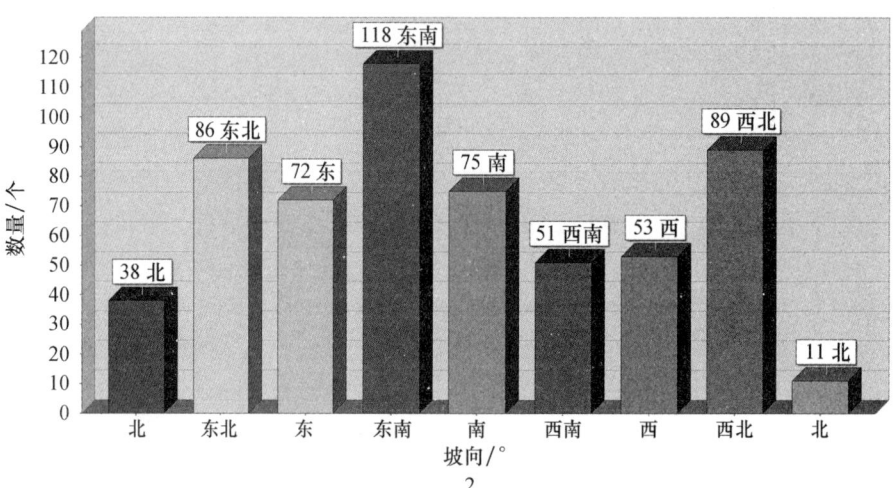

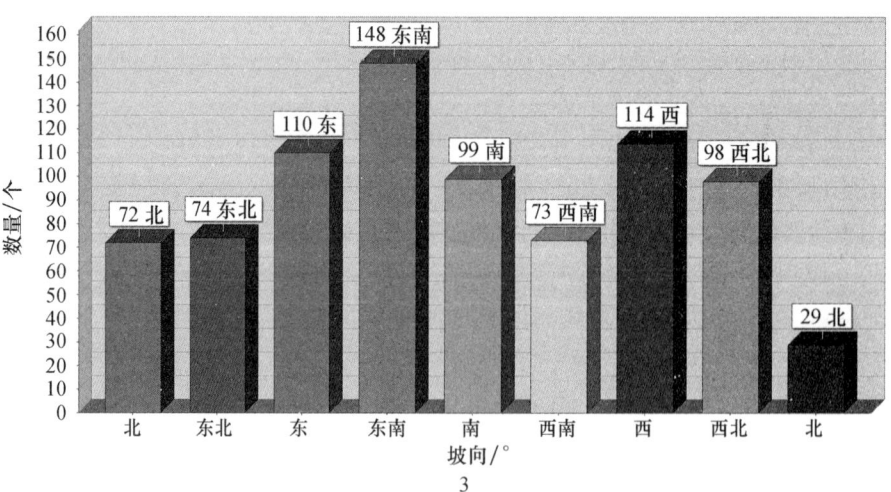

图2-7 龙山中期至商聚落坡向选择

1. 龙山中期聚落坡向选择　2. 岳石聚落坡向选择　3. 商聚落坡向选择

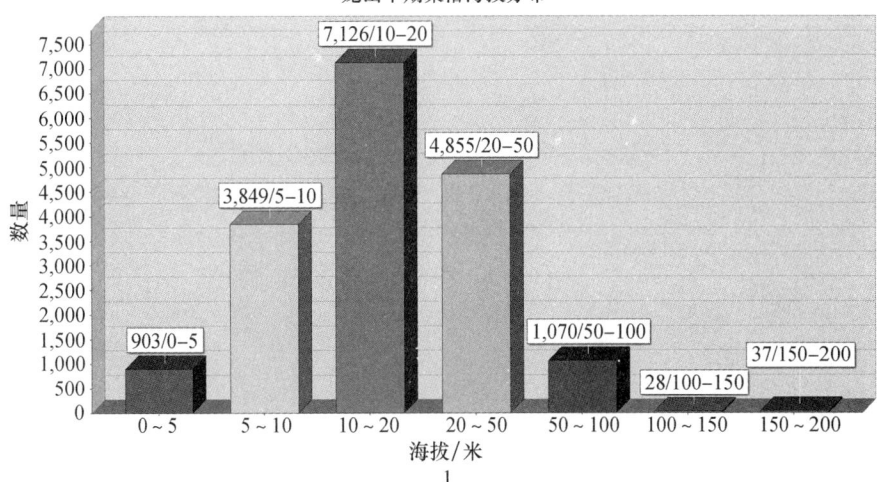
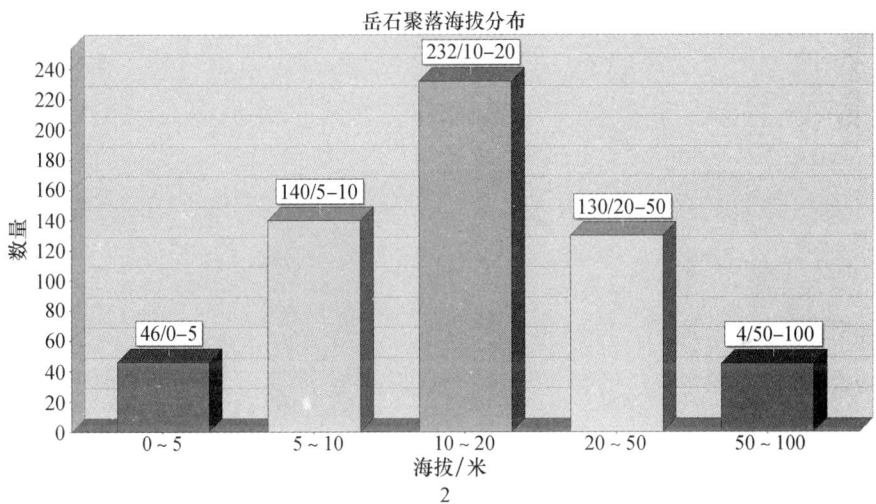
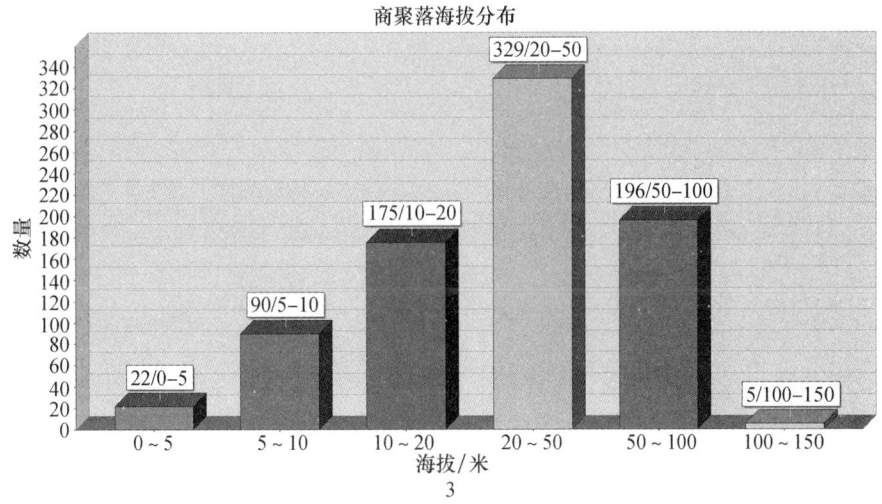

图2-8 龙山中期至商代聚落海拔分布

1. 龙山中期聚落海拔分布　2. 岳石聚落海拔分布　3. 商聚落海拔分布

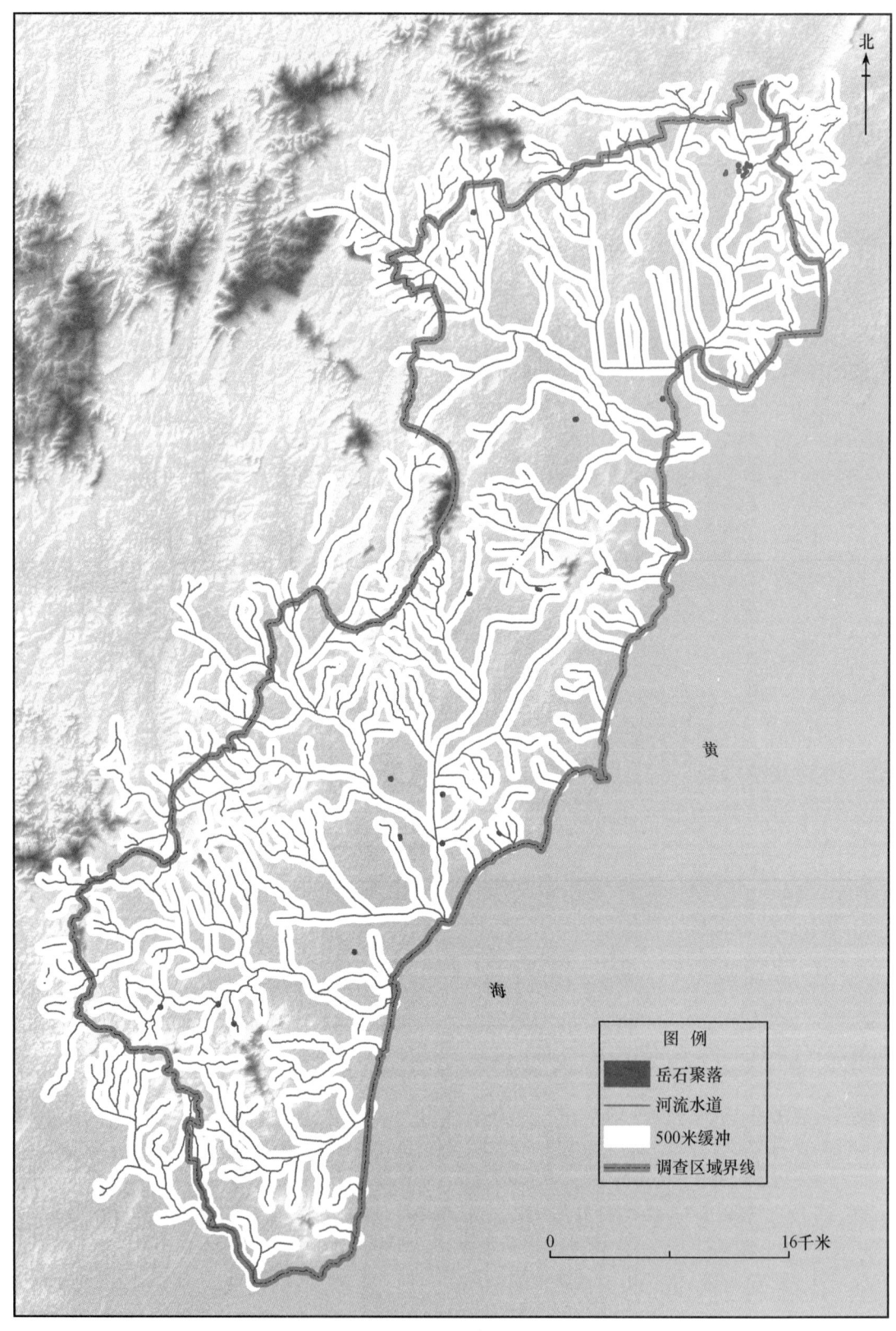

图2-9　岳石文化聚落与河流500米缓冲区叠加

表2-13 岳石文化土壤类型统计

土壤类型	麻砂质棕壤性土	麻砂质棕壤	壤质潮土	洪冲积壤质潮棕壤	砂质氯化物盐化潮土	白浆化棕壤	淹育水稻土	粉砂质滨海盐土	砂壤质潮土	麻砂质中性粗骨土
数量/个	1	5	3	2	1	3	1	1	1	1
百分比/%	5.3	26.3	15.8	10.5	5.3	15.8	5.3	5.3	5.3	5.3

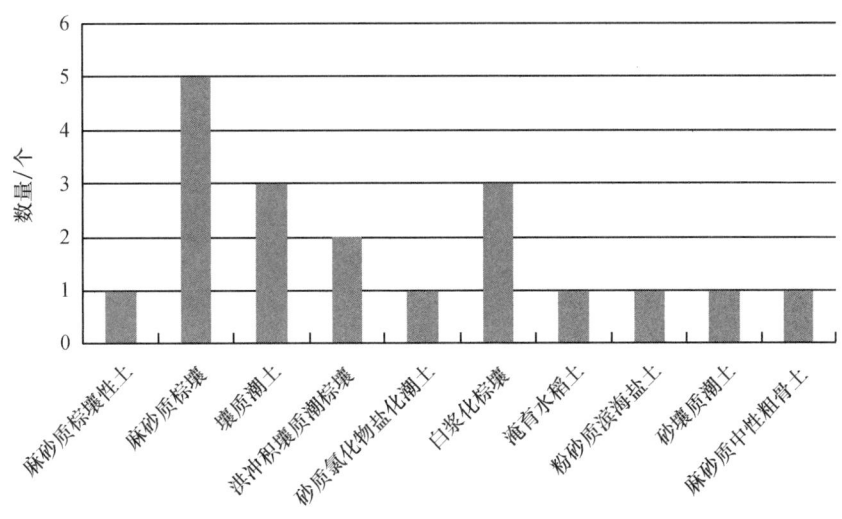

岳石文化不同土壤类型聚落分布

岳石文化聚落分布的地貌类型只有5种（表2-14），分别是农耕条件最好的微倾斜平地11处，占总数的57.9%；斜坡地3处；高丘和平台各2处；低山1处。微倾斜平地的分布占到所有聚落的将近60%，显示出这一时期聚落选址对低平地带的倾向性。

表2-14 岳石文化地貌类型统计

地貌类型	平台	微倾斜平地	高丘	斜坡地	低山
数量/个	2	11	2	3	1
百分比/%	10.5	57.9	10.5	15.8	5.2

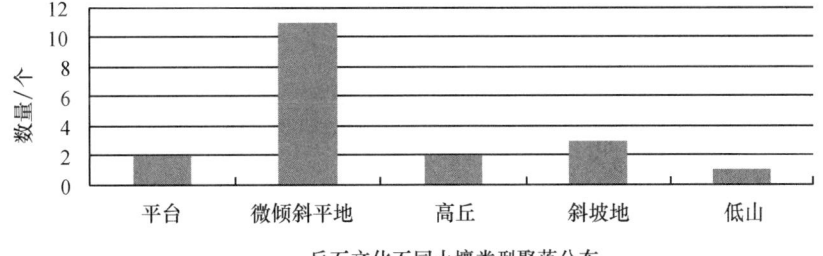

岳石文化不同土壤类型聚落分布

从岩石资源的距离来看（表2-15），1千米以内的聚落共有10个，超过总数的一半以上。3千米以内的聚落共有16个，约占总数的84.2%，所有的聚落都分布于5千米的范围内。说明这一时期的居民对相关资源的选取还是比较注重的。

表2-15　岳石石料缓冲区统计

距离/千米	岩石分布区内	1千米以内	1~3千米	3~5千米	5千米以外
数量/个	2	8	6	3	0
百分比/%	10.5	43.1	31.6	15.8	0

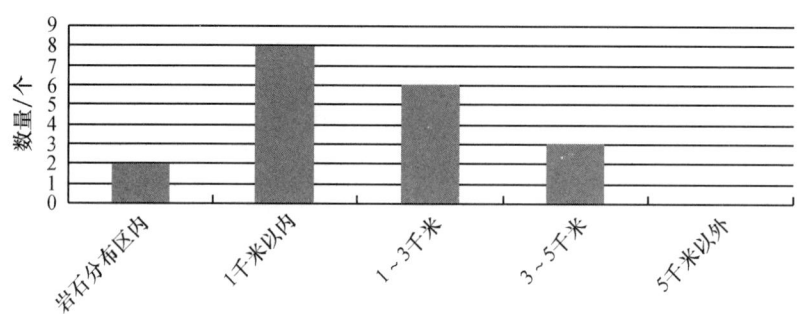

岳石文化岩石缓冲区聚落分布

从聚落的分布到海岸线的距离来看（表2-16），最近的距离也在1千米以外。这一时期的聚落分布，没有表现出对海洋资源的特别重视。

表2-16　岳石文化海岸线缓冲区统计

距离/千米	0~0.5	0.5~1	1~2	2~4	4~6	6~8	8~10	10~12	12~14	14~16	16~18	18~22
数量/个	0	0	2	3	2	2	5	3	0	1	1	0
百分比/%	0	0	10.5	15.8	10.5	10.5	26.3	15.8	0	5.2	5.2	0

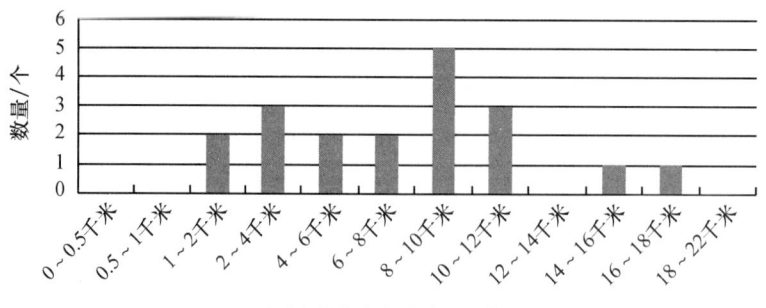

岳石文化海岸线缓冲区聚落分布

从坡向选择上（图2-7-2），可以看出这一时期聚落选址的一些重要特色。与地形地貌、海岸线距离相呼应，这一时期在坡向选择上一改研究区域内大汶口晚期以来对东向的重视，这一时期出现聚落数量最多的分别是东南（19.9%）、西北（15%）和东北（14.5%），这与之前的聚落选址迥然不同，其中的原因有待进一步分析解读。从海拔分布看（图2-8-2），这一时期聚落选址的整体态势与大汶口晚期相近，只是略有不同，岳石文化聚落在不同海拔区间的分布比率分别为0～5米占7.8%、5～10米占23.6%、10～20米占39.1%、20～50米占21.9%、50～100米占7.6%，其中分布在10～50米区间的聚落占到总数的62.7%，没有100米以上的聚落分布。

总体来看，岳石文化的聚落选址在不同土壤类型上的分布较为分散，没有出现特别靠近现代海岸线距离的聚落。这些都无法看出这一时期居民在聚落选址上的特殊倾向性，唯有在地貌因素和靠近水源地方面表现出浓厚的兴趣。对靠近水源地和地势较低的地貌区域的倾向显示了这一时期农业生产在他们生活中的重要地位。超过半数的遗址分布于距离各种岩石资源1千米的范围之内，说明这一期的居民对相关资源的重视。

五、商 文 化

区域内共发现具有商文化聚落31处，这些聚落的面积都非常小，没有超过2.5万平方米以上的大中型聚落发现。与之前的岳石文化相比，聚落数量有一定的增加，且在地域分布上更加广泛。

在土壤类型分布上（表2-17）与岳石文化相比，虽然聚落总数相差不大，但商文化聚

表2-17 商文化土壤类型统计

土壤类型	麻砂质棕壤性土	麻砂质棕壤	壤质潮土	洪冲积壤质潮棕壤	砂质氯化物盐化潮土	白浆化棕壤	淹育水稻土	粉砂质滨海盐土	砂壤质潮土	麻砂质中性粗骨土	沙砾质潮土	中性粗骨土	洪冲积砂壤质潮棕壤	潮棕壤
数量/个	4	8	5	4	0	3	0	1	0	2	1	1	1	1
百分比/%	12.9	25.8	16.1	12.9	0	9.7	0	3.2	0	6.5	3.2	3.2	3.2	3.2

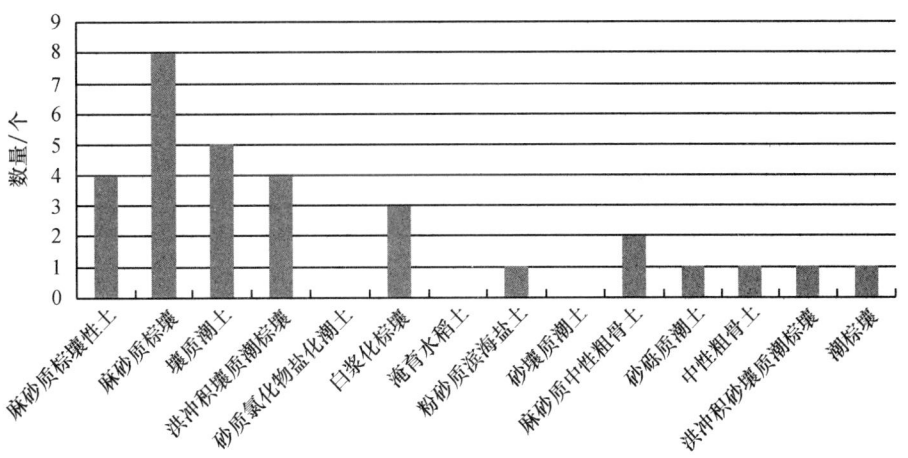

商文化不同土壤类型聚落分布

落分布的土地类型更加广泛,且有几个聚落分布在土壤肥力相对较弱的区域。从表2-17中可见,分布在各类粗骨土类型上的聚落出现3处。总体来看,分布在包括棕壤和潮土在内的较适合农业生产发展的遗址总数达到27处,占所有聚落总数的87.1%。这一时期有较多的聚落分布在麻砂质棕壤区域,虽然该类土壤肥力不错,但与龙山中期颇受青睐、分布于区域内河谷两岸地带灌溉条件优越的壤质潮土相比,在水源方面还是逊色得多,这可能显示出两个时期不同的农业类型。

  商文化聚落分布在微倾斜平地上的只有6处(表2-18),占总数的19.4%,与岳石文化聚落的57.9%对比反差非常明显,而分布在高丘、低丘、斜坡地等地貌条件下的聚落占到了17处,约占54.8%。在研究报告中,调查人员已经注意到了西周和东周时期处于山麓地带的聚落数量明显增加的现象[1],由此可见这种由平原向丘陵山地转移的聚落选址现象在商文化时期就已经开始形成。造成这种现象的原因是复杂的,研究人员把龙山晚期、岳石与商文化聚落分布叠加,发现三者重合的聚落数量非常少,龙山晚期与岳石聚落在空间分布上几无重合,龙山晚期的聚落选址几乎都是在龙山中期聚落发展基础上形成的,调查区域内没有发现单独的龙山晚期聚落存在。岳石与商聚落也只有王石头(WL-WST-1)、秦家官庄(DG-QJGZ-1)、前竹村/窝落子(DG-QZC-1/WLZ-2)、辛庄子(DG-XZZ-1)、马家村(DG-MaJC-1)5处重合,其中王石头和辛庄子的材料有待进一步研究确定。王石头遗址位于该村村北,遗存以龙山早中期为主,岳石与商代陶片分布面积不足5000平方米,仅发现于遗址断崖处。秦家官庄遗址位于该村东南约300米的两河交汇处,所在地形为山麓向冲积平地过渡地带的延伸部分,海拔25米。该遗址以周代遗存为主,岳石文化和商代陶片仅发现少量,面积均不足1.5万平方米。辛庄子遗址位于该村村北,西侧紧靠林家河。所在地形为冲积层,地势平坦,海拔约45米。遗址面积只有1.7万平方米,但岳石和商代陶片分布相对较为丰富,该遗址具体年代尚存疑。马家村遗址位于该村西北约300米,遗址南端紧靠一条向南注入南辛河的水渠,遗址所在地地势平坦,文化遗存丰富,岳石与商代遗存较少,分布范围不足1万平方米。研究人员推测,以鲁西地区龙山晚期和早期青铜时代文化遗存所建构的陶器组合,抵达鲁东南地区可能存在着时间差。与山东西部与北部地区相比,具有龙山中期文化特征的陶器在相对独立的鲁东南沿海地区延续的时间要长些。也就是说,鲁东南地区龙山中期走向衰落的发生时间要晚于鲁西地区[2]。从聚落选址的角度看,龙山晚期、岳石与商迥然不同的聚落选址策略有待进一步解释。前文所述岳石文化聚落主要分布于各种低平地带,商文化聚落则倾向于地势较高的区域,二者的分布呈现出较明显的分离倾向(图版五)[3],虽然不同自然环境条件成为影响古代居民选址

---

[1] 中美日照地区联合考古队:《鲁东南沿海地区系统考古调查报告》,北京:文物出版社,2012年;方辉等:《鲁东南沿海地区聚落形态变迁与社会复杂化进程研究》,《东方考古》(第4集),北京:科学出版社,2008年,第274页。

[2] 中美日照地区联合考古队:《鲁东南沿海地区系统考古调查报告》,北京:文物出版社,2012年,第312页。

[3] 修改自方辉等:《鲁东南沿海地区聚落形态变迁与社会复杂化进程研究》,《东方考古》(第4集),北京:科学出版社,2008年,第274页,图六。

的重要因素，但我们也应看到，聚落选址作为社会组织和结构的体现之一，其决定因素和表现亦受到政治、经济、社会等多方面的影响。龙山晚期、岳石和商时期区域内社会发展的衰退所导致的聚落选址无序性和随机性，便是这种影响的反例。

表2-18　商文化地貌类型统计

地貌类型	平台	微倾斜平地	低丘	高丘	谷地	冲积扇	斜坡地	低山	阶地	滨海低地
数量/个	3	6	5	5	0	0	7	3	1	1
百分比/%	9.7	19.4	16.1	16.1	0	0	22.6	9.7	3.2	3.2

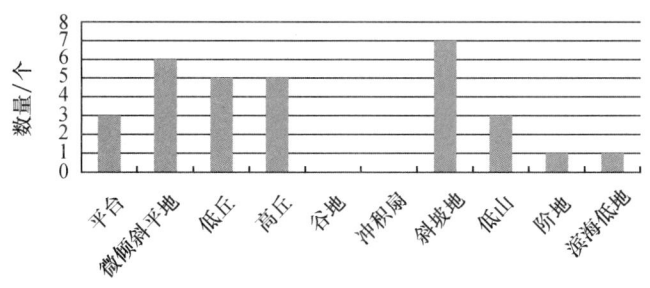

商文化不同地貌类型聚落分布

商文化聚落距离岩石资源3千米以内的共25个，占所有聚落总数的80.7%，有1个聚落出现在距离各种石料资源5千米以外的区域（表2-19）。根据上文分析的商文化聚落选址在地貌类型的倾向性上来看，这一时期在靠近岩石资源的分布状况可能并非是对岩石资源的重视。

表2-19　商文化岩石缓冲区统计

距离/千米	岩石分布区内	1千米以内	1~3千米	3~5千米	5千米以外
数量/个	9	10	6	5	1
百分比/%	29	32.3	19.4	16.1	3.2

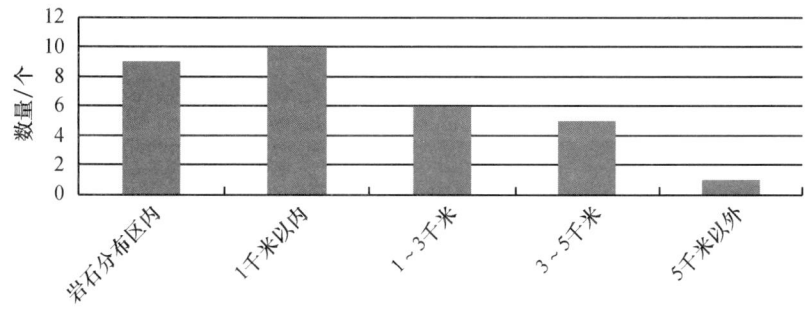

商文化岩石缓冲区聚落分布

商文化聚落进一步远离海岸线，离现代海岸线最近的聚落也在2千米以外。这与之前时期逐渐向海岸线靠近的趋势背道而驰（表2-20）。

表2-20 商文化海岸线缓冲区统计

距离/千米	0~0.5	0.5~1	1~2	2~4	4~6	6~8	8~10	10~12	12~14	14~16	16~18	18~22
数量/个	0	0	0	4	2	6	3	6	5	4	1	0
百分比/%	0	0	0	12.9	6.4	19.4	9.7	19.4	16.1	12.9	3.2	0

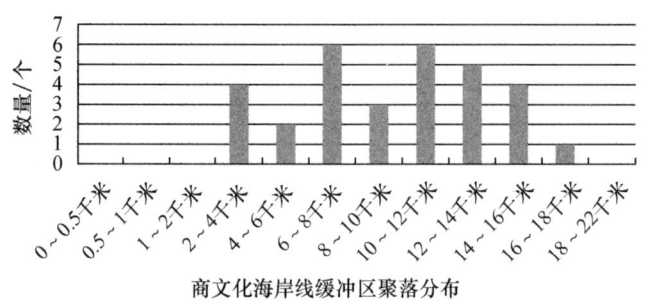

商文化海岸线缓冲区聚落分布

在坡向选择上（图2-7-3），这一时期聚落分布最多的是东南（18.1%）、西（14%）和东（13.5%），三者合计45.6%，不到50%，而在传统上视为不适合选址的背阴区域如北坡（12.3%）、西北坡（12%）和东北坡（9.1%）三者合计33.4%，比例之高也令人诧异。而在海拔分布上（图2-8-3），这一时期聚落选址明显有抬高的趋势，之前分布占比最高的区域已经由10~20米海拔发展到这一时期的20~50米海拔，且占到40.3%，这也与前文地貌类型的分析保持一致。

总体来看，这一时期的聚落选址表现出两个倾向。第一，从现代土壤类型的分布来看，分布在麻砂质棕壤上的聚落数量最多，甚至有几个聚落出现在土壤条件较差的区域。麻砂质棕壤虽然土壤肥力不错，但大多分布在河流中上游区域，比下游河谷地带水源条件明显要差。这种分布状况可能说明了商文化居民以旱作农业为主。第二，从地貌类型选择和海拔分布来看，这一时期的聚落选址海拔逐步抬高，研究报告中所指出的两周时期聚落选址向山麓地带靠近的趋势在这一时期已经开始。需要注意的是，与西周时期防御色彩浓厚、个别聚落选址到达150~400米高度的区域相比，这一时期的聚落选址并没有超过150米的海拔范围。

六、两周时期

研究区域内共发现西周时期聚落近500处。与之前的岳石文化和商文化比较，无论聚落的数量，还是单个聚落的面积都有所增加。调查人员将区域内的聚落分为四级，与之前尤其是龙山时期不同，西周时期新的区域性聚落中心开始形成①。值得注意的是，新出现的大型聚落往往脱离原有的区域中心，如新形成的一级聚落辛留（LS-XL-1-7）、前竹村（DG-QZC-1）与东部海岸地带出现的苗家村（DG-MJC-1）。区域内共发现东周聚落近千处，与西周相比，东周聚落规模进一步变大，聚落层级发育更加充分，这一时期的聚落格局实际上是在西周基础上的继续，下文的分析将以西周时期为主。

由于该区域内西周文化遗存的发掘主要以单个零星墓葬为主，缺乏进行空间布局分析所必需的聚落和墓地资料，我们以研究区域附近的归城遗址布局为例略作分析。归城遗址是整个山东半岛地区青铜时代规模最大、遗存最为丰富的一处城址，出土了大量重要资料。在1973年调查和发掘的基础上，研究人员于2007～2009年对归城的布局进行了全面地考察，对聚落的布局有了更加深入的了解。1973年的调查确认该城由内外两圈城墙构成，并发现墓葬车马坑等多处遗迹②。中美联合考古队对归城遗址的布局有了更加清楚的了解，在城内发现多处水系、夯土基址和道路遗迹。内城平面呈曲尺形，在西北侧内凹，南北长约490、东西宽约525米，总面积大约22.5万平方米。此外，研究人员还发现了内、外城壕和一处城门。城内共发现17座夯土基址和两条道路，以水沟为界分成东、西两部分，东组9座主要分布在内城的南部，西组7座位于内城西部的农田中。东组基址以道路L1为中心分布，二、三号基址以其为中心东西对称。二号基址以南40米处为一号基址，三号基址以北为五座较小的基址。三号基址是该组内规模最大的基址，平面略成长方形，南北长56、东西宽21～31米，面积在1200平方米左右。其外发现由石块面和践踏面所组成的宽广活动场所。西组基址以九号基址面积最大，其东、西、南三面分布着6座大小不等的基址。外城形状不规则，多依托山势构筑，南北长约3.6、东西宽约2.8千米，面积在8平方千米左右。研究人员将其年代范围定在西周中期至战国晚期，内外城墙及内城基址的具体修建年代还需更多工作来确定③。

从归城遗址的布局来看，相比之前大汶口龙山时期的高等级聚落中心，两周时期大型聚落在布局上面的变化是明显的，这首先表现在布局规整的内城城墙及城内建筑基址的修建上。归城城内建筑基址以G1为中心两组东西分立的现象和三号基址前活动场所的发现，表明这一时期在社会内部组织结构上的显著变化。此外，这一时期墓地的分布已经呈现出与居住活动场所明显分离的迹象，大量与墓葬有关的遗迹出土于内外城之间的情形说明了这一点。但由于目前对归城遗址内外城及城内建筑的具体修建年代缺乏深入了解，因此对相关问题的探讨还需要更多的工作。

辛留和前竹村都是这一时期研究区域内新出现的区域中心，研究人员认为虽然西周王朝势力试图从山东半岛北部和苏北地区控制鲁东南沿海一带的地方政体，但无论在经济上还是政治上，这些地方政体都拒绝向周王朝称臣，这大概也正是它们不见于周人文字记载

---

① 中美日照地区联合考古队：《鲁东南沿海地区系统考古调查报告》，北京：文物出版社，2012年，第312～321页；方辉等：《鲁东南沿海地区聚落形态变迁与社会复杂化进程研究》，《东方考古》（第4集），北京：科学出版社，2008年，第270页。

② 李步青、林仙庭：《山东黄县归城遗址的调查与发掘》，《考古》1991年第10期，第910～918页。

③ 中美联合归城考古队：《山东龙口市归城两周城址调查简报》，《考古》2011年第3期，第30～39页。

的原因①。因此作为独立于西周王朝势力之外的地方政体，这一时期区域内的中心性聚落的内部布局情况是否与归城的设置有相似之处，还有待更多的发掘工作来进行确认。

在不同土壤类型的分布方面，这一时期的明显特点是区域内不同类型的土壤上均有聚落分布（表2-21），甚至在土壤肥力比较差的麻砂质中性粗骨土类型也有较多聚落出现，达到31处，占总数的5.8%左右；灰泥质钙质石质土、滨海潮滩盐土等也有聚落出现，分别为11处和1处。类似土壤类型上聚落的出现值得深入探讨，反映了西周时期的居民适应环境能力的增强，也可能随着研究区域内人口的迅速增长和竞争压力的增加，一些聚落只能选择类似的环境，抑或是与山林资源的开发有关。总体而言，麻砂质棕壤、壤质潮土、白浆化棕壤、麻砂质棕壤性土等适应于农业生产的土壤类型仍然受到这一时期人的青睐，以上几种类型上分布的遗址占到了总数的66%以上。

在不同的地貌类型分布方面，分布在微倾斜平地和斜坡地区域的聚落占到总数的半数以上，分别占总数的32.1%和23.9%；其次为分布在低山、高丘、低丘、平台等区域的聚落，分别占到总数的12.3%、10.7%、8%、8.9%，这四者相加约占总数的39.9%，说明西周文化在聚落遗址的选取方面对海拔较高的地区亦非常重视，这与商文化聚落的分布有着近似的特点，也与调查人员所得出"西周和东周时期位于山麓地带的遗址数量有明显增加"以及防御特色明显的结论基本一致②（表2-22）。

在岩石资源的距离分布方面（表2-23），这一时期分布在岩石分布区内的聚落数量明显增加，达到116处，占所有聚落总数的23.4%。与此同时分布在距离各种岩石资源5千米以外的聚落数量也达到20处，占总量的4%左右。这种位于岩石分布区内部与远离其5千米以外的聚落数量同时增加的现象似乎可以说明，这一时期岩石资源可能在人们聚落选址时不再是重要的考虑因素。这种现象的出现，与上文我们对商文化的分析一样，可能更多的是基于地貌因素方面的考虑。

在距离海岸线的分布上面（表2-24），两周时期与之前相比呈现出不同的特色。首先，除离海岸线较近（1千米以内）和较远的区域（18千米以外）外，其他缓冲区域的聚落分布相对比较均匀，说明这一时期聚落布局在资源流通和配置方面可能经过一定规划。同时这一时期无论与岳石、商时期比较，还是与达到该区域内史前文化发展最高峰的龙山时期相比，出现在距离海岸线1千米范围内的聚落数量首次达到9处，且其中两处聚落的规模较大，分别为属于二级聚落的苗家村DG-MJC-1（31.66万平方米）和三级聚落的东林子头DG-DLZT-8（14.9万平方米），说明这一时期对海洋资源的较大规模的利用，可能与海盐资源的获取有关。

---

① 中美日照地区联合考古队：《鲁东南沿海地区系统考古调查报告》，北京：文物出版社，2012年，第312～321页；方辉等：《鲁东南沿海地区聚落形态变迁与社会复杂化进程研究》，《东方考古》（第4集），北京：科学出版社，2008年，第270～276页。

② 中美日照地区联合考古队：《鲁东南沿海地区系统考古调查报告》，北京：文物出版社，2012年，第312～321页；方辉等：《鲁东南沿海地区聚落形态变迁与社会复杂化进程研究》，《东方考古》（第4集），北京：科学出版社，2008年，第274、276页。

第二章 史前至汉代聚落形态与聚落选址讨论

表2-21 西周土壤类型统计

土壤类型	麻砂质棕壤性土	麻砂质棕壤	壤质潮土	洪冲积壤质潮棕壤	砂质氯化物盐化潮土	白浆化棕壤	淹育水稻土	粉砂质滨海盐土	砂壤质潮土	麻砂质中性粗骨土	沙砾质潮土	中性粗骨土	洪冲积砂壤质潮棕壤	潮棕壤	冲积壤质潮棕壤	灰泥质钙质石质土	滨海潮滩盐土
数量/个	61	142	86	35	5	67	24	11	29	31	10	6	8	8	4	11	1
百分比/%	11.3	26.3	16	6.5	1	12.4	4.5	2	5.4	5.8	1.9	1.1	1.5	1.5	0.7	2	0.2

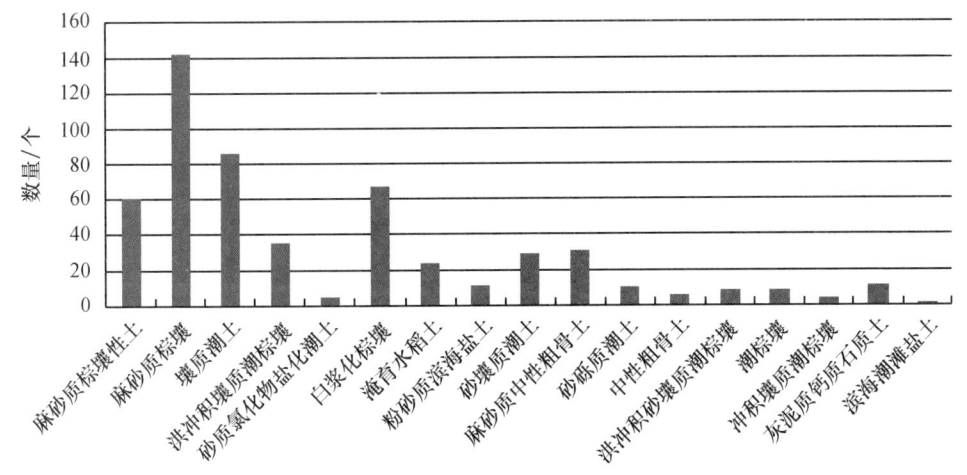

西周不同土壤类型聚落分布

表2-22 西周地貌类型统计

地貌类型	平台	微倾斜平地	低丘	高丘	谷地	冲积扇	斜坡地	低山	阶地	滨海低地	平地
数量/个	46	165	41	55	10	1	123	63	4	6	1
百分比/%	8.9	32.1	8	10.7	1.9	0.2	23.9	12.3	0.8	1.2	0.2

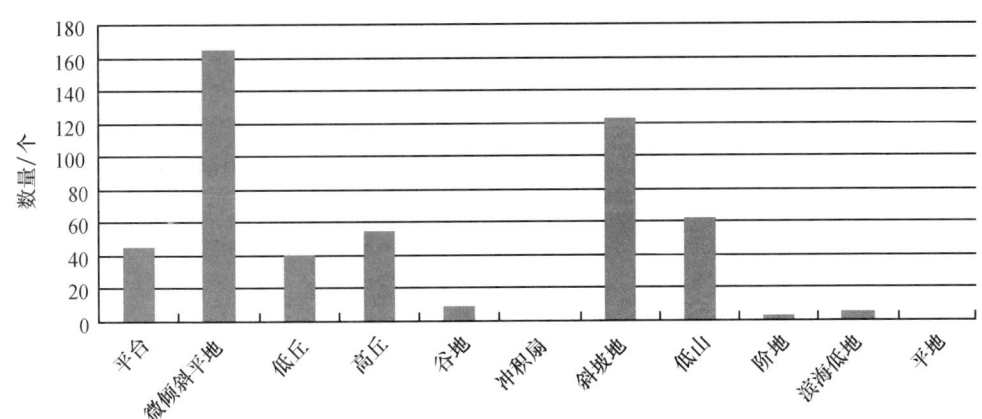

西周不同地貌类型遗址分布

表2-23 西周岩石缓冲区统计

距离/千米	岩石分布区内	1千米以内	1~3千米	3~5千米	5千米以外
数量/处	116	122	170	68	20
百分比/%	23.4	24.6	34.3	13.7	4

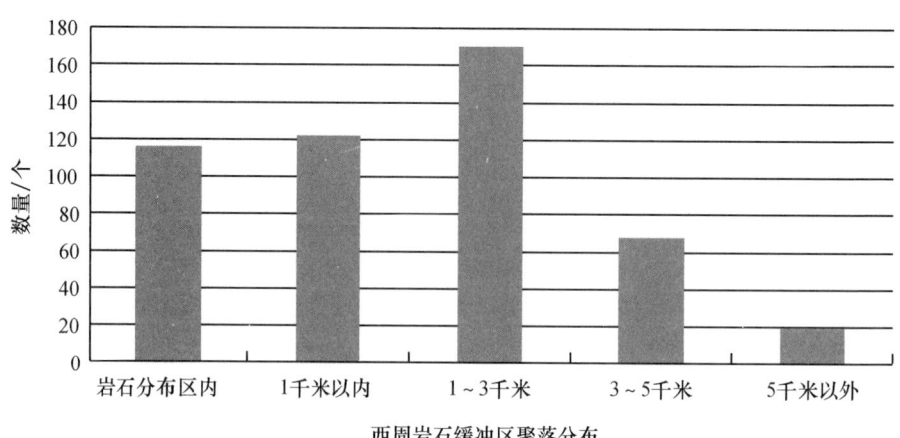

西周岩石缓冲区聚落分布

表2-24 西周海岸线缓冲

距离/千米	0~0.5	0.5~1	1~2	2~4	4~6	6~8	8~10	10~12	12~14	14~16	16~18	18~22	>22
数量/个	1	8	28	58	67	77	73	71	58	26	28	15	4
百分比/%	0.2	1.6	5.4	11.3	13	15	14.2	13.8	11.3	5.1	5.4	2.9	0.8

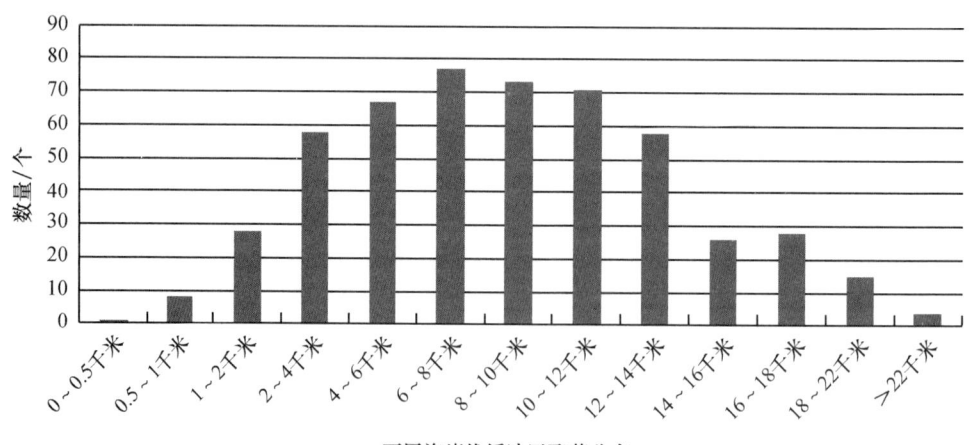

西周海岸线缓冲区聚落分布

西周时期东（14.4%）、东南（14.3%）、东北方向（13.7%）的聚落分布占比最高，这与岳石和商表现不同，重新又回到大汶口龙山时期的发展趋势。这一时期聚落分布占比最低的是西南和南方向（图2-10-1）。东周时期与此基本保持一致（图2-10-2）。在海拔分布上，20～50米范围的聚落分布占比最高，与商聚落保持一致。更重要的是，这一时期出现了一系列分布在150～400米海拔高程的聚落（图2-11-1）。从研究区域内的历时变化看，也只有在西周时期，开始出现200～400米海拔之上的聚落分布，之后在经济和人口高度发展的东周及汉代时期，聚落选址最高也不超过200米海拔高程，其中东周时期聚落分布最高范围由200～400米范围降到150～200米（图2-11-2），汉代聚落海拔高程分布则进一步下降到100～150米。由东周和汉代社会的繁荣发展和聚落在海拔高程上的分布可见，人口和资源压力或许并不是西周时期聚落选址抬高的主要原因。

西周时期的聚落选址呈现出以下几方面的特点：第一，从大量聚落出现在贫瘠土壤类型和大量聚落出现在山地地区的情况来看，这一时期由于区域内政治态势或人口的增长成为影响聚落选址的一项重要因素。由聚落海拔高程分布以及与东周秦汉时期的比较来看，前者的可能性更大，即政治态势的紧张和防御性因素成为一些聚落选址的首要考量。第二，土壤类型的分布可能与农业生产方式有关，尽管相当数量的聚落分布在肥质较差的现代土壤类型，但处在平原地带较适宜土壤的聚落还是占到相当数量，其中最主要的土壤类型仍然是麻砂质棕壤，可能与旱作农业有着密切的关系。第三，这一时期在不少聚落倾向于山林地带的同时，首次在海岸线区域出现规模较大的二级聚落中心，说明这一时期对海洋资源的开发和利用达到新水平。

七、秦汉时期

本区域内发现的秦汉时期聚落较之两周时期有了迅猛增长，总数接近两千处。由于目前研究区域内的汉代考古学多集中于墓葬等物质文化遗存丰富的对象研究上，基于聚落形态的探讨尤其是反映社会中下层社会生活的研究才刚刚开始，相关研究所需的实物资料较为匮乏。不过，日照海曲墓地的发掘为我们透视区域内汉代聚落形态提供了一些线索。海曲墓地位于日照西郊西十里堡村西南约1千米的日东高速南侧，其西北1千米处为汉代海曲故城所在地。山东省文物考古研究所于2002年3～6月对该墓地进行了清理。清理的90座墓葬可以分为4个区域，第1、2、3区墓葬保存有封土，第4区封土已无存。每个区域内均包含不同时期的墓葬，整个墓地年代自西汉中期一直延续到东汉末甚至魏晋时期，显示出清晰的墓葬布局规划。这种高大封土堆下不同时期大量墓葬存在的情况与山东内陆地区汉代墓葬的格局迥然相异，显示出鲁东南地区的区域特色。另外，不同分区的墓葬规格和随葬品有明显的差异，第1区和第2区规模较大墓葬与小墓共存，在墓葬规格和棺椁完整性上面，前者略胜一筹；第3区均为小型墓葬；第4区由于各墓仅存墓底，无法判断其实际状

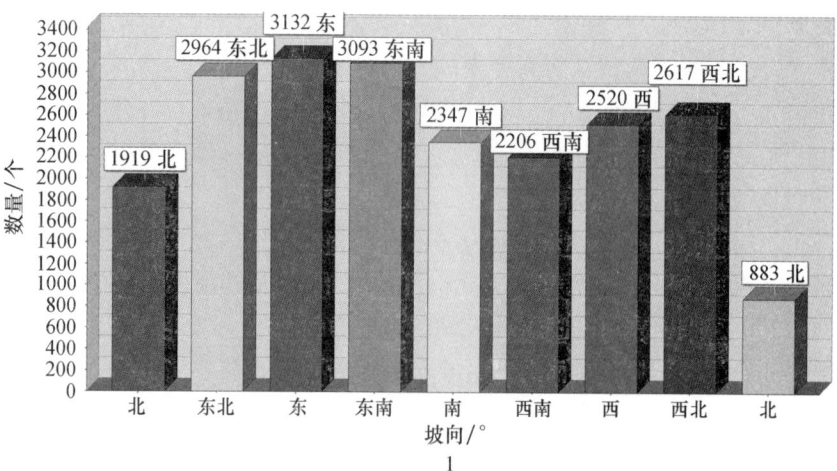

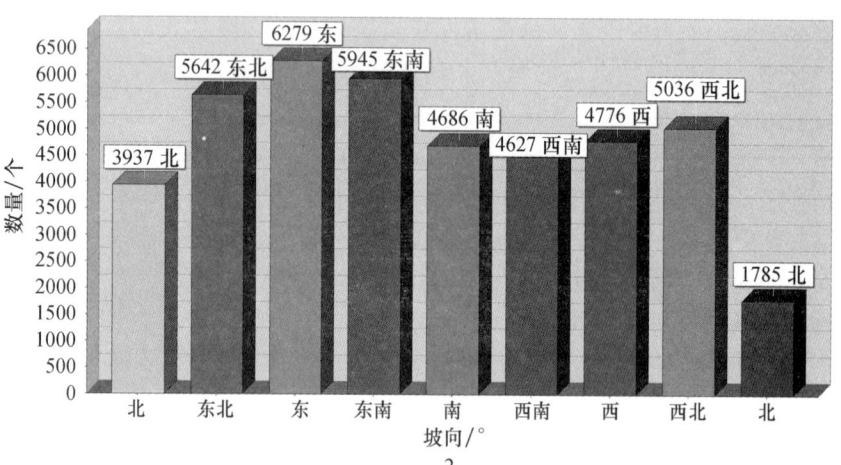

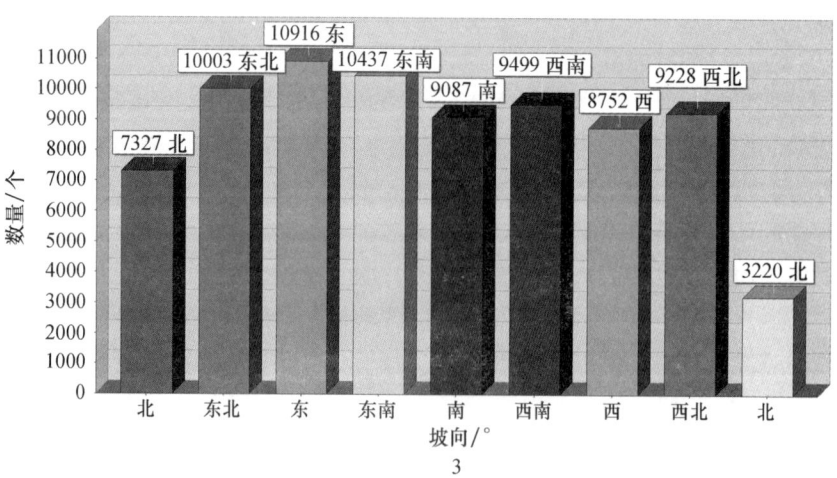

图2-10 西周至汉代聚落坡向选择

1. 西周聚落坡向选择 2. 东周聚落坡向选择 3. 汉代聚落坡向选择

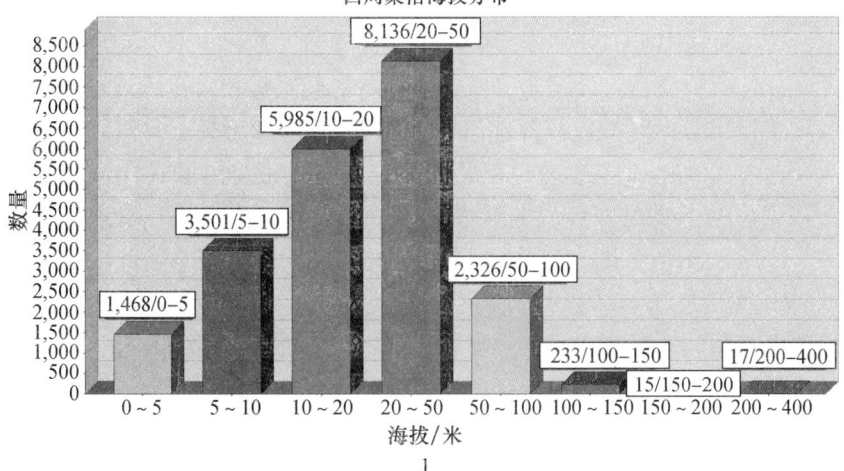

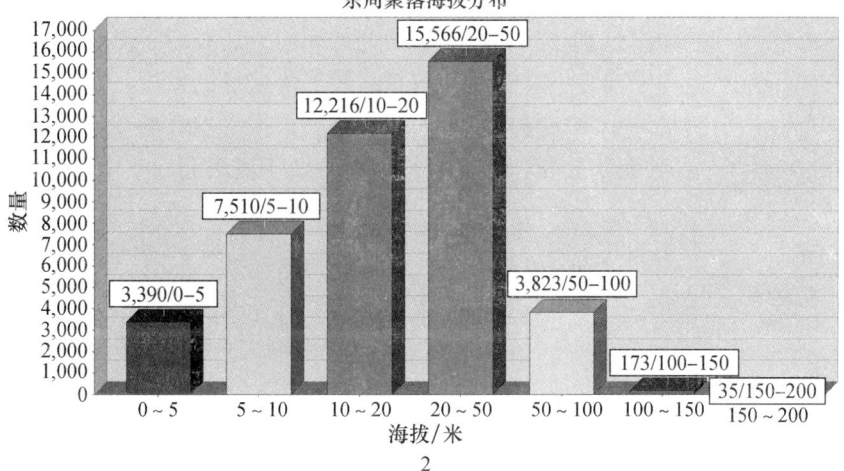

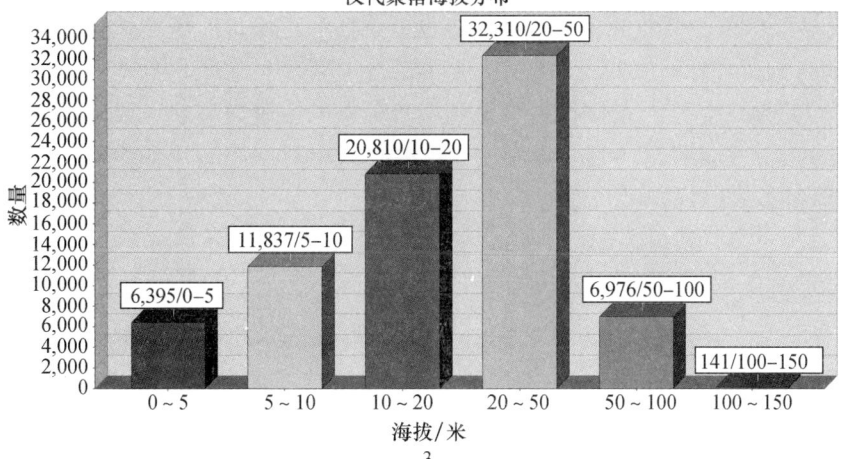

图2-11 西周至汉代聚落海拔分布

1.西周聚落海拔分布 2.东周聚落海拔分布 3.汉代聚落海拔分布

况①。这种不同的墓葬分区可能反映了死者生前不同的社会地位和经济地位。而在其他一些地区,比如从汉文化中心地区长安城的布局方面来看,这种区分是存在的。汉长安城的发掘显示,这一时期的都城内部功能分区逐渐完备,包括铸币等手工业作坊区在内的东西市与官署、宫城、宗庙社稷等礼仪性建筑分区安置②。除此之外,从汉代考古发掘以及相关历史文献资料来看,始自于东周时期的墓葬与居住区域分离的现象在这个时期已经完成:一方面,汉代社会在丧葬观念上继承前代"事死如事生"的观念来进行相关的供奉和祭祀;另一方面,不再将逝者看作世俗生活的一部分,而是单独辟出一部分空间作为其来生世界的安置。

区域聚落中心如大古城的布局,很可能与汉代长安城不同等级居住区、手工业及市场交易区具有明确区分的特点相一致,只是在规模等级等方面相差较远。对于区域内基层微观聚落形态的特点,目前可以直接利用的材料不多。聚落遗址尤其是中小型聚落遗址的解剖性发掘工作开展甚少,学者的目光多集中在都城遗址和墓葬的研究上。如果将考古调查所发现的聚落等级与文献记载的汉代行政区划设置相比,则区域内的三级聚落存在可视作县、乡、里的体现。但汉代时期微观的聚落布局究竟如何,还有待于更多的研究工作来证实。在这方面,被称为"中国庞贝"的河南内黄汉代聚落遗址的发掘已经走出了第一步,为我们了解当时社会的基层聚落布局提供了一些信息。根据发掘者的介绍,该遗址共发现布局完整的庭院4处,各处庭院并非比邻而居,而是分散于耕田间。其中第2处庭院基本可以代表该遗址房址布局的特色。其由南大门、西门房、东厢房、西厢房和主房组成;院前有水井和编织场所,院西侧为池塘,院后为厕所;庭院的周围均为农田所环绕③,这可能与大多人想象中的汉代基层聚落整齐划一、连排居住的形态大不一样。但考虑到不同地区的特殊性以及汉代时期社会经济发展的特点,本研究区域内的基层聚落形态特征是否与内黄三杨庄一致,还需要更多的研究。

宏观领域的聚落形态特点调查报告中已有详细介绍,此处不再赘述。下面对汉代聚落分布与相关环境因素之间的关系作简要讨论。

在不同土壤类型的分布方面,汉代聚落保持了与两周时期基本相同的发展趋势(表2-25)。麻砂质棕壤、壤质潮土、白浆化棕壤、麻砂质棕壤性、洪冲积壤质潮棕壤等依然是这一时期人们所青睐的主要土壤类型,分布在上述类型的聚落占到本研究区域内发现的聚落总数的75.8%。另外,在以往很少见到聚落分布的土壤类型如区域最南端的泥质褐土性土区域出现5处汉代聚落,在一定程度上反映了这一时期经济社会发展的扩张和人口压力下汉代居民对新区域的开发。

---

① 何德亮等:《日照海曲汉代墓地考古的主要收获》,《文物世界》2003年第5期,第41~46页;山东省文物考古研究所:《山东日照海曲西汉墓(M106)发掘简报》,《文物》2010年第1期,第4~25页。

② 李毓芳:《汉长安城的布局与结构》,《考古与文物》1997年第5期,第71~74页。

③ 河南省文物考古研究所、内黄县文物保护管理所:《河南内黄三杨庄汉代聚落遗址第二处庭院发掘简报》,《华夏考古》2010年第3期,第19~31页。

表2-25 汉代土壤类型统计

土壤类型	麻砂质棕壤性土	麻砂质棕壤	壤质潮土	洪冲积壤质潮棕壤	砂质氯化物盐化潮土	白浆化棕壤	淹育水稻土	粉砂质滨海盐土	砂壤质潮土	麻砂质中性粗骨土	沙砾质潮土	中性粗骨土	洪冲积砂壤质潮棕壤	潮棕壤	冲积壤质潮棕壤	灰泥质钙质石质土	滨海潮滩盐土	泥质褐土性土
数量/个	172	481	308	165	29	252	69	24	77	61	40	11	48	24	16	33	3	5
百分比/%	9.5	26.5	16.9	9.1	1.6	13.9	3.8	1.3	4.2	3.3	2.2	0.6	2.6	1.3	0.8	1.8	0.2	0.3

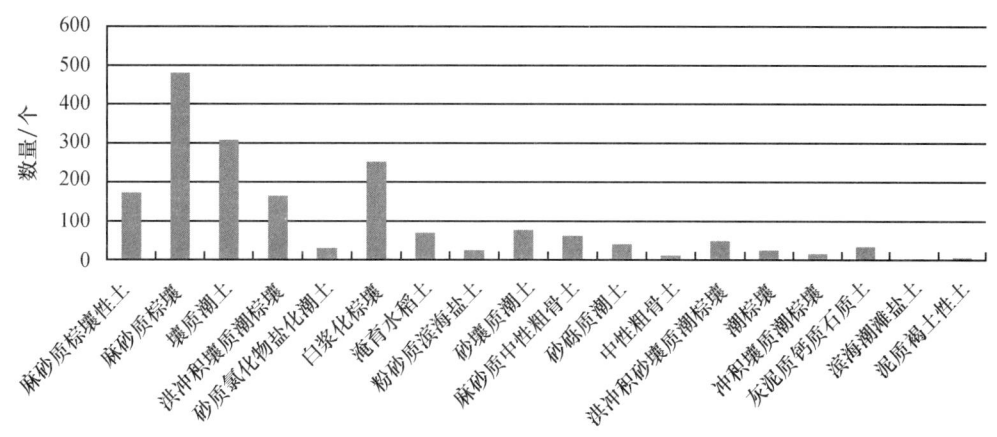

汉代不同土壤类型聚落分布

在地貌类型的分布方面，从大的趋势看，与两周时期的区别不大，微倾斜平地、斜坡地、低丘、低山、平台地依然是聚落分布最多的区域，同时分布在微倾斜地和斜坡地上的聚落所占比例在这两个时期都占到了总数的一半左右（汉代49%，西周56%）（表2-26），表现出研究区域内文化发展的稳定性。但从更微观的角度观察，西周时期地势较高的聚落选址，在汉代所占比例是有所下降的。这从汉代时期选择在各种谷地、低丘、滨海平地上的聚落数量的上升中可以看出。虽然西周与汉代时期都重视对山林资源的开发，这一差别的出现可能与两个时期聚落选址主要考虑因素的变化有关，随着统一局面的形成和政治紧张局势的缓和，汉代时期防御因素不再成为聚落选址的首要考虑，于是分布在各种低平地带的遗址数量出现上升。

表2-26　汉代地貌类型统计

地貌类型	平台	微倾斜平地	低丘	高丘	谷地	冲积扇	斜坡地	低山	阶地	滨海低地	平地	潟湖洼地
数量/个	161	518	170	211	68	2	322	160	34	56	11	2
百分比/%	9.4	30.2	10	12.3	4	0.1	18.8	9.3	2	3.3	0.6	0.1

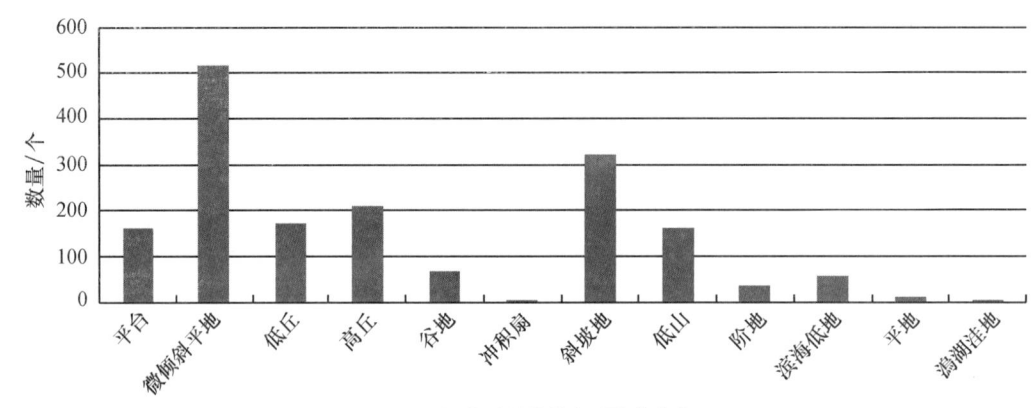

汉代不同地貌类型聚落分布

从与区域内主要岩石资源的距离来看（表2-27），这一时期直接分布于岩石分布区的聚落达到385处，约占总数的19.6%；1千米范围内的聚落483处，占24.6%；1～3千米的分布最多达到675处，占34.4%。这三者相加约占总数的78.6%，接近西周时期3千米以内的分布比例。这一时期与西周相比最明显的变化表现在3～5千米处聚落所占比例的增加与岩石分布区以内的比较降低上。这种倾向与汉代聚落在地貌类型的选择上是一致的，即部分遗址有意识地向地势相对较低的区域靠拢。

表2-27　汉代岩石缓冲区统计

距离/千米	岩石分布区内	1千米以内	1～3千米	3～5千米	5千米以外
数量/个	385	483	675	367	54
百分比/%	19.6	24.6	34.4	18.7	2.7

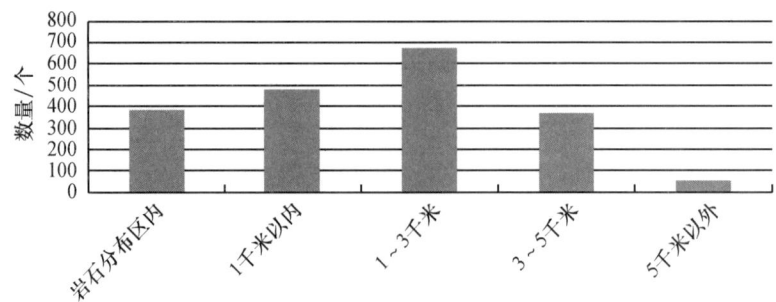

汉代岩石缓冲区聚落分布

这一时期距离汉代海岸线500米以内的聚落达13处（表2-28）；1千米以内的聚落总数达到56处，无论从绝对数量还是占聚落总数的比例上来看，都比西周时有所上升，这一方面说明了汉代时期居民在海洋资源和海洋环境的利用上继续向前发展，另一方面也说明了该时期居民适应近海生活能力的提高。这一时期分布在14~18千米的聚落数量占到总数的19.4%，比西周时期的10.5%明显上升，可能与研究区域内的两个大型聚落大古城与大土山的发展有着密切的关系。这两个聚落都是在东周时兴起，到汉代发展成为区域内规模最大的几个聚落中心之一。大古城遗址是汉代海曲故城所在地，大土山取代西周时期的辛留成为区域内西南部的次级中心，这一带聚落分布数量的增加与区域聚落中心的发展带动有着密切的关系。

表2-28 汉代海岸线缓冲区统计

距离/千米	0~0.5	0.5~1	1~2	2~4	4~6	6~8	8~10	10~12	12~14	14~16	16~18	18~22	>22
数量/个	13	43	95	189	210	223	252	255	231	242	141	57	16
百分比/%	0.7	2.2	4.8	9.6	10.7	11.3	12.8	13	11.7	12.3	7.1	2.9	0.8

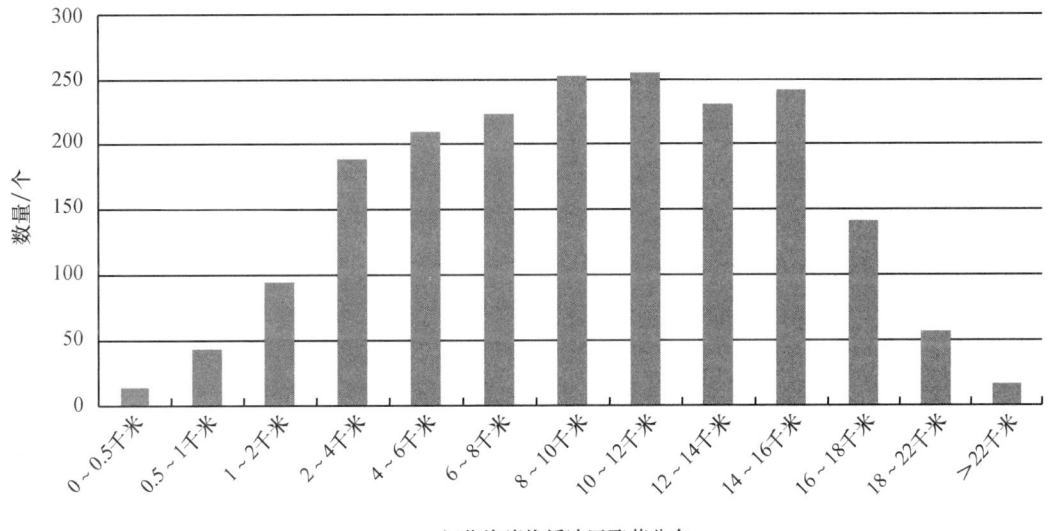

汉代海岸线缓冲区聚落分布

从坡向分布看，与史前至商周时期相比，汉代聚落选址在各个方向上的分布首次基本接近（图2-10-3），分布在各个区域的聚落占比基本都在10%以上且相互之间差别不大，如东（13.9%）、北（13.4%）、东南（13.3%）、东北（12.7%）等。从海拔分布来看（图2-11-3），这一时期延续了商以来在海拔高程分布上的主要趋势，即20~50米海拔范围是这一时期聚落选址占比最高的区域。同时，我们还应当看到，与两周时期一部分聚落选址倾向于150~400米的相对高海拔区域相比，这一时期聚落选址均未超过150米，且无论是过低（0~10米）或过高（50~150米）的海拔区域聚落分布占比都较低，大部分都分布于10~50米的海拔高程范围内。

整体来看，这一时期聚落选址的最明显的特点表现在两方面：第一，与西周时期相比，虽然两个时期分布在靠近山林地带的聚落数量都明显增加，但从所占比例来看，汉代聚落更注重适宜农业生产发展的低平地貌类型的选择。由此我们可以推测西周时期的靠近山林的选址一方面可能与利用山地资源有关，更多的可能是出自防御的需要。第二，与两周尤其是西周相比，这一时期分布于紧靠海岸区域的聚落数量和比例都明显增加，可能与海洋资源特别是盐的获取有着密切的关系。西汉政府在海曲设置盐官，主要目的即为加强对这一带海盐资源的控制与管理。

八、本章分析所选部分环境因素的讨论

在本章的讨论中，共选择了现代土壤类型、地貌类型、岩石缓冲区、海岸线缓冲区、坡向和海拔等几个因素对史前至汉代不同时期聚落选址与环境因素的关系进行了初步考察。

首先，土壤类型主要用来考察不同时期农业生产状况，正如赵志军对古代水稻生产的考察结果那样，土壤类型并不是决定作物生产的唯一因素[①]。在相对适合的情况下，水源因素可能成为影响不同时期聚落选址与农业生产活动的重要原因。对于研究区域内的两种主要作物稻和粟来说，把任何一种作物生产与特定土壤类型相联系都是不合适的，只能通过不同时期内聚落选址所表现出的对现代土壤类型、水源、地形地貌等情况进行一般性的推测。

其次，古今不同时期土壤性状的变化也在一定程度上影响着研究结果的分析，这是必须注意的。影响成土类型的因素是多样的，除成土母质外，气候条件、植被因素、地形地貌变化、地表水与地下水情况都会成为成土的重要影响因素。随着气候植被等不同因素的变化，不同时期的土壤类型可能会有一定程度的变化。限于目前的研究现状，本文没有对不同时期的土壤变化进行讨论。

再次，人为活动对地表形态的影响也对微观区域内土壤类型及肥沃程度产生重要影响。例如，由于工农业生产活动等的影响，两城镇遗址地表在最近30～50年平均被削低1.5～2米[②]。这些都是在研究中必须注意的因素。

最后，岩石缓冲区是需要讨论的另一个重要因素。从研究的结果来看，这种分析有较大的局限性。由于一些小型山体的存在和河流冲刷等原因，在许多遗址的附近区域即可获得制造石器所需的石料来源，因此这种较宏观的分析有待在将来的细化讨论中继续深化。但这种分析仍具有意义，主要表现在通过对距离原料产地较远的聚落选址的考察上。如果遗址附近河流和地表缺少工具制造所需的石料类型，那么相关资源的获取和输入便是一个值得探讨的问题。同时，较大的石料分布区域通常都是研究区域内山体所在的位置，因此这种分析从另一个角度来看便成为对区域内山地缓冲区的考察。

---

① 赵志军：《海岱地区南部新石器时代晚期的稻旱混作农业经济》，《东方考古》（第3集），北京：科学出版社，2006年，第256页。

② 于海广：《山东日照两城镇遗址龙山文化围城遗迹的发掘和发掘》，《东方考古》（第5集），北京：科学出版社，2008年，第76页。

小　结

本章结合调查与发掘材料对鲁东南沿海一带史前至汉代的聚落内部结构变化及其与外部环境因素的关系进行了探讨。

在微观聚落形态的讨论上，根据研究区域内考古研究的实际与发展现状，分析的重点主要集中于史前时期，并结合现有材料对周汉时期可能的布局状况进行了讨论。在讨论的时候主要使用了研究区域内及其附近地区的考古调查与发掘资料。

一、微观聚落形态的探讨

大汶口时期的高等级聚落内部可能已经出现了比较明确的功能分区。丹土遗址发现了大汶口时期的城址存在，但在城内布局的讨论上，目前所发表的材料并没有给出较为详细的结论。根据丹土遗址历年所出土的大量高等级精美玉器，研究人员推测丹土遗址应当有专门的制玉作坊存在。从与本区域大汶口文化发展有着密切关系的陵阳河区域来看，墓葬区与居住区的分置是这一时期区域聚落内部格局比较明显的现象，另外在陵阳河遗址出现了不同等级墓葬分区安置的做法。从在陵阳河遗址发现的大量酒类工具来看，酿酒活动的存在可能成为一部分人手工业活动的主要内容。但这种生产方式是基于一家一户的家户式生产，还是由社会上层控制并存在着独立的生产区域，现在还不得而知。

发展到龙山文化，伴随着"城"的普遍出现和形成，高等级聚落内部结构呈现出更加复杂化的趋势。一方面，从学者研究所推测的制玉作坊、专门的谷物加工场所遗迹——陶器与石器的专业化生产来看，这一时期两城镇聚落内部的功能分区已经发展到比较完备的层次。另一方面，随着社会复杂化程度的提高，这一时期很可能在功能分区的基础上两城镇遗址内部已经出现了基于社会组织和结构的分区。呈子遗址和尧王城遗址部分墓葬存在的成群分布与较大墓葬居其中的状况说明了这一点。同时社会关系分区还表现在居址、墓葬与活动场所的组合关系上。大汶口晚期陵阳河一带所呈现出来的墓葬与居住区分区设置发展到了龙山时期以居址、墓葬和活动场所为基本组成单位的分区。联系到1936年与1998～2001年度发掘的出土物情况，这一时期两城镇内部聚落组成可能存在着以不同族群、不同层级或不同社会地位的人所区分的独立居住区、墓地与活动场所。从这个角度来看，大汶口文化与两城镇代表的龙山文化在聚落内部分层与社会组织方面可能存在比较大的差异。前者体现出社会上层对下层的直接控制；后者则表明龙山文化在上下层之间形成新的统治阶层。这与区域调查所揭示的龙山文化在宏观领域聚落形态上所表现出来的四级聚落是相适应的，充分表明龙山文化社会复杂化程度的进一步加强。两个时期不同等级墓主对随葬品的占有情况也说明了这一点，龙山文化无陶器随葬品的小型墓葬大比例增加[1]，显示出社会下层在社会资源占有方面受到的控制增强，从而间接反映出这一时期

---

[1] 〔日〕宫本一夫：《山东新石器时代墓制所见阶级性及礼制的起源》，《东方考古》（第3集），北京：科学出版社，2006年，第42～46页。

社会控制加强的事实。

岳石文化与商文化微观角度的聚落形态由于区域内考古学文化现状以及资料所限，其内部聚落形态还无法详细分析。进入西周时期，伴随着经济的恢复和人口的增加，新的区域统治格局逐渐形成。但由于缺少聚落遗址的发掘资料，这一区域聚落发展的内部布局状况不甚明了。归城遗址的布局状况或许能够给我们一些启示。内外双重城墙的布局以及城内水系、夯土基址、道路等的发现，特别是内城建筑基址以G1为中心东西分布的状况和三号基址南侧活动"广场"的发现，为我们了解这一时期山东半岛区域大型聚落的布局特征提供了重要资料。

大古城遗址的调查和海曲汉墓群的发掘为我们了解研究区域内汉代的聚落形态发展提供了重要资料。于海曲故城外分区设置的墓地显示出这一时期聚落形态的一些特点。尤其是同一区域（封土）下不同姓氏墓葬的发现对了解该时期的葬俗有着重要的意义。

由于发掘资料的限制，以上还只是根据现有资料所进行的推测。日照地区大汶口晚期文化居住遗址完整的揭露较少，两城镇遗址发掘所揭露出来的布局关系，有待于进一步研究确认。研究区域内岳石商文化的相对不发达状况以及周汉时期发掘工作的重点专注于墓葬等资料限制影响了相关讨论的深入进行。

二、宏观领域的聚落形态特点

在聚落选址时适耕性是大汶口至汉代聚落选址在土壤类型选择上的主要考虑因素。从整体来看，各个时期的聚落选址在土壤类型的选择上都呈现出对适合农耕的土壤类型的倾向性。从不同时期的变化来看，与地貌和海拔高程分布等因素相关联，不同时期聚落选址呈现出各自的特点。其中，有两个时期值得注意：一是龙山中期，二是商代。龙山中期时壤质潮土成为聚落选址最优先选择的土壤类型。壤质潮土主要分布在傅疃河、潮河、吉利河及其支流沿河两岸的冲积平原处，土壤肥沃、水资源充足，为发展喜水的稻作农业提供了极为有利的条件。考虑到研究人员所发现的丰富的龙山时期稻作遗存，这种现象的出现很可能与该类作物的生产关系密切。商代时期的聚落分布比较多的两类土壤为麻砂质棕壤和麻砂质棕壤性土。麻砂质棕壤主要分布在上述几条河流的中上游地区壤质潮土的两侧，水源条件不及壤质潮土；麻砂质棕壤性土则分布在以上主要河流上游及其支流地势较高的地区，在水源方面相比较差。这种状况的出现可能说明了商时期主要以旱作农业为主。西周时期的状况也是如此，龙山时期流行的稻作农业方式可能在商周时期衰落下去。除此之外，个别分布在土壤贫瘠条件上的聚落也为我们观察不同时期的聚落选址提供了一定的参考，如龙山早期分布在各种盐土类型附近的石庙子村、马家村等聚落，可能与这一时期居民对海盐资源的获取有关。但也不能排除不同时期人类生产生活的影响带来的土壤类型改变，从而导致现在发现的一些聚落分布在较差的土壤类型区域。相关问题的解决，只有在以后的工作中更多地结合自然科学方面的研究来进行。

在地貌类型的选择上，面对区域内宽广的地域环境，大汶口文化较多的聚落选择了地势较高、具有一定起伏度的区域。而龙山文化则不同，各种较为平坦的类型成为这一时期聚落的首选，结合土壤的选择状况很可能与农业生产的考虑有关；岳石时期变化不大，聚落选址在地貌上的倾向性接近于龙山文化；商文化则开始了向侵蚀山地丘陵地区的靠拢，各种高丘、低丘、斜坡地等受到这一时期居民的青睐。根据龙山晚期、岳石与商文化聚落选址在地形地貌上的倾向性以及这几个时期的遗存很少重叠的现象来看，这段时期鲁东南沿海地区社会发展进程中的相对落后和"边缘化"在一定程度上影响了聚落选址，这也从另一个角度说明了社会因素在聚落选址中所起的作用。但这一时期的社会组织和社会结构是如何影响聚落选址的，还有待将来的深入研究；西周时期在聚落的选取方面对海拔较高的地区非常重视，表现出防御功能上的考虑；与西周时期相比，分布于地势较高的聚落在汉代所占比例有所下降，选择在各种谷地、低丘、滨海平地上的聚落数量明显上升，这可能与人口增长和农业生产的恢复发展有关。

在聚落分布与岩石资源缓冲区的分析上，除大汶口文化外，各个时期超过半数的聚落都分布于3千米以内。实际上由于大自然的风化和河流的搬运作用等，史前时期的居民往往在靠近遗址的河滩地带即可获得相关石料。此外，由于石料的产地往往与山地丘陵分布相一致，因此在进行相关分析时必须结合多种因素，如从许多聚落遗址特别是进入周汉时期的聚落靠近石料产地及当时经济社会发展的状况来看，这时这种分布所体现出来的聚落选址就不能简单地以对石料资源的重视来衡量，地貌分析的结果也说明了这一点。另外，从前文分析来看，尧王城区域和两城镇南部的一部分区域都处于距离各种岩石主要分布区5千米以外，除了两城镇附近有着较丰富的花岗岩资源外，其他重要资源很可能需要从较远的地方输入，后文分析中的尧王城和两城镇对蛇纹岩资源的输入说明了这一点。

从不同时期聚落分布与现代海岸线的距离分析来看，龙山早期即有两个聚落出现在距离现代海岸线500米以内的地区，考虑到该地近几年贝丘遗址的相关发现，这一时期对海洋资源的利用还需重新认识，可能此时的居民已经开始了对海洋资源的小规模利用。此外，在该时期的土壤类型分布上也出现了4处分布在盐土区域的聚落，分别为两城镇东部的安家岭（DG-ANJ-1）、石庙子村（JN-SMZC-1）与尧王城东部的马家村-1（DG-MJC-1）、马家村-2（DG-MJC-2）。4个聚落所在的区域都是鲁东南沿海一带重要的产盐地，其中的马家村遗址在汉代发展成为尧王城区域东部的重要三级聚落。这几个聚落的存在可能与海盐资源的获取有关。西周至汉代时期，在沿海地带开始出现大型聚落中心，表明这一时期对海洋资源的利用达到新阶段。

坡向分析所体现出的聚落和社会发展进程也值得关注。在聚落和社会发展相对稳定和繁荣的时期，如龙山早中期、两周时期选址倾向于"东"向区域，而相对处于低潮期的岳石和商聚落在坡向选择上则有所不同。这种现象背后的原因有待在将来的研究中继续深入探讨。在倾向于"东"向区域的几个发展时期中，不同的时期有着不同的原因。这可能与鲁东南沿海地区的特殊地理地貌环境有关，依山面海的地势直接或间接影响了聚落在坡向上的选择。另外，在不同的时期，特别是早期阶段，这种倾向性也可能跟原始信仰有关。

第三章 最优路径、聚落选址和资源获取与流通

——地理信息系统支持下的成本分析初步讨论

第一节 概 述

从十三年（1995~2007年）的区域系统调查和新中国成立前后几十年的考古发掘出土资料来看，至迟在山东龙山文化早期（公元前2600年），鲁东南沿海地区的社会复杂化和早期国家已经发展到比较高的水平，规模庞大、组织和功能日趋复杂的中心性聚落的出现和区域内核心化进程的加快，成为这一时期经济与社会发展的突出现象[①]。社会分层、手工业生产专业化和大型区域中心的出现及其相伴随的早期城市的兴起、各类礼器遗存以及与宴饮活动有关的精美陶器的发现和玉石器等专业化生产的存在表明这一时期在社会发展方面比前期有了质的飞跃，刘莉等认为以两城镇为中心的日照聚落群"代表了一个社会分层、经济整合的政治系统"[②]，龙山文化两城镇"可能不仅是一个政治中心，而且是一个生产和分配某些手工业产品的区域中心"[③]。南部以尧王城为中心的区域亦是如此，虽然在聚落形态和核心化方面与两城镇区域略显不同。

十三年的系统调查积累了大量的数据，为深入了解鲁东南沿海地区史前至汉代的社会发展进程提供了丰富资料。在这样的条件下，伴随着考古学科的转型和研究的不断深入，充分利用系统考古调查获取的资料，并结合相关的航空遥感影像和自然地理数据，从聚落选址的角度出发，使对鲁东南沿海一带史前至汉代早期中国社会不同时期的沟通网络的探讨与研究成为可能。借助于地理信息系统软件的支撑，我们可以考察不同时期聚落选址和布局的特点及其成因，在此基础上探讨不同时期的资源流通和获取方式，并通过考察自然环境因素和包括政治、经济等在内的其他社会因素在不同时期所扮演的角色来推断当时聚落形态所呈现出的社会组织和社会结构特点。

---

① 中美日照地区联合考古队：《鲁东南沿海地区系统考古调查报告》（上），北京：文物出版社，2012年，第289~326页；方辉等：《鲁东南沿海地区聚落形态变迁与社会复杂化进程研究》，《东方考古》（第4集），北京：科学出版社，2008年，第259~265页；方辉：《王献唐与两城镇》，《山东图书馆学刊》2009年第3期，第7页。

② 〔澳〕刘莉著，陈星灿等译：《中国新石器时代——迈向早期国家之路》，北京：文物出版社，2007年，第182页。

③ 〔澳〕刘莉著，陈星灿等译：《中国新石器时代——迈向早期国家之路》，北京：文物出版社，2007年，第182页。

已有研究表明,至迟自新石器时代中晚期开始,海岱地区与周边地区考古学文化之间便开始了交流,在沿海一带这些活动向南远至江浙地区,向北达到辽东半岛[①]。也有学者在此基础上对东部沿海不同地区之间的交通问题进行了初步探讨。栾丰实先生提出了关于史前南北地区交通路线的两条通道:陆路通道经今天的大运河以东地区,向北沿沂沭河谷或者泗河东侧一带进入海岱地区;水路通道或由"淞江入海,自海入淮,自淮入泗"进入苏北鲁南地区,或"沿着海边直接北上,在日照和胶东半岛一带登陆"[②]。王锡平提出了由胶东半岛的蓬莱一带经庙岛群岛进入辽东半岛的海上交通线[③]。鲁东南沿海地区的调查人员很早就注意到该区域内始自大汶口晚期和龙山文化时期的由一、二级聚落中心所构成的陆上交通路线,这条交通线与海岸线大致平行,形成贯通两城镇和尧王城两个盆地并进而向两端延伸的南北交通线[④]。研究人员进而推测了大汶口晚期人口由周边区域向日照沿海一带迁移的两条路线:西路通道由傅疃河往上连接莒县境内的鹤河与浔河一线,并由此进入沂沭河流域;南线则利用了纵贯南北与苏北地区相连的沿海通道[⑤]。以上研究主要基于文献资料的梳理和考古调查发掘资料的推断等;由于考古资料的局限和考古学研究所存在的"管中窥豹"式的特点,单纯以不同地区所发现的相同地域风格的陶器和玉石器产品来推断文化交流与人员迁移不可避免地存在疏漏之处。近年来一些学者开始尝试利用现代科技手段如产地分析研究来探讨相关问题,多学科手段的不断引入,为相关问题的解决提供了更多的思路。

最优路径研究的基本思维与人类学家和考古学家在早期人类迁徙和遗址域问题探讨中所假定的基本前提是一致的,即早期的人类在地区迁徙和资源的获取方面都是力图以"最小的成本支出获取最大的收益"为基本前提的。从现有研究来看,人类社会发展之初就与一系列迁徙和资源探索行为密切相关。通过尽可能全面地采集区域内的聚落分布、地形地

[①] 类似的研究较多,如严文明:《论青莲岗文化和大汶口文化的关系》,《文物集刊》,北京:文物出版社,1980年,第116~124页;吴汝祚:《论良渚文化与大汶口、龙山文化的关系》,《东南文化》1989年第6期,第69~72页;栾丰实:《大汶口文化与崧泽良渚文化的关系》,《海岱地区考古研究》,济南:山东大学出版社,1997年,第134~155页;王锡平:《从出土文物看胶东半岛与辽东半岛史前时期的海上交通》,《海交史研究》2004年第2期,第31~34页;王建华:《试论辽东半岛南部地区的史前文化》,《辽宁师范大学学报》(社会科学版)2005年第4期,第118~120页。

[②] 栾丰实:《大汶口文化与崧泽良渚文化的关系》,《海岱地区考古研究》,济南:山东大学出版社,1997年,第151页。

[③] 王锡平:《从出土文物看胶东半岛与辽东半岛史前时期的海上交通》,《海交史研究》2004年第2期,第33页。

[④] 中美日照地区联合考古队:《鲁东南沿海地区系统考古调查报告》(上),北京:文物出版社,2012年,第310页。

[⑤] 中美日照地区联合考古队:《鲁东南沿海地区系统考古调查报告》(上),北京:文物出版社,2012年,第299页;方辉等:《鲁东南沿海地区聚落形态变迁与社会复杂化进程研究》,《东方考古》(第4集),北京:科学出版社,2008年,第258~259页。

貌数据和自然资源数据，我们可以在地理信息系统软件的支持下进行相关的探讨。类似研究早在20世纪末期就已开始，如怀特利等对美洲地区史前人口迁徙途径的考察等[①]。

本章的研究将在相关地理信息系统软件成本分析基本原理的支持下生成研究区域内的基本路径，然后将其与不同时期的聚落分布相比较，以考察不同时期聚落选址对重要通道的利用。本章第二节首先将对这一研究方法的理论方法、数据来源等问题进行简要介绍，在此基础上生成连接不同区域的最优路径。在对不同时期的最优路径与聚落选址之间的关系进行讨论的基础上，以龙山文化为个案研究，结合研究区域内部分自然资源的分布状况对这一时期资源获取和流通等相关问题进行初步探讨。

必须指出的是，本书所生成的"最优路径"并不等于沟通不同区域间的实际交通路线。进行该讨论的目的，是为了考察古代社会不同时期对基于自然地理因素所生成的"最优路径"的选择问题，实际上是对聚落选址及其相关问题的另一个角度的观察，从而来探讨不同时期的社会组织和控制策略。

第二节　理论方法与数据来源

本章通过对沟通区域内不同聚落间以及聚落与重要资源产地间的最优路径进行计算，并将其与系统调查所获得的不同时期聚落分布及河流水文等进行比较，在此基础上对聚落选址及其相关问题加以讨论。

最优路径也称最短路径、最小成本路径，主要利用了Arc GIS系列软件表面分析中的成本距离分析基本原理，通过成本距离加权函数，计算出每个栅格到距离最近、成本最低源的最少累加成本，并同时生成两个相关输出：成本方向数据和成本分配数据，然后在此基础上，通过最短路径函数计算出从一个源或一组源出发到达一个目标或一组目标地的最小成本路径[②]。成本分析方法在现代城市规划、交通设计和建筑布局等方面有着广泛的应用。通过最短路径分析可以找到通达性最好的路线，这也是人类学家与考古学家将其引入研究中的目的所在。实际上自20世纪90年代开始，就有西方学者利用类似方法研究De

---

① Thomas G W, Lacey M H. Using A Geographic Information Systems(GIS) Approach to Extract Prehistoric and Historic Period Travel Corridors Across a Portion of North Georgia. Southeastern Archaeology, 2003, 22(1):76-90; Anderson D G, Gillman J C. Paleoindian Colonization of the Americas: Implications from An Examination of Physiography, Demography, and Artifact Distribution. American Antiquity, 2000, 65(1): 43-66.

② 汤国安、杨昕：《Arc GIS地理信息系统空间分析实验教程》，北京：科学出版社，2006年，第256~257页。

Soto 探险的局部交通路径①和五大湖地区驯鹿的迁移状况②。在相关的研究中，一些特殊地形诸如沿河谷地、海岸线以及平地区等都被看作人类迁徙所利用的最便捷通道选择。最优路径分析与以往研究中经常使用的直线距离分析不同，后者往往只是理想状况下的推测，缺乏对地形地貌、水文、植被等相关因素的探讨，因此在运用上必须慎重。

一般来说，基于栅格数据的最优路径分析主要利用了 Arc GIS 的空间分析模块并遵循以下几个主要步骤。

（1）分析环境的设定，包括分析范围、网格大小、工作路径等。上述内容属于研究的前期准备阶段，可以根据研究对象和研究目的的不同进行设定。

（2）成本数据的采集和准备。在进行最优路径的分析中，首先要根据研究区域的实际情况确定影响成本的因素。一般情况下，自然地理方面的成本要素有地形地貌、河流水文、土地利用类型等。常用的地形指标有坡度、坡向、地形起伏度、地面粗糙度等。现代经济建设与规划设计中还会根据研究对象和研究目的不同考虑其他因素。

（3）成本再分类和数据集的合并。确定了可能影响最优路径分析的基本要素之后，首先要做的是成本的再分类工作。通过利用"空间分析"（spatial analyst）工具条中的"再分类"（reclassify）功能，对各种因素进行重新分类并进行赋值，然后根据不同要素在成本分析中所占的比重对其赋予不同的权重，在此基础上利用"栅格计算器"（raster calculator）创建语句合并成本数据集。

（4）成本加权分析。利用"空间分析"工具条中的"距离分析→成本加权"（distance→cost weighted），并利用上一步中合并的成本数据集生成"成本距离"（cost distance）数据和"成本方向"（cost direction）数据。

（5）执行最优路径的生成。利用"空间分析"工具条中的"最优路径"（shortest path），选择上一步骤所生成的"成本距离数据"和"成本方向数据"得出最优路径。

在进行最优路径的生成时，不同的学者采取了不同的方法。安德森等采取了将地形、地貌数据与遗址相结合来进行路径生成的做法，然后在此基础上进行相关的讨论③；怀特利等则完全利用地形、地貌数据，生成研究区域内通往东、西、南、北不同方向的最小成本路径，然后将生成的路径与研究所发现的不同时期的聚落遗址的分布与交通道路进行比

---

① Limp W F. Digital Desoto: An Automated Analysis on Alternative Routes, Paper Presented at the Second DeSoto Conference. University of Arkansas Museum, Fayetteville, 1990. 转引自 Anderson D G, Gillman J C. Paleoindian Colonization of the Americas: Implications from An Examination of Physiography, Demography, and Artifact Distribution. American Antiquity, 2000, 65(1): 46.

② Krist F J J, Brown D G. GIS Modeling of Paleo-Indian Period Caribou Migrations and Viewsheds in Northeastern Lower Michigan, Photogrammetric Engineering and Remote Sensing, 1994, 65(9): 1129-1137. 转引自 Anderson D G, Gillman J C. Paleoindian Colonization of the Americas: Implications from An Examination of Physiography, Demography, and Artifact Distribution. American Antiquity, 2000, 65(1): 46.

③ Anderson D G, Gillman J C. Paleoindian Colonization of the Americas: Implications from An Examination of Physiography, Demography, and Artifact Distribution. American Antiquity, 2000, 65(1): 46-66.

较①。应当说，这两种方法各有优势，在研究区域内聚落址掌握较多的情况下，结合计算机软件的分析以及聚落的发现，可以生成较符合于特定时期的交通路径；后者则擅长于聚落发现不多的区域和一般性规律的讨论。特别是在人口分布较稀疏以及调查工作开展程度较低或者人类活动不容易达到的地区，这种先行假定模式、再抽样验证、最后演绎规律的做法还是比较有效的。根据区域内的调查实际、聚落址和自然资源的分布状况以及不同考古学文化的研究现状，本书所采用的研究方法比较接近于前者。其基本思路是先利用相关资料生成本区域内部以及通往外部地区的主要路径，然后根据系统调查所发现的不同时期的聚落与资源分布情况进行讨论。

除特别注明外，本研究所使用的原始数据主要采用了区域系统调查十三年所获得的相关聚落资料。数字高程数据采用了国际科学数据服务平台提供的30米分辨率数字高程数据产品，这种数据系利用ASTER GDEM第一版本（V1）的数据加工而来②。

在进行最优路径的生成时本着遗址尽量少的原则，以求尽可能减少特定时期遗址的影响。同时，在选取的同时考虑了地形、地貌因素尽量选择有代表性的遗址。所选用的遗址主要有调查区域内的两城镇遗址（DG-LCZ-1）、尧王城遗址（DG-YWC-1）、小代疃遗址（LS-XDT-3）、南张家庄遗址（ZC-NZJZ-1）、西寺遗址（JN-XS-1）、夏家庄遗址（WL-XJZ-1）、东王家村遗址（DG-DWJC-1）、后崮子遗址（DG-HGZ-1）、大土山遗址（LS-DTS-5）、刘家沟遗址（LS-LJG-4）、西林子头遗址（DG-XLZT-1）和安东卫（LS-ADW-1）遗址。两城镇遗址年代跨越龙山、岳石、商代、周代和汉代，龙山时代面积最大，大约为272万平方米，是这一时期调查区域北部的聚落中心。采集到的标本有大量陶器和石器，其中石器采集31件，器形包括石斧、石锛、石凿、石刀、石锤、石镰和石镞等。周代、汉代时期遗址明显缩小，地表遗物也较为稀疏，但面积仍超过200万平方米（东周241万平方米、汉代236万平方米）。遗址断面可见多层文化堆积，岳石和商代陶片分布范围较小。历年的调查和发掘出土了大量的精美陶器和玉石器，研究人员在该遗址发现三重环壕的围城遗迹。尧王城遗址年代跨越大汶口、龙山、周代和汉代。调查过程中发现断面上残存的黄灰相间的夯土建筑堆积，并发现有埋藏四条狗骨架的祭祀坑。近年来，考古人员确认了大汶口晚期及龙山早中期城址的存在，城内面积近15万平方米③。龙山时期陶片的覆盖面积达到367.5万平方米，是调查区域内南部的聚落中心。周代、汉代的陶片分布面积分别为226.6万、309万平方米。小代疃遗址年代跨越大汶口、龙山、周代和汉代，龙山时代面积推测在21.5万平方米左右。大汶口晚期的陶片主要分布于村子的西北角，面积约2.8万平方米。周代遗存不见于遗址的岗地部分，但在遗址北部地势较低的冲积层部分发现部分东周陶片。汉代陶片则采集自村东和村西，另在遗址西部的高坡上也有分布，面积大约为13.9万平方米。南张家庄遗址年代跨越大汶口、龙山、周代和汉代，

---

① Whitely T G, Lacy H. A geographic information system (GIS) approach to understanding potential prehistoric and historic travel corridors. Southeastern Archaeology, 2003, 22(1): 76-90.

② 数据来源于中国科学院计算机网络信息中心国际科学数据镜像网站(http://www.gscloud.cn)。

③ 中国社会科学院考古研究所山东队、山东省文物考古研究所、日照市文物局：《山东日照市尧王城遗址2012年的调查与发掘》，《考古》2015年第9期，第7~24页。

晚期大汶口文化聚落面积大约为4.4万平方米，龙山早期则达到41.8万平方米，东周遗存发现于遗址西北和村西，面积8.5万平方米。另在遗址东部发现少量汉代遗存，面积约22.9万平方米。西寺遗址年代跨越大汶口、龙山、岳石、周代和汉代，大汶口陶片只在遗址西北部较小的区域内有发现。龙山遗存面积最大，约为52万平方米，龙山早期的面积可能更大些。周代遗存为50万平方米。汉代陶片分布较为分散，其中最大的一处为25万平方米，不过若把整个采集区的面积相加，大约与周代遗存面积不相上下。岳石文化陶片分布也很零散，最大一处面积为9万平方米。夏家庄遗址年代跨越龙山、周代和汉代，遗址以龙山（早期和中期）遗存为主，面积为30余万平方米。周代（西周略大于东周）和汉代遗存仅发现于村南，面积分别为4.8万、3.9万平方米。研究人员认为该遗址应为一大型龙山社区的核心，包括附近的夏家庄-5～8（WL-XJZ-5～8）和京庄-6（WL-JZ-6），其面积在龙山早期可达125万平方米，龙山中期为100万平方米。东王家村遗址年代跨越龙山、周代和汉代，整个遗址都有龙山文化遗存分布，面积超过46万平方米，这是调查中发现的较大的龙山遗址之一。调查中采集到12件石器，绝大多数应属于龙山时代。两周和汉代陶片在几个区域不连贯分布，多分布于坡地之上，遗址部分叠压在现代村子下面，其实际面积可能比地图上标注的面积要大些，甚至可能与冯家沟-2（DG-FJG-2）遗址同属于一个较大的社区。后岗子遗址年代跨越龙山和周代，龙山和周代遗存的面积均约为6.6万平方米，遗址大部分被现代村庄所占压，并且与河对岸的另一处遗址小李家村-2（DG-XLJC-2）遥相对应，因此该遗址的实际面积应该比陶片分布面积大得多。在村庄一家农舍院内发现一块斜立于地上的扁平巨石，并在附近曾挖出过黑陶和人骨等物，研究人员推测与龙山文化巨石崇拜有关。大土山遗址年代跨越龙山、周代和汉代，与其河对岸的车沟-9（LS-CG-9）遗址同属一个遗址，地理位置优越，本区域最大的河流竹子河在此分作南、北两个分支。河东侧的龙山陶片全部分布于苗圃之内，面积约5.9万平方米，在核心区高地的西部还发现有龙山文化层遗存，附近也有龙山陶片分布。龙山遗存总的面积大约为9.2万平方米。周代遗址面积达到75.4万平方米，汉代时期的总面积达到286.6万平方米。大土山村北约850米、南北向公路以东约50米处，是遗址的核心区，其边长大约为250米，当地村民称之为"北城子"，旧时可能存在城墙。研究人员认为其当为汉代琅琊郡属下的近20处治所之一，或与高广县有关。刘家沟遗址主要堆积年代为龙山，从陶片分布判断，面积大约为8.3万平方米，早期大于中期，属于龙山晚期的陶片只在小范围内分布。另外，还发现少量的东周和西周遗存，面积约为3.1万平方米，主要位于遗址东部。汉代陶片分布面积不足1万平方米，位于遗址西侧。西林子头遗址年代跨越大汶口、龙山、周代和汉代，遗址以龙山堆积为主，面积为17.9万平方米。大汶口晚期陶片，多集中在北部，分布面积为4.6万平方米。东周和西周遗存主要分布于遗址南部的三个采集区，其中最大的两处（#977、#979）面积均为5万平方米左右。汉代陶片也主要分布于遗址南部，面积为11.4万平方米。调查中共采集石器10余件，其中有半成品，预示着该遗址是加工石器的地点。安东卫遗址年代跨越龙山、周代和汉代，龙山陶片主要分布在史家庄村北面积较小的范围内，东周陶片则集中在遗址西北部，现多为房子所占压。可以推测的汉代遗存面积约为9.2万平方米。该遗址的汉代遗存应是包括东小庄-1（LS-DXZ-1）和岚山孟-1（LSM-1）等遗址在内的更大社区的一部分。

两城镇和尧王城在龙山文化时期是南北两个地区的中心性聚落，且在龙山、周代、汉代时期遗址一直存在；小代疃遗址、夏家庄遗址、南张家庄遗址都是研究区域内不同时期的二、三级聚落中心，这几个遗址都位于本区域通往西部山麓地带沟通莒县、五莲、诸城一带的河谷地带重要交通线上；大土山、刘家沟和安东卫遗址都处在由日照地区通往南部和西南部江苏、莒南一带的山间低平地带；西寺遗址、后崮子遗址、西林子头遗址的选取主要考察区域内的南北交通状况；东王家村遗址一带在几个主要时期都有较大遗址存在，选择其的主要目的是考察区域内中部的东西交通状况（表3-1；图版六）。

为了探讨和研究本区域与外部的沟通关系，本书还利用了周边地区的遗址信息，主要有陵阳河、呈子、涝坡、南杨家、高戈、庙台子、青墩庙、后大墙、藤花落等[①]，另外还选取了最近几年胶南地区系统调查所发现的几处遗址[②]。

本书中最优路径的生成选择了代表地形地貌重要指标的坡度数据。所有坡度数据系利用中国科学院计算机网络信息中心国际科学数据服务平台提供的数字高程数据加工生成，加工和后期处理的过程利用了Arc GIS、Photoshop、Global Mapper等软件。

表3-1 最优路径分析所选部分遗址信息

名称	简称	龙山面积/万平方米	分期	等级	标本
两城镇	DG-LCZ-1	272.49	龙山早中晚、商、周、汉	I	大量陶片、石器及半成品
丹土	DG-DT-1	130.68	大汶口晚、龙山早中晚、周、汉	I	大量陶片、石器及半成品
西寺	JN-XS-1	51.86	大汶口晚、龙山早中晚、周、汉	II	大量陶片及少量石器
南张家庄	ZC-NZJZ-1	41.87	大汶口晚、龙山早中、岳石、周、汉	II	大量陶片石器
夏家庄	WL-XJZ-1	30.06	龙山早中、商、周、汉	III	大量陶片，少量石器
东王家村	DG-DWJC-1	46.03	龙山早中、周、汉	II	大量陶片，少量石器
后崮子	DG-HGZ-1	6.64	龙山中、周	IV	少量陶片
小代疃	LS-XDT-3	21.5	大汶口晚、龙山、周、汉	III	大量陶片，少量石器
尧王城	DG-YWC-1	367.52	大汶口晚、龙山早中、周、汉	I	发掘出土大量陶器石器等
西林子头	DG-XLZT-1	17.9	大汶口晚、龙山早中晚、周、汉	III	大量陶片，石器及半成品
安东卫	LS-ADW-1	0.97	龙山、周、汉	IV	少量陶片

---

① 遗址信息来自于国家文物局：《中国文物地图集·山东分册》（下），北京：中国地图出版社，2008年；顾维玮、朱诚：《苏北地区新石器时代考古遗址分布特征及其与环境演变关系的研究》，《地理科学》2005年第2期，第239~242页。

② 遗址数据引自Feinman G M, Nicholas L M, Fang H. The imprint of China's first emperor on the distant realm of eastern Shandong. Proceedings of the National Academy of Sciences, 2010 (107): 4851-4856.

续表

名称	简称	龙山面积/万平方米	分期	等级	标本
大土山	LS-DTS-5	9.22	龙山早中晚、周、汉	IV	大量陶片
刘家沟	LS-LJG-4	8.25	龙山早中晚、周、汉	IV	大量陶片，红烧土块

第三节　研究区域内主要路径的生成

根据上述方法生成了连接研究区域内部和外围的最优路径。根据走向的不同，这些路径大致可以分为两类：东西向3条，南北向3条（图3-1）。

以小代疃遗址为中心，向西到达陵阳河一带莒县盆地、向东到达现代日照城区海岸一带的路径构成了本区域内的第一条东西通道。这条路径的生成利用了三个遗址，分别为小代疃、陵阳河与东王家村。该路径由东王家村出发，往南沿着丝山南侧的丘陵东侧海岸地带前进，到达丝山与南部的奎山之间的低平地带后折向西，与沟通尧王城和两城镇区域的路径交叉后继续西行，沿着低平地带到达小代疃一带后沿着傅疃河岸逆流而上穿过山间谷地进入莒县一带，邱前、板石、涝坡等遗址恰好分布在通道的附近。

由诸城的呈子遗址一带通往南张家庄，再到西寺和研究区域内其他遗址一线构成了第二条东西向交通路径。这条路径利用了吉利河上游河岸地带和西部山地间的谷地。以上两条路径分别为研究区域内南北部沟通外围的东、西向路线。

由两城镇出发向西沿着潮河沿岸到达夏家庄一带的路径成为本研究区域内的第三条东西向路径。同时，由两城镇通往尧王城区域的一条海岸路径的东西向起始部分成为这条路径的一部分。

为了验证南北部区域中心性遗址与调查区域外的沟通，本书生成了两城镇（丹土）、尧王城区域分别连接南张家庄和小代疃一带的最优路径。两城镇（丹土）一带的路线沿着两城镇向东北方向出发，沿着通往坡里一带的路径行进一段距离后折向西北方向，穿过西寺南部区域到达南张家庄。尧王城一带的路径走向与此类似，首先沿着通往东北方向两城镇一带的路径前行一段距离后，折往西北方向沿着山地间的低平地带达到小代疃。

南北向的主要交通路径有两条。东侧沿海岸线的一条系根据两城镇与尧王城两个遗址的位置由系统自动生成。这条路径由两城镇出发后首先沿着东西向路线前进，经过丝山与奎山东侧的低平地带沿着海岸区域通往尧王城一带。穿过河山与丝山之间的南北向路径系由尧王城、两城镇与中间的后崮子三个遗址生成。选择后崮子作为两个遗址中间的连接点有两个方面的因素：一是该遗址位于沟通两个区域的山间谷底，地理位置十分重要；二是后崮子遗址的面积虽然不是很大，但其附近存在着三个规模大体相近的龙山遗址，成"品"字形排列。从地形地貌来看，这一组遗址成为研究区域内沟通南、北、东、西区域的中转站，正处在龙山时代南北两个政体尧王城和两城镇之间的缓冲地带。这条路径的走向比较清晰，在北端沿着丝山与河山两山之间的狭窄地带进入尧王城一带后，沿着低平地带继续前行。在此基础上，又分别以两城镇和尧王城为起点向北向和南向出发，生成了沟

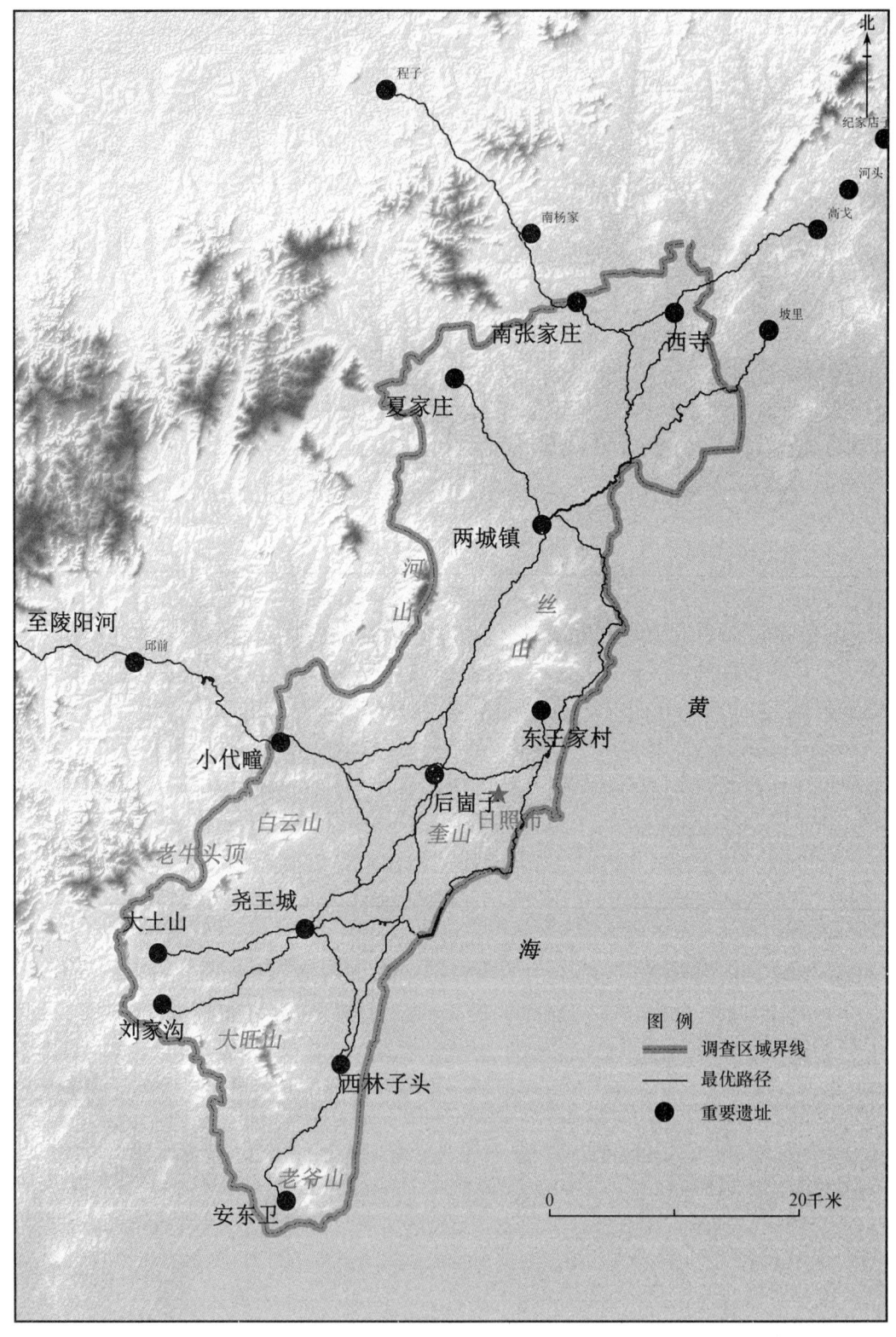

图3-1 生成的主要路径

通调查区域边缘地带的最优路径。由两城镇通往西寺一带的最优路径与通往坡里一带的路径起始部分重合，然后沿着不同的方向分别通往各自目的地。南部由尧王城通往大土山、刘家沟的最优路径走向比较清晰，主要利用了山地丘陵间的低地；由尧王城通往安东卫的最优路径经过西林子头遗址。

在上述路径的基础上，本书还生成了由尧王城到达小代疃、两城镇到达小代疃、西林子头到达后崮子、两城镇达到南张家庄的最优路径。

第四节　不同时期聚落分布与最优路径的叠加分析

北辛文化聚落仅仅发现了两处，且都位于奎山的山麓地带，聚落规模较小。因此本书的分析从研究区域内人口迅速增长的大汶口文化晚期开始。

一、大汶口文化

大汶口文化聚落数量比较少，目前仅仅发现29处。除南屯岭（DG-NTL-4）与徐家村（LS-XJC-3）为大汶口早期聚落外，其他聚落均为大汶口晚期遗存且一直延续到龙山文化。从聚落选址的角度来看，虽然在第二章的分析中大汶口文化的居民在土壤类型、地形地貌等方面的选取表现出对较优质土壤类型和低平地带的青睐，但相对于日照沿海一带丰富的地貌来讲，这一时期的聚落还是倾向于靠近山麓下的平原地带或者低地平原地带中地势较高的区域。从宏观角度看，如同调查报告中所指出的那样，这一时期的聚落分布尚未呈现出明显的等级化趋势，而是更倾向于几个聚落小规模的成群分布，大多数聚落的规模差别并不悬殊。

在区域内最优路径的利用上，虽然多数聚落并未直接分布于系统生成的通道之上，但从整体看，这一时期的聚落沿最优路径分布的趋势还是比较明显的，特别是在沿海岸线一带，丹土（DG-DT-1）、两城镇2/3（DG-LCZ-2/3）、苏家村（DG-SJC-1）、冯家沟（DG-FJG-2）、东海峪（DG-DHY-1）等聚落沿海岸地带分布的迹象十分明显（图版七，1）。苏家村位于两城镇以南与尧王城中间的缓冲地带，大汶口时期面积较小，龙山早期发展成为二级中心，研究人员认为龙山时代的苏家村承担着向两城镇提供物质的责任。苏家村-1（DG-SJC-1）、村西北的苏家村-2（DG-SJC-2）以及河南岸的苏家村-10（DG-SJC-10）组成一个庞大的龙山社区。这条路径附近的聚落分布明显比两城镇—后崮子—尧王城一线要多，特别是在河山店（DG-HSD-10）至井沟（LS-JG-3）一带最优路径两侧广阔的区域中尚无大汶口晚期遗存的发现，这似乎说明了这一时期研究区域内南北地区的沟通更有可能通过沿海岸线地带这一条路径。井沟与东海峪、冯家沟等一起发展成为大汶口晚期的重要聚落。丹土以北尤其是张家大庄（JN-ZJDZ-3）以南区域的聚落分布与两城镇通往西寺一线的路径差别较大，因此，我们又尝试生成了由丹土直接通往西寺的最优路径，其走向与聚落的分布接近。南部尧王城一带南北聚落的分布与最优路径的走向基本一致。

在区域内的东西交通方面，从聚落的分布来看，南部的东王家村一带经由小代疃通往莒县盆地、北部西寺一带经由南张家庄通往诸城的路径可能在大汶口晚期就已经发挥作用，不过，这一时期南部的沟通应当是沿着东海峪—井沟—小代疃—陵阳河这条路线，东海峪一带通往尧王城的交通也可能部分经由这一线进行。

根据以上分析可见，这一时期的聚落间沟通可能更多地利用了自然地理因素，尚未形成完善的交通网络。大汶口晚期的区域内的交通可能主要利用了"一纵两横"三条路线（图3-2）：南北的交通路线大致为西寺—大石河口—丹土—两城镇2/3—苏家村—冯家沟—东海峪—井沟—尧王城—西林子头一线沿海地带的重要通道；东西交通主要为东海峪—井沟—陵阳河以及西寺—南张家庄—呈子一线。

二、龙山文化

与大汶口文化相比，这一时期的变化不仅表现在聚落数量的迅速增加和规模的持续膨胀上，社会分层和手工业专业化生产的形成和发展进一步推动了研究区域内龙山文化交流网络的发展。以四级聚落和大型的地区性聚落中心的出现和形成为重要标志，龙山时代的社会组织和社会结构发展到新的水平。从地区沟通和聚落选址的角度来看，龙山文化的一个明显变化表现在系统生成的最优路径两侧聚落数量的迅速增加上，这在两城镇—后崮子—尧王城一线两侧表现得尤为明显，聚落分布的密度也比大汶口晚期明显提高（图版七，2）。与大汶口晚期的几乎空白相比，郑家顶子（DG-ZJDZ-1）、黄家河（DG-HJH-2/3）、大桃园（DG-DTY-1）等几处重要的二、三级聚落中心的形成和迅速发展，以及由大汶口晚期发展而来的井沟遗址的快速崛起，表明龙山时期这一区域内交流网络和交流活动的明显增加。郑家顶子遗址年代跨越龙山、周代和汉代，龙山时代开始发展成为区域内的三级聚落中心。该遗址位于郑家顶子和相家庄以西一条小河的西侧，所在地形为丘陵向冲积层的过渡地带。龙山遗存的面积约为27.5万平方米，主要位于冲积层和坡地的下部，龙山中期的面积是早期的两倍。黄家河遗址年代跨越龙山、周代和汉代，其中龙山时期陶片分布最为密集，面积也最大（龙山早期大于中期），超过21万平方米，在遗址的西端、紧靠河岸的断崖上发现一处厚达1米的文化层堆积。黄家河在龙山早期发展成为区域内的三级聚落中心，并延续到龙山中期。大桃园遗址年代跨越龙山、周代和汉代，位于大桃园村北和村西，东部有一条名为林家河（后漏河支流）的小河流过，遗址部分叠压在现代村庄下。龙山早中期面积均达到20万平方米，与黄家河、郑家顶子等三级聚落中心一起构成连接南北交流网络的重要桥梁。研究人员认为龙山中期的大桃园可能与前文所讲的苏家村一样承担着类似的向两城镇输送物资的功能[①]。在两城镇以北，甲旺墩（JN-JWD-2）、凤墩村（JN-FDC-1）等新兴聚落也开始在这条通道附近发展起来。甲旺墩遗址年代跨越龙山、周代和汉代，遗址以龙山遗存为主（尤以龙山早期为主，龙山中期面积已很小），面积为52万平方米。该遗址在龙山早期发展成为区域内的二级聚落中心。凤墩村遗址年代跨

---

① 中美日照地区联合考古队：《鲁东南沿海地区系统考古调查报告》（上），北京：文物出版社，2012年，第307~308页。

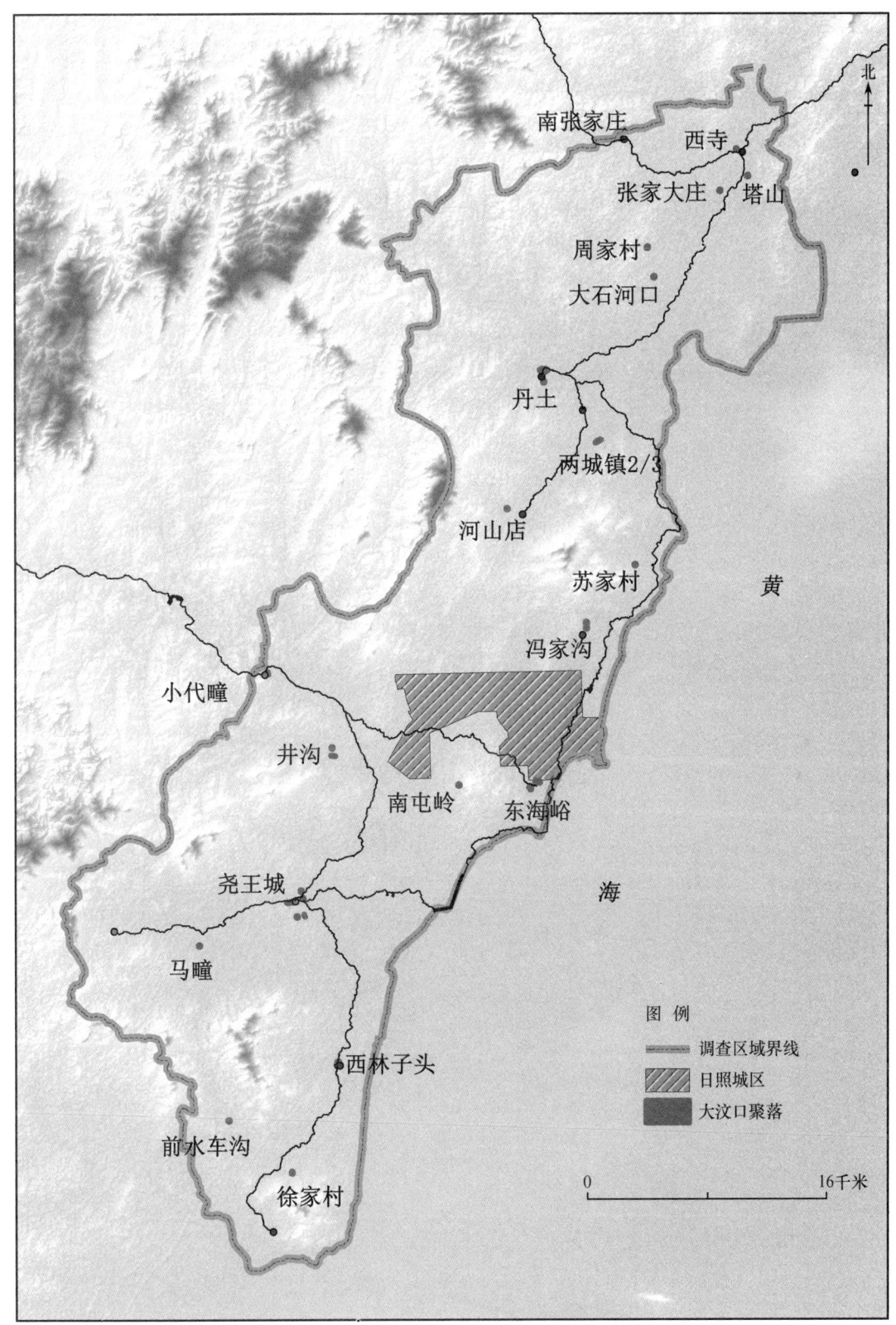

图3-2 大汶口文化主要通道

越龙山、周代和汉代，遗址以汉代遗存为主，面积达94.5万平方米。村北一处的龙山遗存面积达到32.6万平方米，发展成为区域内的三级聚落中心。新的聚落中心和交流网络的形成一方面可能是当时社会经济发展以及沿线交流活动增加的结果，另一方面，这些重要聚落的出现和发展似乎说明了龙山时期社会上层对区域内交通网络有意进行整合，二者之间很可能是互相促进的关系。

由西寺到张家大庄（JN-ZJDZ-3）、凤墩村、甲旺墩和两城镇，再由两城镇往南经过沿线的大桃园、黄家河、郑家顶子等地到尧王城一线，从总体来看，这一时期大中型聚落的分布与纵贯南北的通道是大体一致的，但在个别区域聚落的分布与系统给出的最优路径差别较大，这一方面说明了当时的聚落选址考虑因素可能并不仅仅以"最优路径"为基础，另一方面也促使我们对"最优路径"的生成方式进行检讨。在前文的讨论中，为了尽可能考察区域内聚落选址对"最优路径"的利用，在进行路径生成的时候首先坚持以局部地形地貌条件下的最远中心性聚落作为出发地和目的地的原则，以两城镇和尧王城之间的路径生成为例，系统首先给出的一条最优路径是沿着两城镇—苏家村—东王家村—东海峪等海岸地带到达尧王城。但根据龙山文化聚落的分布状况和这两个中心性聚落间的地形地貌状况来看，当时的居民可能更多地利用丝山和河山之间的谷地为通道进行沟通，虽然这条通道在利用计算机软件进行计算时所表现出的"最优"原则方面要逊于海岸地带的路线，但聚落的分布状况说明其可能在当时社会的交流沟通中发挥了更大的作用。这也提示我们在利用地理信息系统软件进行相关讨论时，不能唯计算机软件为准，而必须根据包括聚落分布在内的多种因素进行讨论。

由西寺通往两城镇区域一段除甲旺墩外，其他几个聚落中心都处于"最优路径"一线附近。甲旺墩附近的遗址自大汶口文化晚期就一直存在，在上文的分析中，为了探讨大汶口晚期聚落分布与最优路径差别较大的原因，我们生成了以丹土遗址为中心通往西寺的最佳路径（图3-3）。将其与龙山文化聚落的分布对比，发现这条通道与聚落的走向还是比较接近的。龙山时期由丹土两城镇一带通往西寺一带的详细情况我们可以参阅下图（图版八）对这一时期该区域内交通状况的推测。

结合大汶口一部分的分析来看，在系统自动生成的两条路径中，由两城镇到西寺的最优路径经过姜家村（JN-JJC-1）、石庙子村（JN-SMZC-1）、营南头（JN-YNT-4）一线附近后直接往北，通往凤墩村一带然后到达西寺，中间绕过了甲旺墩一带的聚落群（图版七，2）。由丹土通往西寺一带的最优路径与上述路径在凤墩村以南的走向完全不同，它由丹土出发，经过小官庄、小朱家洼（JN-XZJW-1）后沿着丹土北部的一系列聚落（如徐家洼、鸿雁沟东部和甲旺墩）东部附近通往南辛庄和凤墩村一带。从聚落的分布与这两条通道的走向来看，两者存在一定的偏差。但相比而言，后者的通道更接近于这一时期聚落的分布状况。两城镇遗址通往西寺一线两侧不仅聚落分布较少，且在出发之初就要两次穿越潮河及其支流。与此相比，丹土通往西寺一线的通道不仅在大汶口晚期就已经存在，龙山时期其西侧的线状聚落分布更说明了这条通道存在的可能。在上述分析的基础上，结合遗址聚落及最优路径生成状况，本书尝试恢复了龙山时期两城镇、丹土一道通往凤墩村的大致交通路线（凤墩村以北至西寺一带不同的路径走向基本一致）沿着以下方向进行：两城镇—（丹土—小官庄）—小朱家洼—徐家洼（JN-XJW-1）—鸿雁沟—甲旺

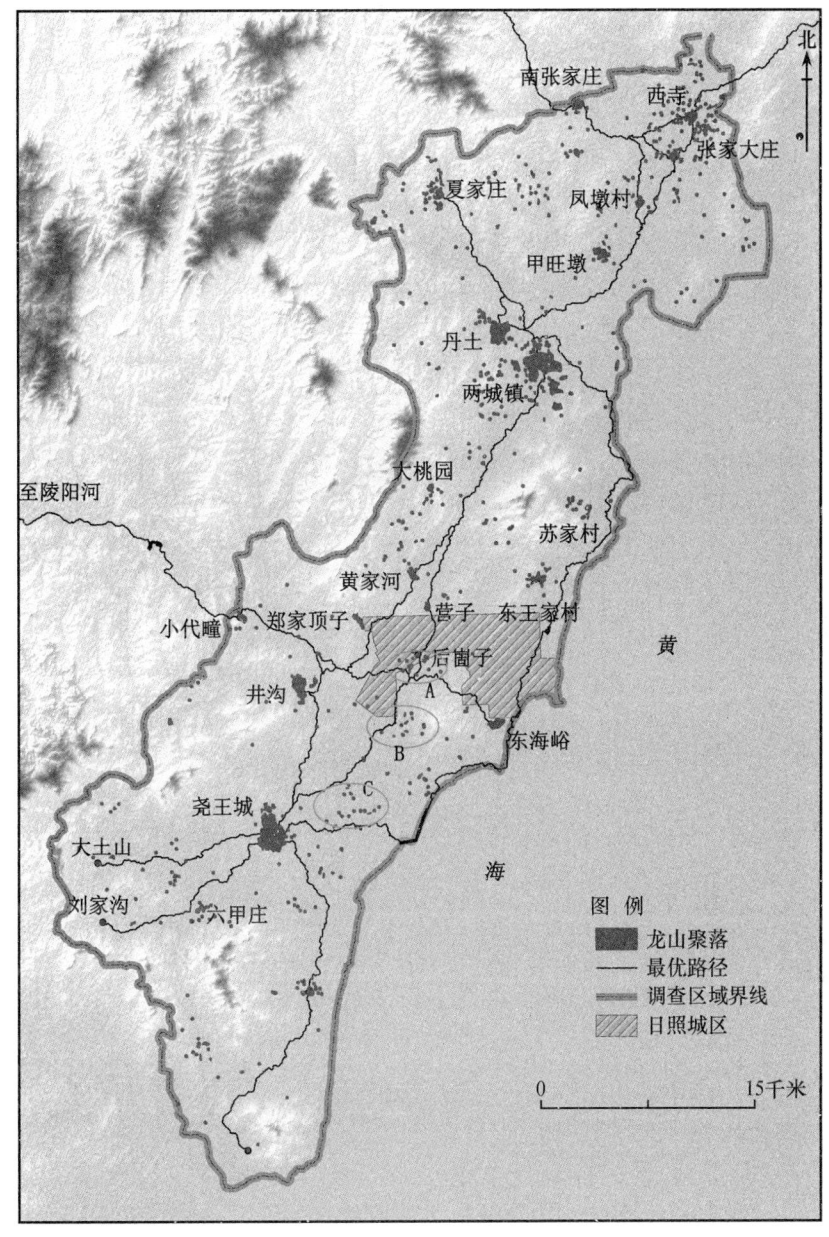

图3-3 龙山文化主要通道

墩—南辛庄—凤墩村。在1999～2002年的勘探和发掘中，研究人员共发现了两城镇龙山文化环壕的三个出入口，其中中环壕北段偏东的出入口可能为两城镇与丹土之间一系列聚落的交流沟通途径。按照发掘者的描述，该缺口与中环壕南北两侧的附属堆积相连，形成一个12米×15米的平台，研究人员推测此通道口大概是人们在进行水上活动时使用的（图版一五[①]），在一定程度上说明了两城镇与丹土之间交流网络的存在。

---

① 于海广：《山东日照两城镇遗址龙山文化围城遗迹的发现和发掘》，《东方考古》（第5集），北京：科学出版社，2008年，第74～79页。

这从一定程度上说明了在龙山文化时期两城镇往北通往甲旺墩、西寺等聚落附近区域沿用的仍然是大汶口晚期所开辟的网络，同时也证明丹土在龙山早中期的区域交流网络中仍发挥着重要作用。虽然在两城镇以东调查区域的边缘地带有一组小型聚落存在，但与丹土一线的通道相比以及前文的分析可知，这几处聚落（石庙子村、王家滩、安家岭等）所承担的职能可能与两城镇对海洋资源特别是盐类资源的获取有关。王家滩盐场是现在日照境内的几个比较大的盐场之一，虽然龙山时代的盐业开发目前尚缺乏直接的证据，但从两城镇和尧王城以东直接分布于产盐地域的聚落来看，这种推测不是没有可能。我们在此基础上又尝试生成了南张家庄通往丹土遗址的最优路径，其走向先是由南张家庄遗址向东，这与通往西寺区域的通道重合，后南折穿过凤墩村遗址在其南部与西寺通往丹土的路线重合。南张家庄遗址年代跨越大汶口、龙山、周代和汉代，龙山早期时发展成为区域内的三级聚落中心，龙山中期时地位逐渐衰微。实际上由南张家庄通往西寺、张家大庄、凤墩村一带的最优路径开始的时候利用的同一条通道，这几个中心性聚落形成一个三角形的沟通网络。

两城镇与尧王城之间通过丝山与河山的通道两侧聚落分布与系统生成的通道相脱离的状况表明这一时期的居民可能并未完全遵循这一路线，井沟、郑家顶子、黄家河等几个大型的二、三级聚落中心更是相距甚远。根据地形地貌和聚落分布的状况来看，此时的二级聚落中心井沟可能具有双重职能：一方面它是连接尧王城及其北部聚落中心郑家顶子、黄家河等地甚至两城镇地区的中间一环；另一方面，从区域内的东西交通来看，井沟又是来自东部沿海地区东王家村、东海峪一带资源流向小代疃一线进而到达莒县地区的必经之地。基于此，本书又以井沟和黄家河为中间节点生成了尧王城和两城镇之间的最优路径：这一线与上文我们生成的经由后崗子一带连接两地的通道在丝山、河山以北及其南部谷地出口区域是重合的，穿过两山后不久即分道扬镳：后崗子一线往南经过由四组小型聚落组成的聚落（群）、（营子（JN-YZ-1）及图中标号分别为A、B、C的聚落群；新生成的通道则主要经过了一系列二、三级区域中心性聚落。实际上的交通情况可能并非如此简单，各个区域的聚落和聚落群之间存在着更加错综复杂的关系。

尧王城南部区域的聚落分布与上文所生成的最优路径走向基本一致，一条通道经过西林子头一带达到南部区域，并与苏北地区相连，另一条经过马疃一带的聚落群到达大土山一带。这两条通道与大汶口晚期时相比变化不大。值得注意的是，这一时期由尧王城出发经过六甲庄一带的聚落群通往刘家沟一线通道的出现，可能与这一时期蛇纹岩资源的获取有关，相关的问题我们将在后文中进行讨论。

这一时期区域内的东西沟通除了大汶口晚期的南北两线外，在两城镇通往夏家庄一带沿潮河形成一条新的通道，这条通道的形成与尧王城南部经过六甲庄到达刘家沟一带的路线类似，最初可能与资源尤其是重要石料资源的获取有关。夏家庄遗址年代跨越龙山、周代和汉代，龙山早期和中期均为北部的二级聚落中心。夏家庄与其周边的一系列龙山聚落一起，组成一个庞大的社区，早期的时候面积达到125万平方米，中期稍有收缩约100万平方米。这一时期无论是北部的南张家庄一线还是南部的井沟—小代疃一线，聚落分布与东西交通所透露出来的社会与经济整合的层次进一步提高。除了上文提到的西寺、凤墩村、南张家庄一带三角形沟通网络外，南部地区以尧王城、井沟、黄家河、东海峪（东王家村）为中心点的沟通网络也十分发达，形成几组三角形沟通网络。

在通往调查区域外的最优路径附近，目前所发现的一些聚落给我们提供了线索（图3-4）。在小代疃通往莒县陵阳河区域的通道附近有邱前、板石、涝坡三个聚落；北部南张家庄通往诸城呈子一带的通道附近有南杨家，这只是未经系统调查的资料，相信这两条通道附近应当有更多的聚落存在。由于资料的限制，以及相关区域内地形地貌的变迁，由研究区域往南、往北通往同时期龙山聚落的路径利用地理信息系统结合遗址材料进行相关

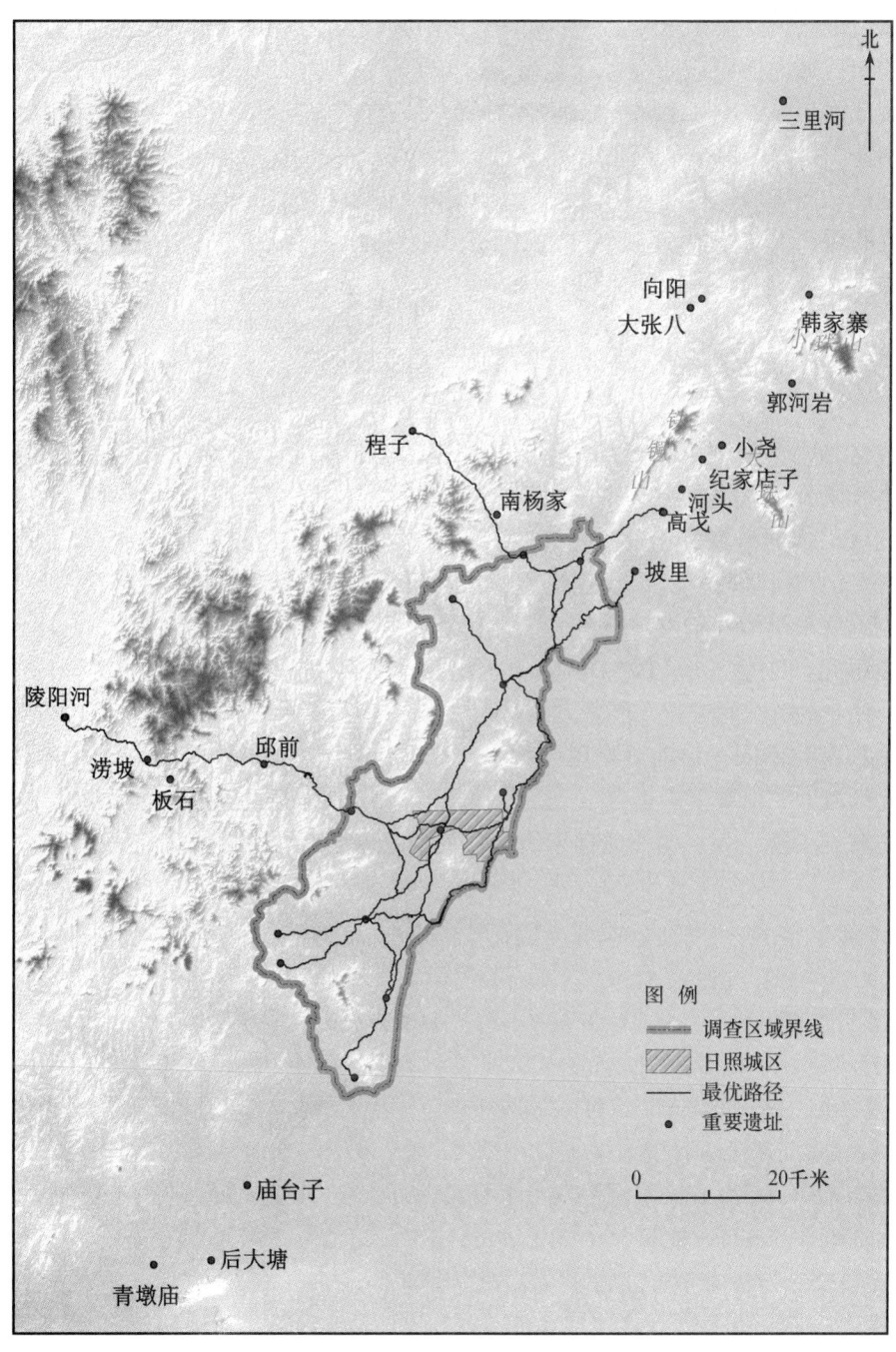

图3-4 龙山文化区域内外沟通

探讨的条件尚不具备,目前只能进行一些推测。尧王城南部通往藤花落一带,海州湾沿岸地区河流变迁复杂,先秦时期的地形地貌状况探讨需要更多的研究资料,严重限制了相关分析的进行。从相关学者对苏北地区史前海岸线变迁的研究情况来看[1],龙山时期的通道有可能沿着海岸线附近的聚落一直通往藤花落区域,但这只是一个推测。由于临沂区域内大量龙山文化聚落的发现[2]及目前所见的该区域内龙山文化发展的状况,这一时期的南北交通主干道也可能在出日照境后,经由莒南、苏北一带进入地处沂沭河中下游一带的临沂地区,然后由此转往藤花落一带。临沂周边区域地理位置优越,龙山文化发达,有学者和研究机构对区域内的史前遗存进行调查,取得了一系列重要发现[3]。两城镇以北区域通往半岛丘陵地区和鲁中山区之间平原地带的通道,现在看来可能是利用了胶南境内的铁橛山与大、小珠山之间的低平地带和山间谷地。近年在胶南的继续调查证明了胶南南部坡里一带与两城镇和尧王城地位相比略小的龙山政治实体的存在[4],改变了传统上对该区域龙山文化发展的看法。与此相一致,该区域内相关通道的探讨,也应当在对史前文化的发展有了更加深入的了解之后进行。

三、岳石与商文化

研究区域内共发现了将近20处岳石文化聚落,除了北部西寺一带聚落分布相对集中外,其他区域大都呈散点状分布。由于聚落发现数量较少,且规模都比较小,目前尚无法肯定研究区域内的岳石文化聚落间存在着一定规模的交换或者贸易活动。不过从整体来看,岳石文化的聚落选址,大都位于重要通道的附近区域。

根据这些聚落的分布及其所在区域的地形地貌状况,可以划分出四个相对比较集中的区域(图版九,1中A、B、C、D四处)。这一时期研究区域内聚落间的交流,很可能集中在各个独立的群组间进行(图版九,1)。

与岳石文化不同,目前所发现的大多数商文化聚落在选址方面不仅与之前几乎遍及整个研究区域的龙山聚落不重合,与时代接近的岳石文化聚落也很少同处一地,调查报告中已经注意到了这一点,相关遗存年代问题的判定可能需要更多的工作来解决[5]。前文分

---

[1] 顾维玮、朱诚:《苏北地区新石器时代考古遗址分布特征及其与环境演变关系的研究》,《地理科学》2005年第2期,第239~242页。

[2] 临沂市博物馆:《山东临沂新石器时代遗址调查简报》,《考古》1992年第10期,第875~893页。

[3] 刘敦愿:《山东临沂新石器时代遗址调查》,《考古》1961年第11期,第611~617页;临沂市博物馆:《山东临沂新石器时代遗址调查简报》,《考古》1992年第10期,第875~893页。

[4] Feinman G M, Nicholas L M, Fang Hui. The imprint of China's first emperor on the distant realm of eastern Shandong. Proceedings of the National Academy of Sciences, 2010, 107: 4851-4856.

[5] 中美日照地区联合考古队:《鲁东南沿海地区系统考古调查报告》(上),北京:文物出版社,2012年,第289~326页;方辉等:《鲁东南沿海地区聚落形态变迁与社会复杂化进程研究》,《东方考古》(第4集),北京:科学出版社,2008年,第268页。

析中我们已经注意到了商文化聚落开始呈现出远离海岸线和靠近山麓附近丘陵地分布的特征，其聚落选址的考量因素与之前时期相比略有不同，但在对区域内交流的重要通道的利用上，却是一致的。区域内一部分商文化聚落沿龙山文化尧王城—井沟—黄家河—两城镇附近线状分布的特征十分明显。另外，沿两城镇—夏家庄一线附近潮河两侧也聚集了较多的商文化聚落。

四、两周时期

调查报告指出，研究区域内西周和东周时期位于山麓地带的遗址数量和所占比例有了明显提高，这可能是由于两周时期对各类山地资源的开发活动，也可能是出于防御的需要[①]。本书第二章的分析也证明了这一点，这与之前龙山文化聚落选址明显不同。但通过对比龙山文化与两周时期聚落在远离区域中心的山间谷地的空间分布，发现了一个很有意思的现象：前者常常会在距离资源产地较近且地形地貌条件较适宜的区域形成规模大小不等的聚落群，如两城镇西北潮河上游以夏家庄为中心的聚落群和尧王城以南靠近蛇纹岩产地、以前水车沟为中心的聚落群。到了两周时期，这种现象比较少见。随着大量中、小型聚落在山麓地带的出现，西周时期的区域中心却呈现出越来越远离边缘地带的现象，这可能体现出了研究区域内社会发展重新整合的过程，下文我们将详细分析。这种不同的聚落选址考虑可能反映了两个时期不同的资源获取和流通方式以及当时的政治态势。

将西周聚落的分布与上文所生成的龙山文化主要通道叠加，其变化一目了然（图版九，2）：与龙山文化南北、东西沟通都相对发达的状况相比，西周时期的沟通的主要渠道可能主要是南北通道。龙山时期由沿海地带通往莒县、五莲、诸城等地的通道附近此时已不见相对发达的聚落存在。原有通道处的重要龙山聚落如小代疃、南张家庄、井沟等均已消失，而新的较大规模聚落并没有形成，说明这一时期东西方向与区域外的沟通规模和频繁程度已经远不如前。这可能与该时期鲁东南一带的政治状态有关，小国林立的状况限制了区域间交流的发展，也可能随着这一时期交通工具的发展，不同区域间的物资与人员沟通更多地借助于地势较好的通衢大道，区域内沿西寺—甲旺墩—两城镇—尧王城一线东侧附近大、中型聚落的分布状况似乎印证了这一点（图3-5）。

这一时期不仅沟通东西的交通网络不再被重视，从重要聚落的分布来看，龙山文化时期紧靠海岸地带的路线似乎也不再产生作用，虽然这一时期在紧靠海岸地带出现一个规模较大的二级聚落中心——苗家村（DG-MJC-1）。苗家村遗址位于苗家村村东，遗址地势平坦，大部分海拔4米左右。遗址中部有一条现代水渠穿过。该遗址年代跨越周代和汉代，地面陶片的分布面积达到30余万平方米，反映了西周时期对海洋资源的开发利用活动

[①] 中美日照地区联合考古队：《鲁东南沿海地区系统考古调查报告》（上），北京：文物出版社，2012年，第318页；方辉等：《鲁东南沿海地区聚落形态变迁与社会复杂化进程研究》，《东方考古》（第4集），北京：科学出版社，2008年，第274页。

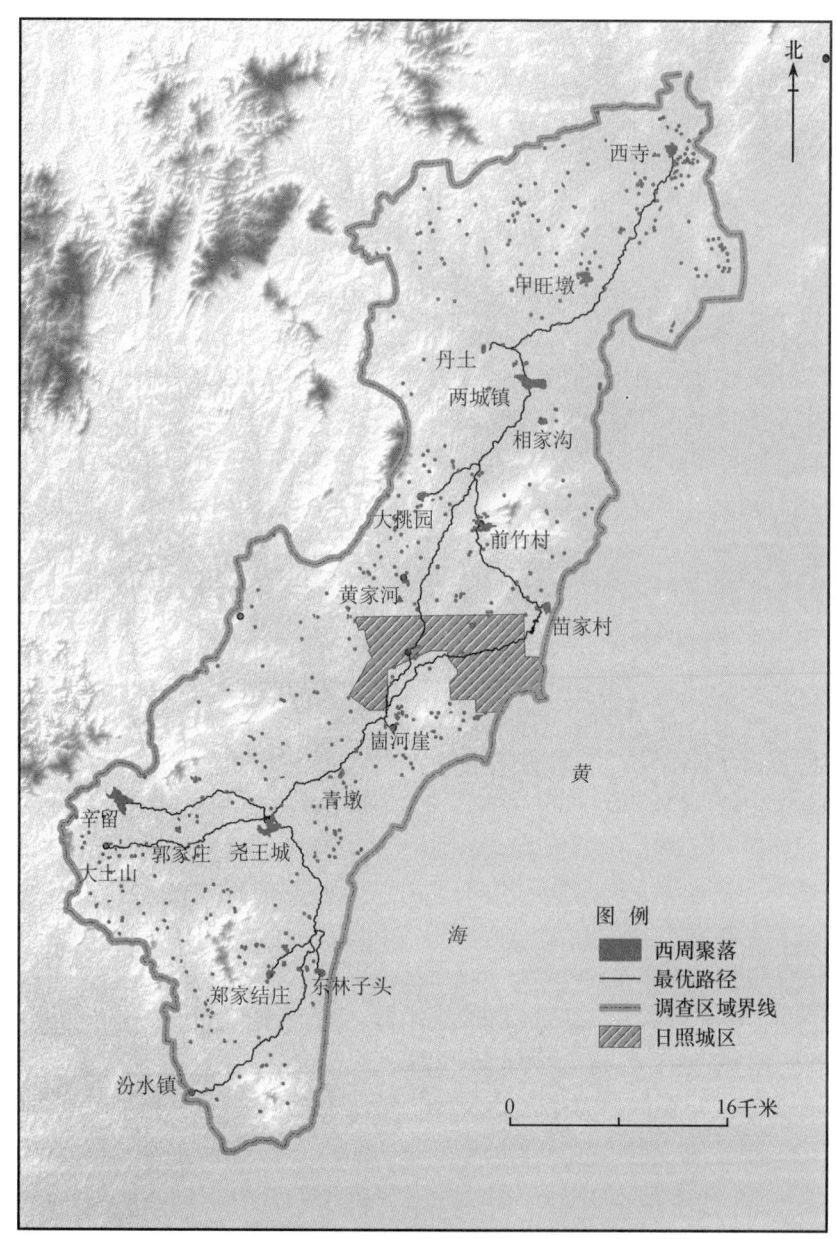

图3-5 西周主要通道

的加强[①]，但所获取海洋资源的运输途径和运输方式，目前尚不明晰。随着龙山文化时期沟通尧王城与两城镇的海岸线通道日渐式微，目前看最可能的交通网络便是通过其西北和西南方向的中心性聚落前竹村（DG-QZC-1）和崮河崖（DG-GHY-2）转运到各地。前竹村遗址年代跨越龙山、岳石、商、周代和汉代，商代以前地位并不突出，西周时迅速发

---

① 中美日照地区联合考古队：《鲁东南沿海地区系统考古调查报告》（上），北京：文物出版社，2012年，第314~315页。

展成为研究区域内最大的两个中心性聚落之一，它与窝落子-1/5（DG-WLZ-1/5）和申家坡-1/8（DG-SJP-1/8）等构成一个庞大的社区，总面积超过100万平方米。崮河崖遗址年代跨越龙山、周代和汉代，它与北面的徐家村（DG-XJC-1）构成一个超过30万平方米的重要社区，成为二级聚落中心。

社会和行政的整合在这一时期得到明显加强。研究人员发现西周时期区域性中心聚落如尧王城和两城镇存在聚落本身和周围人口核心化程度有所下降的现象，这一时期人口逐渐向层级较低的小型聚落上分散[①]。但通过统计研究区域内的一、二、三级聚落中心沿主要的南北通道一线分布状况可见，在总计19个一、二、三级区域性聚落中心中，分布在西寺—甲旺墩—两城镇—前竹村往南直到尧王城一线附近主要通道的遗址就有13个，如果把由尧王城西南通往一级聚落中心辛留的一线视作上述南北通道的延伸的话，则总数达到16个。西周时期，西寺仍然是重要的二级中心，周代遗存面积约为50万平方米。而贾旺墩经过前面一段短暂时期的衰落后再次跃升为二级中心，周代遗存面积为56万平方米。南部两城镇附近丹土虽然保持了其中心地位，但已经下降为三级聚落。西南部的东林子头（DG-DLZT-8）和郑家结庄（LS-ZJJZ-4）则处在传统的南北通道两侧。由此可见西周时期交通网络在聚落选址中的重要地位。东林子头遗址年代跨越龙山、周代和汉代，遗址位于东湖村西北350、东林子头村南200、东湖三村以北300米的平地上，西周时期开始发展成为区域内的三级聚落中心，面积达到15万平方米左右。郑家结庄遗址年代跨越龙山、周代和汉代，龙山遗存的面积较小，大约为3.2万平方米，河道以南的周代遗存面积达到12.3万平方米。该遗址与其南部的小山前（LS-XSQ-1）组成一个面积更大的周代社区。

西周时期研究区域内最重要的变化表现在新的区域中心的出现[②]，这包括一级的辛留（LS-XL-1）、前竹村和二级的苗家村，显示出研究区域内政体重新布局的过程，同时也表明了这一时期对控制交通网络的重视。无论是南部的辛留还是北部的前竹村，都是在这一时期首次出现，并迅速膨胀起来。辛留遗址位于辛留村周围，并被村子所压。所在地形为冲积层，但在两处低山丘陵顶部（二者间距约1000米）也有分布。遗址坐落于竹子河支流转折处的南岸，海拔为36~58米。从陶片分布来看，遗址最为丰富的部分在辛留村南和村东南，向南则蔓延至另一处丘陵顶部、铁路以南约400米处，村子西北部有一高地，北缘陡峭，东南与村庄相连接，高地之上陶片分布亦较丰富。该区域易守难攻，极具军事色彩。周代遗存覆盖面积约为138.7万平方米。研究人员认为其很可能即《春秋左传》中成公八年和九年所记载的"渠丘城"[③]。前竹村遗址与其西北隔通路相望的大桃园遗址位置都十分重要。从地理位置及地形地貌状况看，两个遗址扼守北部区域穿过丝山和河山之间

[①] 中美日照地区联合考古队：《鲁东南沿海地区系统考古调查报告》（上），北京：文物出版社，2012年，第312页；方辉等：《鲁东南沿海地区聚落形态变迁与社会复杂化进程研究》，《东方考古》（第4集），北京：科学出版社，2008年，第270页。

[②] 中美日照地区联合考古队：《鲁东南沿海地区系统考古调查报告》（上），北京：文物出版社，2012年，第312~321页。

[③] 中美日照地区联合考古队：《鲁东南沿海地区系统考古调查报告》（上），北京：文物出版社，2012年，第138~139页。

进入南部的通道，呈犄角形分布于通道的两侧，防御的色彩十分浓厚，可能与西周时期当地同山东半岛北部不断试图往南扩张的周王朝势力之间的紧张关系有关。实际上，大桃园遗址在龙山时期已经兴起并发展起来，成为该地重要的三级聚落中心。龙山时代的大桃园遗址地处丝山和河山之间的狭窄通道西侧的台地上，沿地势呈西北—东南走向，左右两侧分别有河流经过。大桃园及其周围的一组聚落群地处高地，对通道以北两城镇一带的情形一览无余，可以很容易地控制该区域的南北交通要道。从大的范围来看，大桃园遗址正好位于北部两城镇和南部尧王城之间的缓冲区域，这种控制重要通道的聚落布局显示出区域内不同政体间可能存在的紧张态势。基于这样的推测，龙山时期大桃园与两城镇之间的关系值得深入探讨。在之前的研究中，有学者以大桃园遗址离丹土两城镇一带距离较近且交通便利为由而将其纳入龙山文化丹土区[①]。关于大桃园遗址的功能及其所承担的角色，相信在以后的发掘工作中会获得更多的材料。两周时期前竹村聚落的兴起和发展进一步强化了对这条通道的控制，显示出当时居民对该区域防守的重视程度。

东周时期的聚落分布与重要通道的关系总体保持稳定。但伴随着区域内政体的此消彼长，不断有新的区域性中心形成（图3-6）。这一时期两城镇和尧王城的中心地位重新确立，尤其是在两城镇及其北部地区，与前竹村实力的削弱和两城镇一带的重新崛起相适应，菜园（WL-CY-1）和西庄（XZ-1）分别在两城镇西北潮河中游和凤墩村一带地区发展起来。菜园遗址年代跨越周代和汉代，东周时期的遗存超过25万平方米，东周时进一步扩大，说明通往两个区域的通道又重新获得当时居民的重视。西庄遗址年代跨越龙山、周代和汉代，周代遗址面积接近20万平方米。这一期新出现的二、三级聚落中心不仅仅这两个，还有西寺和凤墩村之间的蔡家村（JN-CJC-4），两城镇附近的大界牌（DG-DJP-2）、两城镇2/3（DG-LCZ-2/3），大桃园南部的后山前（DG-HSQ-1），黄家河西南的大古城（DG-DGC-1），尧王城东部的川子（DG-CZ-2）等。大古城在这一时期发展成二级中心。大古城遗址紧靠小古城村北，向北250米左右为大古城村，向东约100米为西十里铺。遗址向南一直延续到石家岭村，与后鹅庄和前鹅庄相邻。遗址向西约1000米为傅疃河，几条支流从遗址上穿过。地势起伏较大，海拔为20~50米。遗址年代跨越商代、周代和汉代。从这一时期苗家村、川子、东林子头等聚落的不断扩张来看，这一时期对海洋资源的利用不断加强。与此同时，辛留东南的大土山在东周时期发展迅速。从地理位置来看，大古城所在的位置，正处于通往莒南一带的重要通道上；大土山一带，向西南穿过山间低地进入临沂和苏北地区，这一时期的海洋资源可能分别通过大古城、大土山等地进入上述区域。随着大古城、后山前（DG-HSQ-1）等聚落的兴起，龙山时期经过郑家顶子——井沟一线附近的通道可能又重新得到重视。后山前遗址位于后山前村东的台地上，并延伸至周围的平地，海拔45~55米。费家河在此稍作弯曲，遗址位于河湾的西侧。陶片分布最密集处在村东的两条小河之间，遗址地理位置十分典型。该遗址年代跨越周代和汉代，周代面积发展到12万平方米左右，成为区域内较小的三级聚落中心。后山前的兴起可能与前竹村的衰落有关——后者由西周时期的一级聚落中心变为本时期的二级聚落中心，

---

① 栾丰实：《日照地区大汶口、龙山文化聚落形态之研究》，《中国考古学跨世纪的回顾与前瞻》，北京：科学出版社，2000年，第237页。

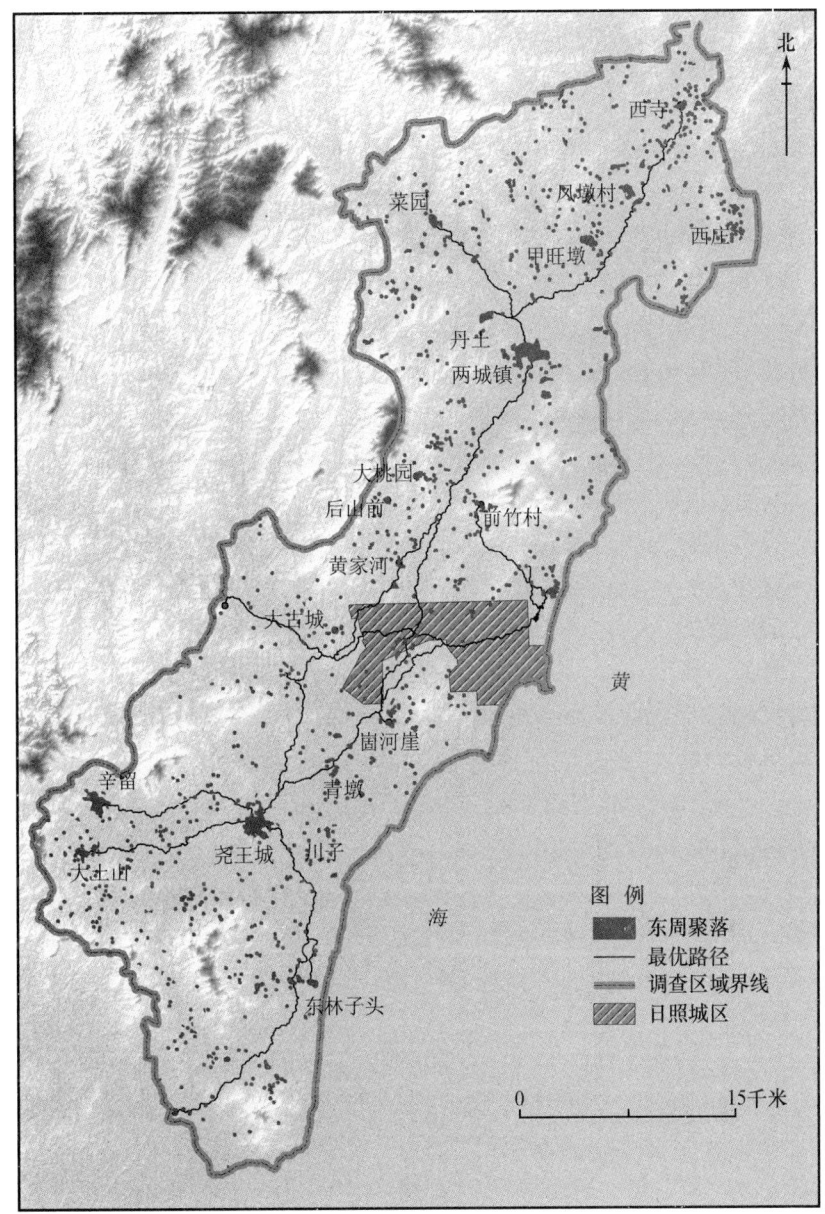

图3-6 东周主要通道

其外流的人口可能进入两城镇和后山前一带，甚至迁移到大古城地区。这种区域中心布局的变化，直接影响到相关聚落间交通网络的变化。

五、秦汉时期

随着辛留和前竹村这两个西周时期兴起并迅速发展成为区域中心的重要聚落的衰微，汉代时期的聚落布局呈现出更加复杂的变化。调查发现，这一时期研究区域内形成了7

个主要的聚落中心，它们分别是大土山（LS-DTS-5/CG-9，10）、大古城（DG-DGC-1/XSLP-2）、小村（LS-XC-1/XS-3，5，6）、苗家村（DG-MJC-1-4/QTX-1/DJT-1）、西寺（JN-DG-1/XS-1，4，9，10/YS-4-7，10，11/NS-1，3，4）、尧王城（DG-YWC-1/GaJL-1）和两城镇（DG-LCZ-1）。两城镇和尧王城延续了之前业已形成的中心地位，其他5处主要聚落中心均为这一时期形成。大土山遗址遗存以汉代为主，年代跨越龙山、周代和汉代，遗址大部分处在冲积平地上，中心位置海拔约30米，小部分位于岭脊之上，海拔50～60米。本区域最大的河流竹子河在此分作南、北两个分支，地理位置优越。该遗址汉代陶片分布密集，几乎遍布所有采集区。如果把大土山村也计算在内，该遗址在汉代时期的总面积达到286.6万平方米。实际上，如果把大土山村南坡地上那些小的分布区（LS-DTS-2/4/7、LS-HT-1/2/4）也计算在内的话，遗址面积将更大。大古城遗址紧靠小古城村北，向北250米左右为大古城村，向东约100米为西十里铺。遗址向南一直延续到石家岭村，与后鹅庄和前鹅庄相邻。遗址向西约1000米为傅疃河，几条支流从遗址上穿过。地势起伏较大，海拔为20～50米。汉代遗存的分布面积约为265万平方米。20世纪70年代当地文博机构曾在古城西南部发现铁器、冶铁作坊遗址以及数以吨计的铁渣块[1]。1987年5月，日照市博物馆曾在大古城村东发掘汉墓3座，出土一批精美铜器、铁器、釉陶和漆木器等，发掘者认为属于"西汉晚期王氏家族墓地"[2]。2002年春，为配合同三高速公路建设，山东省文物考古研究所对"王坟"周围90多座汉墓进行了发掘，出土重要实物资料，并入选当年十大考古新发现[3]。根据文献记载，该地为汉代海曲县城所在地，遗址北端和东部至今仍可见到隆起的城墙遗迹。小村遗址由村庄和现代建筑分割的几部分组成，它至少包括最初图上标示的小村-1/9（LS-XC-1/9）、小村-2/4（LS-XC-2/XC-4）和下寺-6（LS-XS-6），该遗址位于岚山北麓的缓坡上，汉代遗存的面积超过150万平方米，属于汉代聚落的第一层级。苗家村汉代面积为40.5万平方米，它与附近的苗家村-3和4（DG-MJC-3、DG-MJC-4），前滩西（DG-QTX-1）、董家滩-1（DG-DJT-1）构成一个庞大的汉代聚落中心。

从秦汉聚落与主要通道的叠加图上来看，这一时期的主要聚落中心均分布于重要通道及其附近地区（图版一〇）。大土山、苗家村、尧王城、大古城分别位于研究区域内的两条主要东西通道上，后两者又是连接南北交通网络的关键节点，它们与小村、两城镇、西寺等构成了南北方向的主要交通网络。秦汉时期主要中心靠近交通网络的选址绝非偶然，应当是中央集权统治下的地方政府有意规划的结果。

在这一时期，研究区域内共发现了14处二级中心。它们分别是凤墩村（JN-FDC-1）、川子（DG-CZ-2-3）、黄家河（DG-HJH-2/3/4）、后山前（DG-HSQ-1，12，13/QSQ-1）、西庄/庙后（JN-XZ-1/MH-1）、两城镇2/3（DG-LCZ-2/3）、井沟（LS-JG-3/DXQH-1）、郑家顶子（DG-ZJDZ-1）、郑家结庄（LS-ZJJZ-4/XSQ-1）、程子沟（DG-

---

[1] 杨深富、王仕安：《山东日照海曲史考略》，《东南文化》2005年第6期。
[2] 日照市博物馆：《山东日照市大古城汉墓发掘简报》，《东南文化》2006年第4期。
[3] 郑同修、崔圣宽：《北方最精美的500件漆器——山东日照海曲汉墓》，《文物天地》2003年第3期；何德亮、郑同修、崔圣宽：《日照海曲汉代墓地的主要收获》，《文物世界》2003年第5期。

CZG-1，2/GZ-2/3）、徐家楼（DG-XJL-1-2/XXD-1）、马家村（DG-MJC-1-2）、吉利河（JN-JLH-2/WZ-3）、小山后（DG-XSH-2/SH-3）。凤墩村在东周时已经发展成为研究区域内西寺附近的二级聚落中心，汉代继续保持这种地位，面积达到94.5万平方米。南部尧王城附近的川子与凤墩村一样，也是在东周时期发展成为二级聚落中心，并且一直保持到汉代。黄家河、后山前、西庄和两城镇2/3等都是在东周时发展区域内的三级聚落中心，至秦汉时地位上升成为二级聚落。黄家河遗址的年代跨越龙山、周代和汉代。秦汉时期黄家河及其附近遗存组成的二级聚落中心面积超过30万平方米。后山前遗址位于后山前村东的台地上，并延伸至周围的平地，海拔45～55米。费家河在此稍作弯曲，遗址位于河湾的西侧。遗址以汉代遗存为主，并有部分周代遗存，它与附近的后山前-13（DG-HSQ-13/QSQ-1）和后山前-12（DG-HSQ-12）同属于一处较大社区。西庄遗址位于西庄和庙后村北一条公路的北侧，所在地形为丘陵向冲积层过渡地带的缓坡，海拔20～25米。秦汉时期西庄的面积达到40万平方米。其他二级中心中，有8处是新出现的，其中，在西周和龙山时代就已是二级聚落的有井沟（LS-JG-3）、三级聚落的有郑家顶子（DG-ZJDZ-1）和郑家结庄（LS-ZJJZ-4）。秦汉时期井沟与其附近的东小曲河一起，构成一个规模更大的社区，面积达到95.7万平方米。

二级中心的设置也遵循了一定的原则，它们或处于主要的交通网络上，如南部的郑家顶子、黄家河，北部的凤墩村，其他二级聚落中心都分布在沟通南北或东西交通网络的两侧，如郑家结庄、马家村、川子、徐家楼、后山前、程子沟、吉利河和西庄。与重要聚落中心都位于重要交通网络上相比，这一时期二级聚落中心的选址在重视交通网络的同时，表现出某种倾向性。

秦汉时期的三级聚落中心共发现27处，分别是丹土（DG-Dantu-1）、大桃园（DG-DTY-1）、菜园（WL-CY-1）、前卞庄（DG-QBZ-2）、雹泉庙（JN-BQM-1）、大岚（JN-DL-1）、安东卫（LS-ADW-1/DXZ-1/LSM-1）、南张家庄（ZC-NZJZ-1）、周家村（JN-ZJC-4）、崖头（WL-YT-1）、砚台西（LS-YTX-1）、辛留（LS-XL-1）、南寺（JN-NS-5/6/8）、大草坡（DG-DCP-3/4/5）、后岚（JN-HL-1）、东林子头（DG-DLZT-8）、西合庄（LS-XHZ-5）、土山东庄（LS-TSDZ-1）、牟家小庄（DG-MJXZ-1）、小代疃（LS-XDT-3）、徐家村（LS-XJC-1）、东灶子（DG-DZZ-1）、蔡家村（JN-CJC-4）、前坡楼（JN-QPL-1）、相家沟（DG-XJG-1）、田家村（DG-TJC-1）、保子埠（JN-BZB-1）。从秦汉聚落与东周以来形成的通道叠加图上可以看出，在这27处三级聚落中心中，位于或者靠近主要通道的聚落寥寥无几。相反，它们与上文所分析的二级聚落中心一起，秦汉时期在主要聚落中心所连接的交通网络的基础上，形成了以二、三级聚落为主的、全新的交通网络。

为了更好地从交通网络的角度考察聚落选址，我们生成了秦汉时期研究区域内三级聚落中心与主要交通网络的叠加图（图版一一）。在推测秦汉时期的交通网络时，采取了以下原则：①以最近的两个一级聚落中心之间的连线生成研究区域内的主要网络，同时参考研究区域内的聚落分布和地形、地貌情况（图版一一中红褐色虚线所示）；②在主要网络的基础上以最近的二级聚落中心和一级聚落中心、二级聚落中心和二级聚落中心之间连线，生成研究区域内的次要网络（图版一一中蓝色虚线所示）。从图版一一中可以看出，二级聚落中心的分布并不是偶然的，从聚落形态的角度看，它们或者分布于一级聚落中心的周围附近地区，或者分布于距离较远的聚落中心之间。总体来看，它们都分布于连接一级聚落中心的主要网络上或两侧附近，成为沟通聚落中心与次级聚落之间、次级聚落与次级聚落之间的重要媒介。而有的三级聚落中心直接分布于一级聚落中心的周围，如西南部的大土山及其附近的辛留、土山东庄、西河庄等；有的分布于二级聚落中心周围或者不同的二级聚落中心之间，如北部的凤墩村及其附近的甿泉庙、蔡家村、周家村等；还有的则分布在距离一级聚落中心和二级聚落中心较远的地方，如北部的菜园、大岚和南部的安东卫、砚台西等。依靠不同等级聚落的设置，研究区域内不同聚落构成了一个分工明确、便捷高效、相互补充的交通网络。

相比之前尤其是东周时期已形成的聚落布局和沟通网络，秦汉时期发生了明显的改变。甚至可以说在东周时期发展的基础上，汉代聚落选址相对龙山和西周时期的聚落选址呈现出了一些完全不同的特点。总体来看，在第二章的分析中，我们看到了这一时期的聚落选址在地形、地貌上继续向海拔较高的丘陵地带延伸的趋势，尤其是在两城镇与尧王城之间的区域——东周时期以来自北向南出现一系列规模较大的高等级聚落。连接南北交通网络的聚落中心，如二、三级聚落中心程子沟、大桃园、后山前、黄家河、郑家顶子、井沟等已经发展成为沟通南北网络的重要节点。此外，从这些聚落的分布走向及其密集程度来看，之前一直存在的两城镇到黄家河之间的谷地通道可能已经被连接这些中心性聚落的交通网络完全取代。实际上伴随着东周时期后山前、大桃园等二、三级聚落中心在研究区域内的形成，这种趋势就已经开始显现。但与秦汉时期传统通道附近屈指可数的聚落分布相比，两周时期沿通道两侧附近尚分布有较多的聚落，说明其尚未被完全放弃。从技术发展史来看，秦汉时期这种聚落重新布局可能与这一时期交通工具的迅速发展有关——丝山与河山之间的狭窄通道及可能存在的密集植被限制了车马等交通工具的通行。但更重要的是这一时期社会的变革所导致的统治方式的转变和加强。随着秦汉大一统帝国的建立和发展，中央帝国控制下的不同层级聚落选址和规划进一步完善。从研究区域内来看，随着大古城发展成为区域内的行政与经济中心，与之相关的聚落布局与地区间的沟通网络也在发生着变化。与东周时期相比，这一变化不仅表现在新的南北交通网络的形成上，更多的则是次级区域中心之间联系的加强以及重要中心性聚落的此消彼长上。随着这一时期聚落数量的空前增加和区域间联系的加强，聚落分布与重要通道间的布局相比东周时期已发生明显改变。

这种变化首先表现在沟通南北的主要路线上。除去上文所提到的两城镇—程子沟—大桃园—后山前—黄家河这一线外，这一时期的南北沟通在两城镇以北和尧王城以南也发生了明显变化（图3-7）。在两城镇以北地区，随着西庄发展成为与凤墩村规模相当的二级聚落，以及西庄西南后岚和大岭两个三级聚落的形成，由两城镇区域通往北部和东北部的沟通网络可能发生了变化。从调查人员公布的成果来看，汉代时期自两城镇地区经由后岚、大岭、西庄等区域中心达到琅琊台的沟通路线是存在的，这一时期的聚落分布和地理信息系统生成的路径也支持这一点。由两城镇东北方向出发的通道除了可以经过凤墩村到达西寺一带外，还可以到达调查区域西北部的后岚—大岭区域及西庄一带，进而通往琅琊

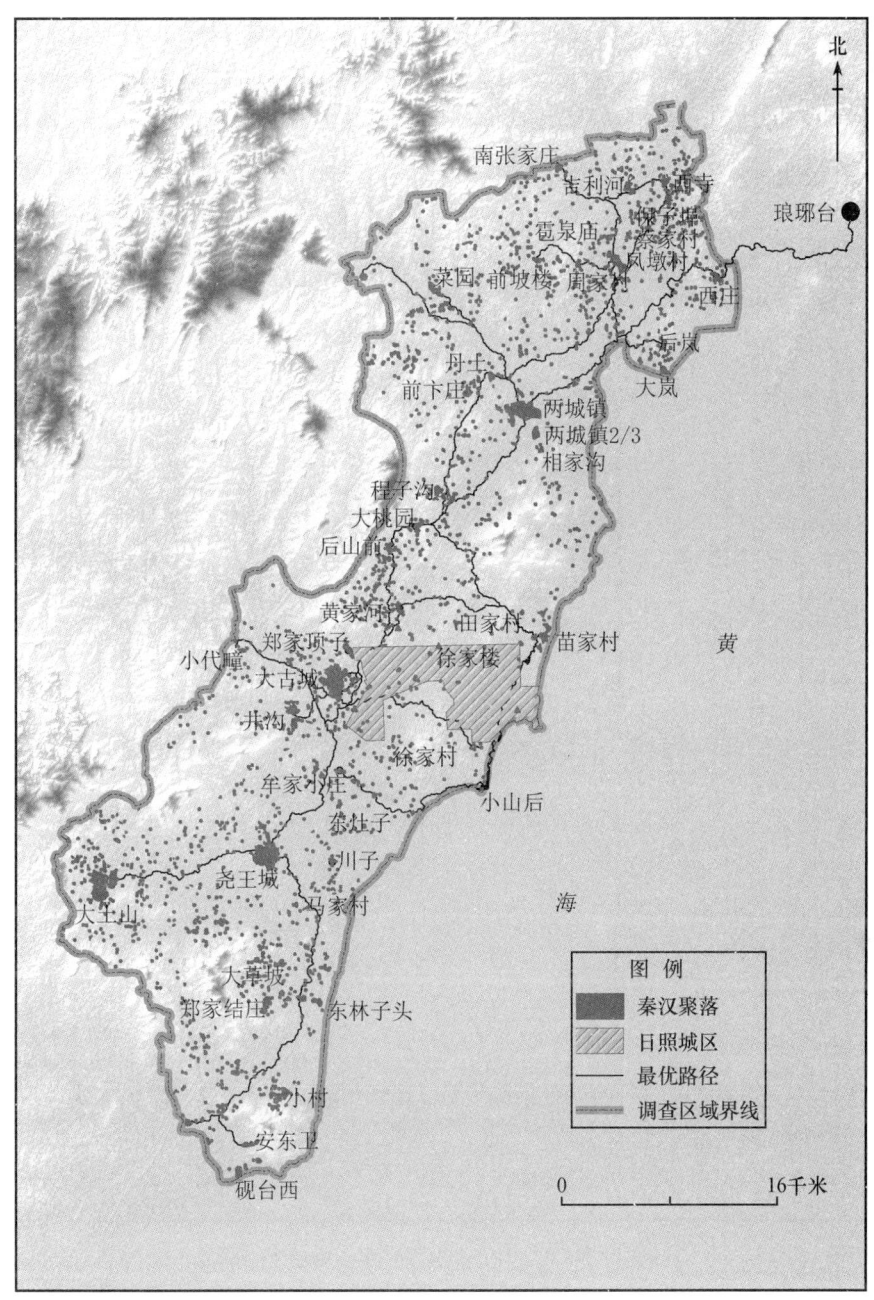

图3-7 秦汉主要通道

台区域（图3-8）①。这一时期，虽然经由丹土西北出发通往凤墩村的路线仍然存在，但从琅琊台一带与大古城沟通的角度来看，显然直接过境两城镇的路线更为便捷。琅琊台遗址

---

① 修改自Feinman G M 等：*The imprint of China's first emperor on the distant realm of eastern Shandong*一文图5"汉代聚落形态"，原图见Feinman G M, Nicholas L M, Fang H. The imprint of China's first emperor on the distant realm of eastern Shandong. Proceedings of the National Academy of Sciences, 2010(107): 4853.

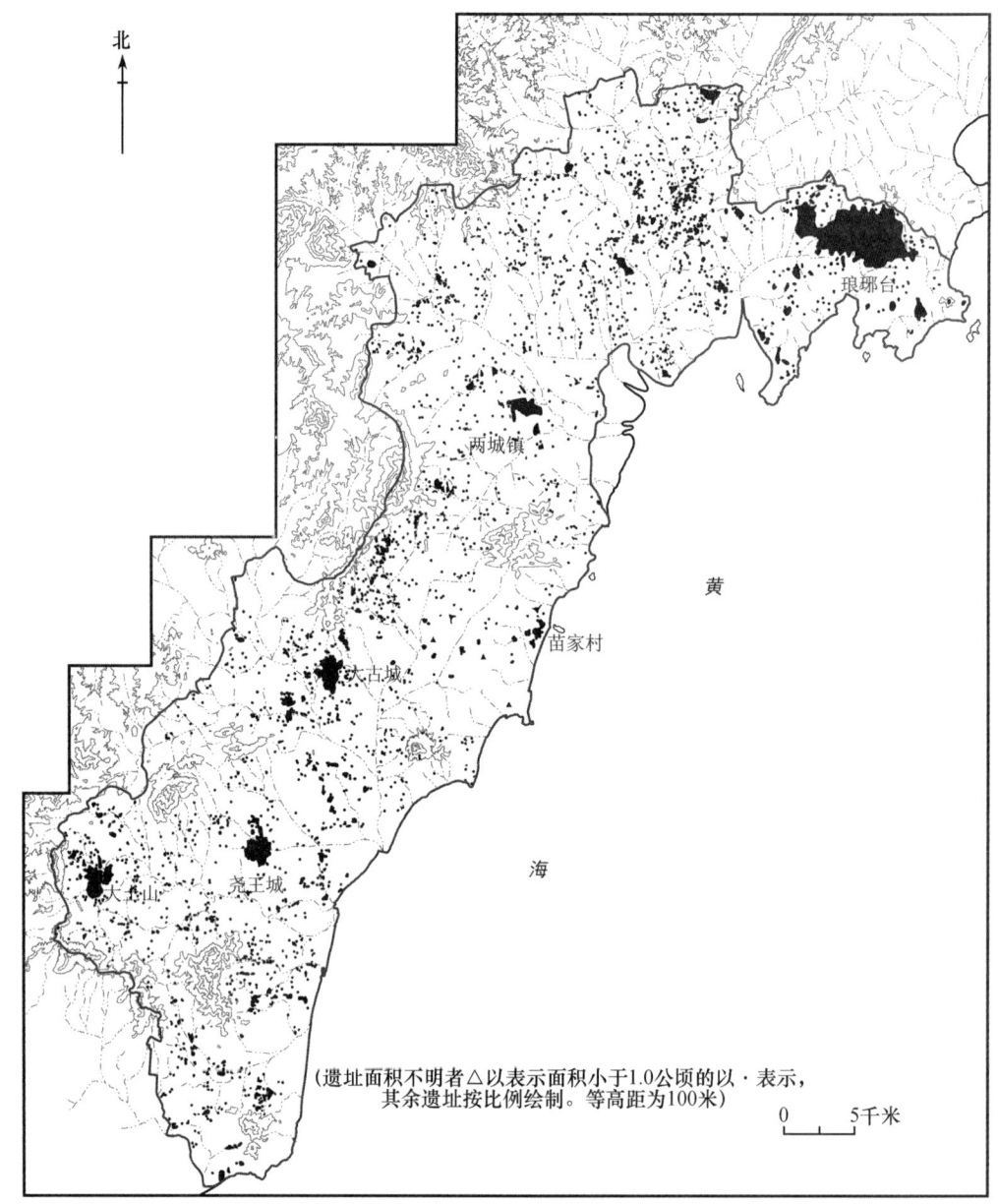

图3-8 琅琊台与汉代主要中心

在汉代时期出现了空前扩张,调查所确定的汉代时期琅琊台分布范围达到了惊人的24平方千米,遍及25个现代村镇[①]。与秦帝国最高统治者的政治、宗教诉求等相伴随的,则是对这一区域丰富的盐铁资源的觊觎。为了加强政治军事的管理和商贸流通,秦朝建立不久即

---

① Feinman G M, Nicholas L M, Fang Hui. The imprint of China's first emperor on the distant realm of eastern Shandong. Proceedings of the National Academy of Sciences, 2010(107): 4851-4856. 中文译稿见加里·费曼等著,杨谦译:《考古调查发现的帝王印记——琅琊台遗址群调查与阐释》,《东方考古研究通讯》2009年第13期,第35~48页。

在全国范围内开展了道路网的修建。秦始皇的登临和琅琊台的大规模修建,以及介于二者之间的"黔首三万户"的迁入,必然对区域内的行政中心和道路交通设置产生影响。时代大背景的转变应当是汉代区域中心分布与重要通道关系发生变化的根本原因。

  这一时期整个区域内聚落布局的转变并不仅仅在于此。随着经济社会的发展,特别是跟海洋资源有关的商贸与行政活动的频繁,也在影响着研究区域内的聚落分布与交通网络。海盐资源是日照地区的重要产品,文献记载日照地区盐业生产活动始于汉代,中央政府曾在海曲设置盐官,专门负责管理日照地区盐业生产运输活动;北宋至道二年京东东路密州初设涛雒场,年产盐3.2万余石[1]。据学者研究,"密州涛洛场"是当时山东最大的盐场,不仅能够满足本州及沂、潍二州的指定需求,还通商销售于其他地区[2]。此后元明清至近现代日照地区盐业生产活动一直昌盛不绝。尧王城东部附近灶子、厫头等诸多乡村名称,便是历代盐业生产活动留下的印记。从近年考古调查发掘的结果来看,大古城遗址即为汉代的海曲所在地[3]。随着前竹村的衰落,汉代时期丝山周围的聚落发展陷入低潮。沿海区域的苗家村则一直持续发展,是汉代日照地区大古城和附近的一个重要的一级聚落中心。这一时期,其与大古城及黄家河之间新出现两个二、三级聚落中心田家村(DG-TiJC-1)和徐家楼(DG-XuJL-1-2/XXD-1),汉代时期苗家村一带与大古城地区的经济与商贸往来,很可能是通过田家村、徐家楼等三级聚落进行的。大古城东南和尧王城以东、东南地区形成一系列二三级聚落,自北往南分别为牟家小庄(DG-MJXZ-1)、东灶子(DG-DZZ-1)、川子(DG-CZ-2-3)、马家村(DG-MaJC-1-2)、大草坡(DG-DCP-3/4/5)、郑家结庄(LS-ZJJZ-4/XSQ-1),这些遗址之间的连线正好处在由小代疃通往西林子头一线的重要通道附近。该布局和走向在一定程度上反映了资源向大古城一带流通的网络。

  与东周时相比,随着聚落数量的增加和规模的扩大,汉代不同区域间的沟通网络进一步完善。两城镇以北地区龙山时代原有的几条重要通道附近都有新的区域性聚落中心形成,如南张家庄(ZC-NZJZ-1)、菜园(WL-CY-1)、崖头(WL-YT-1)等在这一时期又发展成为三级聚落中心。不仅如此,凤墩村以西以北之前聚落分布稀少的地区这一时期开始出现几个新兴的三级聚落,如周家村(JN-ZJC-4)、前坡楼(JN-QPL-1)、雹泉庙(JN-BQM-1)、蔡家村(JN-CJC-4)等,说明这一时期区域的内部整合有了进一步发展。除大土山以外,尧王城以南地区在汉代形成几个新的高等级聚落,如小村(LS-XC-1/

---

[1] 转引自日照市盐务局编:《日照盐业志》,日照市盐务局内部资料,1989年,第1页。
[2] 王赛时:《宋金元时期山东盐业的生产与开发》,《盐业史研究》2005年第4期,第3页。
[3] 中美日照地区联合考古队:《鲁东南沿海地区系统考古调查报告》(上),北京:文物出版社,2012年,第289~326页;方辉等:《鲁东南沿海地区聚落形态变迁与社会复杂化研究》,《东方考古》(第4集),北京:科学出版社,2008年,第253~287页;日照市博物馆:《山东日照市大古城汉墓发掘简报》,《东南文化》2006年第4期,第18~27页;杨深富、王仕安:《山东日照海曲史考略》,《东南文化》2005年第6期,第35~38页;何德亮等:《日照海曲汉代墓地考古的主要收获》,《文物世界》2003年第5期,第41~46页;山东省文物考古研究所:《山东日照海曲西汉墓(M106)发掘简报》,《文物》2010年第1期,第4~25页。

XS-3，5，6）、郑家结庄（LS-ZJJZ-4/XSQ-1）、安东卫（LS-ADW-1/DXZ-1/LSM-1）等。汉代时期的一级聚落在研究区域内均匀分布的趋向十分明显（图3-16）[①]。

为了进一步考察秦汉时期的聚落选址，我们以一级聚落中心和二级聚落中心为核心生成了研究区域内的最优路径（图3-7）。与之前阶段的分析结果不同，这一时期包括一、二、三级聚落中心在内的高等级之间的沟通网络明显不再沿袭以前的通道，这或许可以看出秦汉时期地形、地貌因素在区域聚落选址和聚落布局方面已经不再是首要考虑的因素，从前文的分析可以知道，除最高等级的聚落中心外，其他层级的聚落中心大多分布于东周时期乃至以前的通道两侧甚至较远地区。这一时期，随着聚落层级和聚落结构的不断完善和发展，资源流通和行政统治等因素对聚落布局的影响更加突出，这在大古城的崛起中表现得更为明显。由图3-7中分析可以看出，大古城正处在东西南北沟通网络的交汇处，南北方向由两城镇及其南部的二级聚落中心程子沟、郑家结庄等通往尧王城一带的最优路径穿过其间，东西方向由苗家村、小山后一带通往小代疃，进而进入莒县一带的最优路径也经过此地，大古城正处在四方辐辏之地，这也从另一方面证明了交通网络在秦汉聚落选址中的重要性。

上文已经提到了两城镇与丹土之间高等级遗址偏离前期重要通道的现象，如果从整个研究区域来看，类似的例子不在少数，如南部新兴起的几个区域中心如小村、大草坡、郑家结庄等都与重要通道有一定的距离。同样的例子还有两城镇北部凤墩村附近新形成的几个三级聚落，其分布并不是总在系统生成的最优路径处。与龙山时代的状况不同，可以说，这一时期的聚落选址明显是在中央和地方政府主导下的有目的性的设置，主要是为了加强对区域内的行政管理和经济沟通。

第五节 最优路径分析与资源开发及产品流通问题的初步探讨

近年来，随着考古学研究的深入，以进行古代人和社会复原为目的的考古学研究方向受到越来越多学者的重视。以社会复杂化进程和文明与国家的起源及其发展研究为核心，学术界在相关问题的探索上进行了诸多尝试。除各地开展的大量田野发掘外，一些学者围绕着早期国家社会自然资源和重要奢侈品的控制与流通等问题进行了探讨，如文德安通过对晚期新石器时代至早期青铜时代贵族阶层对奢侈品的生产、分配与消费的控制能力的考

[①] Feinman G M, Nicholas L M, Fang H. The imprint of China's first emperor on the distant realm of eastern Shandong. Proceedings of the National Academy of Sciences, 2010, 107: 4851-4856. 中文译稿见加里·费曼等著，杨谦译：《考古调查发现的帝王印记——琅琊台遗址群调查与阐释》，《东方考古研究通讯》2009年第13期，第35~48页。

察来透视中国早期社会的复杂化进程和国家形成过程[①];刘莉、陈星灿等通过对夏商时期中原王朝对自然资源的控制和流通的考察探讨早期中国国家的发展[②]等。通过对不同时期的重要战略资源如盐、铜、锡等贵金属及其他社会上层所掌控的重要奢侈品的原料产地、加工场所与再分配途径和方式进行考察,一方面可以复原当时社会上层对手工业生产活动的组织和控制方式,同时可以在此基础上对当时的社会组织和社会结构进行探讨。

无论是对遗址生产领域及其开发领地的探讨,还是对社会上层掌控的重要手工业产品的专业化与标准化生产的模拟、分析与重建,都会面临原料产地和流通渠道的问题。在早期的调查研究中,一些学者就对研究区域内不同时期遗址所获得石器工具的原料来源产生了兴趣,并进行了一些推测。随着研究的逐渐深入,越来越多的学者开展了系统性、精细化的研究,如柯杰夫利用两城镇的发掘和调查资料,对两城镇地区的石器生产进行了系统研究,对产自本地和外来的石料进行了探讨[③]。除此以外,早期农业的传播、发展和重要资源的流通也是研究人员专注的重要问题。研究人员通过对分布于不同地域和地貌条件下的龙山文化东海峪遗址(DG-DHY-1)、前水车沟遗址(LS-QSCG-1)、丁家柳沟遗址(LS-DJLG-3)和刘家沟遗址(LS-LJG-4)的浮选发现,几乎所有的遗址都有炭化稻谷及粟类种子的存在(刘家沟遗址的土样中仅发现稻谷炭化种子1,未发现粟类)[④]。两城镇遗址的发掘同样证明了稻谷和粟类的同时存在,并且有学者认为两者都是龙山时期两城镇的主要粮食来源[⑤]。这两种适应水旱不同生存条件下的粮食作物的共同出现给我们提出了新的问题:它们究竟都是为当地遗址所生产,还是通过交换贸易而来?目前尚无足够的证据来解答,但从这些遗址所处的不同地貌条件来看,存在着农业产品在不同聚落不同区域间流通的可能。

上一章我们从聚落的空间分布与土壤类型、地质地貌等自然环境因素的关系方面对史前至汉代不同时期的聚落选址进行了探讨,初步分析了聚落分布与不同环境因素之间可能存在的关系。本节将在上述分析的基础上尝试利用最优路径分析对重要自然资源的原料产地和流通等问题进行探讨,并把这种分析同当时的聚落选址相结合,对相关问题进行讨论。

---

① 〔美〕文德安著,卢建英译:《工艺生产与中国古代社会的复杂化进程》,《南方文物》2007年第1期,第105~112页。全文见Underhili A P. Craft Production and Social Change in Northern China. New York: Kluwer Academic/Plenum, 2002;李新伟:《手工业生产专业化的考古学研究》,《华夏考古》2011年第1期,第126~138页。

② 〔澳〕刘莉、陈星灿:《城:夏商时期对自然资源的控制问题》,《东南文化》2000年第3期,第45~60页。

③ Cunnar G E. The production and use of stone tools at the Longshan period site of Liangchengzhen, China. Ph.D Dissertation, Yale University, 2007.

④ 陈雪香等:《鲁东南几处先秦遗址调查采样复选结果分析》,《东方考古》(第6集),北京:科学出版社,2009年,第354~357页。

⑤ 〔加〕凯利·克劳福德等:《山东日照市两城镇遗址龙山文化植物遗存的初步分析》,《考古》2004年第9期,第73~80页;Crawford G W, et al. Late Neolithic Plant Remains from Northern China: Preliminary Results from Liangchengzhen, Shandong. Current Anthropology, 2005, 42(2):309-316.

一、地方志和文献资料所载的矿产资源状况[①]

日照的矿产资源主要以非金属为主,且以各种建材资源占多数,金属矿产资源仅有零星发现。蛇纹岩资源是日照沿海地区最富特色的资源之一,属于前震旦纪自变质或自变质叠加区域变质超基性岩浆矿床,经蛇纹石化蚀变作用形成。鲁东南地区的蛇纹岩主要分布在沂沭断裂带以东,日照市梭罗树,莒南县洙边、相沟一带。日照境内地质储量约2.5亿吨,探明储量1.48亿吨,保有储量占整个山东省的81.92%左右,主要分布于虎山镇娑罗树、长山、平山以及碑廓镇的火石顶子、宋家岭一带。另外,后水车沟的西山也发现大型蛇纹岩矿的存在[②]。

日照梭椤树一带的蛇纹岩体群属元古代桃科期侵入岩,基岩主要有角闪岩、辉石角闪岩、橄榄岩、榴辉岩等[③]。在徐仲仪等的取样研究中,深色部分原岩为斜辉橄榄岩,主要矿物为橄榄石、辉石、金云母、磁铁矿等。橄榄石蚀变为叶蛇纹石;金云母和辉石蚀变为绿泥石;浅色部分组成矿物主要为蛇纹石石棉,另有少量方解石[④]。蛇纹岩外观一般呈暗绿色、黄绿色至黑绿色,风化后变为灰白色,硬度2.5~4.0,表面有滑感,具蜡状或丝状光泽[⑤]。当地人将娑罗树村一带出产的蛇纹岩玉称之为日照绿石、娑罗绿石、蛇纹玉等。

日照地区的石棉为蛇纹石石棉,又名温石棉,属于层状结构的硅酸盐矿物,目前形成石棉的只是属于其中的纤蛇纹石石棉[⑥]。主要分布于虎山乡的娑罗树村一带,探明储量约15万吨。

除此之外,各类花岗岩是日照储量最丰富的自然资源之一。斑状中粗粒花岗闪长岩、中粒白岗岩探明储量约3亿吨,出露在奎山北麓、丝山西部、石臼镇等;中细粒角闪二长花岗岩探明储量约1亿吨,大面积分布于两城镇西、河山镇、下湖乡等;中粒斑状石英二长岩、石英二长岩探明储量0.5亿吨,大部出露于大坡乡西、碑廓圣公山西、竖旗北部;其他类的花岗岩探明储量0.5亿吨,主要分布于后村、西湖、竖旗、秦家楼一带。

白云钾长片麻岩、黑云斜长片麻岩探明储量约5亿吨,大面积出露于丝山、岚山、汾水、巨峰、碑廓、后村以及奎山南麓等。

钾长石探明储量24万吨,主要分布于巨峰东、三庄北、南湖西、城区西及大旺山西麓

[①] 除注明外,资料来自于日照市地方史志编纂委员会:《日照市志》,济南:齐鲁书社,1994年;日照市地方史志编委会办公室:《日照市志·日照地理志》日照地方史志办内部资料,1987年。

[②] 日照宝鑫矿业资源有限公司经营范围(许可经营项目),详情见日照市产业集群查询系统,http://www.rzaic.gov.cn:7002/xxcx/qyxxcx.asp?offset=20&ENTREGNO=371103018000880,2011年1月5日。

[③] 《山东省省情资料库·自然地理库》第一卷·地貌,http://sd.infobase.gov.cn/bin/mse.exe?seachword=%u86C7%u7EB9%u5CA9&K=a&A=4&rec=11&list=&page=&run=13,2010年12月20日。

[④] 徐仲仪等:《山东娑罗绿石地质特征简介及其开发前景分析》,《山东国土资源》2004年第4期,第30~31页。

[⑤] 吴良士等:《矿物与岩石》,北京:化学工业出版社,2005年,第180页。

[⑥] 吴良士等:《矿物与岩石》,北京:化学工业出版社,2005年,第194页。

等。石英石探明储量20万吨，分布于河山、丝山、三庄、虎山、城区以及滨海滩地。

铜铁矿探明储量约163万吨，出露于涛雒镇高旺庄地段及碑廓镇甫田庄一带。

滑石分布在虎山一带；燧石分布在三庄虎山一带；角闪石分布在傅疃河三角洲突滩中。

现代盐田分布在两城、丝山、涛雒、岚山、汾水等五个乡镇的沿海。日照地区正史记载的盐业生产活动始自汉代，《汉书·地理志》琅琊郡条下载"海曲，有盐官"[1]，《宋史·食货志下三》指出"密州涛洛场"成为山东最大的盐场[2]。此后元明清至近现代一直处于不断发展中。随着社会经济的发展，大量盐田改为虾池。根据当地文献资料，日照地区的盐业生产开始时以海水煮盐，清朝中后期以后由煮盐晒盐兼用改为以晒盐为主。

二、考古所发现的重要资源的利用

随着需求的增加和礼仪活动的需要，不同时期的聚落选址在资源获取方面都有所考虑，特别是受社会上层影响和控制之下的重要资源的开发及利用状况，更能反映这方面的问题。前文第二章初步分析聚落选址与各种环境因素之间的关系，但对具体资源的开发利用如重要石料产地、陶土分布、特色海洋产品等未做详细探讨。本部分内容将利用现有考古调查和发掘的成果，对区域内特定资源的开发以及其可能的流通渠道进行探讨，在此基础上观察古代聚落选址与特定资源分布的关系。

研究区域内丹土遗址和两城镇遗址出土了大量精美的玉石器作品[3]，尤其是丹土所出大汶口文化晚期的一部分玉器更是代表了当时玉器生产的最高水平[4]。对于海岱地区玉器及其原料来源问题，许多学者进行了探讨。员雪梅通过对海岱地区玉料的物理特征、矿物成分等进行分析后认为海岱地区相当部分软玉原料可能来自辽宁岫岩玉矿地带[5]。燕生东等通过对丹土与两城镇出土玉器的分析研究，认为大汶口晚期后段丹土一带的璇玑、小璧、小环等主要来自辽东半岛的玉器制作场；部分玉器如琮、镞形饰、璧类、瑗类等来自南部的良渚文化。另外他还注意到了到了陵阳河、大朱村、杭头等遗址出土的蛇纹岩、辉绿色片麻岩等玉器产品在原料上的不同[6]。王强认为大汶口陵阳河与三里河类型以及龙

---

[1] 《汉书·地理志》卷二十八上，北京：中华书局，1962年，第1585页。
[2] 转引自王赛时：《宋金元时期山东盐业的生产与开发》，《盐业史研究》2005年第4期，第3页。
[3] 本书所指玉器以文化分类为主，不涉及国际通用标准的矿物区分。
[4] 杨波：《山东五莲县丹土遗址出土玉器》，《故宫文物月刊》1996年第2期。
[5] 员雪梅：《辽海、海岱地区新石器时代文化比较研究——以玉器为中心》，北京大学考古文博学院博士学位论文，2003年。转引自燕生东等：《丹土与两城镇玉器研究——兼论海岱地区史前玉器的几个问题》，《东方考古》（第3集），北京：科学出版社，2006年，第88页。
[6] 燕生东等：《丹土与两城镇玉器研究——兼论海岱地区史前玉器的几个问题》，《东方考古》（第3集），北京：科学出版社，2006年，第87~124页。

山文化尧王城类型的玉器原料主要来自附近的莱阳或莒南玉矿[①]。泰山玉、莱阳玉、莒南玉、日照玉是山东地区目前所发现的主要蛇纹岩类玉石，泰山玉产于泰山北麓，为碧绿墨绿色块状蛇纹岩；莱阳玉又称姜疃玉，产于山东莱阳县姜疃，为乳白—淡绿色块状蛇纹岩；莒南玉又称莒翠玉，主要产自莒南坊前一带，为黑色或近黑色块状蛇纹岩；日照玉又称娑罗树玉，为黑绿色黑色蛇纹岩[②]。从目前的研究来看，多数推测根植于考古所见遗物的外观造型的分析，系统的理化检测性工作开展的相对较少，这也应该成为今后相关研究的重点方向。

在1978~1979年度的发掘中，考古人员在尧王城遗址T101的第3层发现铜渣遗迹[③]。海岱地区龙山文化铜器遗存的发现已有数例，如尧王城附近的临沂大范庄遗址、胶县三里河遗址、栖霞杨家圈遗址等[④]。根据相关学者对海岱地区史前铜器的研究，目前所发现的几例龙山文化铜器都应是就地取材且在当地铸造的[⑤]。根据地方志资料的记载，尧王城附近区域即存在裸露于地表的铜铁矿，另外一处位于碑廓镇甫田庄一带，这是日照沿海岚山和岚山境内仅有的两处铜矿产地。

绿松石装饰品在该区域的考古工作中也屡有发现，如两城镇遗址1936年的发掘中就曾在大孤堆东南的发掘区TKTM2中发现绿石珠的存在[⑥]。两城镇遗址1998~2001年度的发掘中，在M33墓主人左侧上肢骨的腕部及其以上，发现呈长环状密集分布的绿松石薄片和小玉珠[⑦]。从全国各地的出土情况来看，龙山时代两城镇和尧王城一带出土的绿松石装饰品毫无疑问应当是流通在当时社会上层的奢侈品。

柯杰夫对两城镇遗址发掘出土的石器工具及废料进行了研究[⑧]。根据他的研究，构成两城镇1998~2001年度主发掘区和探沟内出土石器的石料依次为：绿泥石/角闪石页岩（33%）、砂岩（22%）、凝纹流灰岩（20%）、花岗岩（10%）、富白云母凝灰岩（2%）、卵石（1.5%）、滑石（1%）、硬绿泥石（千枚岩）和白云母板岩（1%）等。以上8种占所有石料来源的90%以上，另外还有少量的玄武岩、黑曜岩和绿松石等。除绿松

---

① 王强：《海岱地区新石器时代玉料来源及琢玉工艺初探》，《华夏考古》2008年第2期，第76~83页。

② 邹天人等：《中国主要玉石类型及产地》，《矿床地质》1996年第S2期，第84页。

③ 临沂地区文物管理委员会、日照县图书馆：《日照尧王城龙山文化遗址试掘简报》，《史前文物》1985年第4期，第64页。

④ 转自临沂地区文物管理委员会等：《日照尧王城龙山文化遗址试掘简报》，《史前研究》1985年第4期，第64页。其中临沂大范庄遗址铜锥尚未见正式报道。

⑤ 方辉：《海岱地区早期铜器的发现和研究》，《海岱地区青铜时代考古》，济南：山东大学出版社，2007年，第42~52页。

⑥ 刘燿：《山东日照两城镇附近史前遗址》，《两城镇遗址研究》，北京：文物出版社，2009年，第19页。

⑦ 栾丰实等：《山东日照市两城镇遗址1998~2001年发掘简报》，《考古》2004年第9期，第15页。

⑧ Cunnar G E. The production and use of stone tools at the Longshan period site of Liangchengzhen, China. Ph.D. Dissertation, Yale University, 2007.

石和黑曜岩显然为外来输入外,其中的绿泥石/角闪石页岩、砂岩、玄武岩等在距离两城镇30千米以内的区域内亦未发现明确的原料产地①。

在鲁东南沿海地区的系统考古调查中,研究人员有目的地对地表所发现的一些特殊陶器类型做了采集和记录。在大汶口龙山时代的遗址中采集到白陶片的共有57处,具体情况如表3-2所示。

表3-2 大汶口龙山遗址调查所见白陶统计

遗址	时代	数量	质地	器型	部位	等级	面积(万平方米)
丹土	龙山	1	陶	不明	腹片	II	130.68
大桃园	龙山	1	陶	鬶	器足	III	20
大桃园	龙山	2	陶	不明	腹片	III	20
两城镇	龙山	1	陶	鬶	把手	I	272.49
南张家村	龙山	1	陶	不明	腹片	IV	3.74
苏家村	龙山	1	陶	鬶	腹片	III	10.96
西林子头	龙山	1	陶	鬶	器足	III	17.9
西林子头	龙山	2	陶	鬶	腹片	III	17.9
西林子头	大汶口	1	陶	鬶	把手	II	4.6
西林子头	龙山	1	陶	鬶	口沿	III	17.9
西林子头	龙山	1	陶	鬶	腹片	III	17.9
尧王城	龙山	1	陶	鬶	把手	I	367.52
尧王城	龙山	1	陶	不明	腹片	I	367.52
尧王城	龙山	1	陶	不明	腹片	I	367.52
尧王城	龙山	1	陶	鬶	腹片	I	367.52
尧王城	龙山	1	陶	鬶	器足	I	367.52
尧王城	龙山	1	陶	不明	腹片	I	367.52
尧王城	龙山	3	陶	不明	腹片	I	367.52
尧王城	龙山	1	陶	鬶	器足	I	367.52
尧王城	龙山	1	陶	鬶	把手	I	367.52
张家庄子	龙山	1	陶	不明	腹片	IV	0.19
大界牌	龙山	1	陶	盆	口沿	III	23.64
皇古墩岭	龙山	1	陶	鬶	口沿	IV	0.25
西寺	龙山	1	陶	鬶	器足	II	51.86
两城镇	龙山	1	陶	鬶	盖纽	I	272.49

---

① Cunnar G E. The production and use of stone tools at the Longshan period site of Liangchengzhen, China. Ph.D. Dissertation, Yale University, 2007: 148-149.

续表

遗址	时代	数量	质地	器型	部位	等级	面积（万平方米）
两城镇	龙山	1	陶	鬶	器足	I	272.49
两城镇	龙山	1	陶	鬶	器足	I	272.49
两城镇	龙山	2	陶	鬶	器足	I	272.49
两城镇	龙山	1	陶	鬶	腹片	I	272.49
两城镇	龙山	2	陶	鬶	器足	I	272.49
两城镇	龙山	3	陶	鬶	把手	I	272.49
两城镇	龙山	1	陶	鬶	口沿	I	272.49
两城镇	龙山	5	陶	鬶	腹片	I	272.49
两城镇	龙山	1	陶	鬶	腹片	I	272.49
两城镇	龙山	1	陶	鬶	口沿	I	272.49
两城镇	龙山	1	陶	器盖		I	272.49
两城镇	龙山	1	陶	鬶	把手	I	272.49
两城镇	龙山	1	陶	鬶	器足	I	272.49
两城镇	龙山	1	陶	鬶	裆部	I	272.49
两城镇	龙山	2	陶	鬶	器足	I	272.49
两城镇	龙山	1	陶	鬶	把手	I	272.49
两城镇	龙山	3	陶	鬶	器足	I	272.49
两城镇	龙山	1	陶	鬶	把手	I	272.49
两城镇-6	龙山	2	陶	鬶	腹片	IV	3.2
两城镇-6	龙山	1	陶	不明	把手	IV	3.2
大曲河	龙山	1	陶	鬶	器足	III	10.1
大土山	龙山	1	陶	鬶	腹片	IV	9.22
马疃	龙山	1	陶	鬶	腹片	IV	7.02
前水车沟	龙山	1	陶	鬶	腹片	IV	5.74
小代疃	龙山	1	陶	鬶	器足	III	21.5
小代疃	龙山	1	陶	鬶	器足	III	21.5
小代疃	龙山	1	陶	鬶	腰部	III	21.5
隋家官庄	龙山	1	陶	鬶	器足	IV	3.44
相家沟	龙山	1	陶	鬶	把手	III	21.32
相家沟	龙山	1	陶	鬶	把手	III	21.32
相家沟	龙山	1	陶	器盖		III	21.32
相家沟	龙山	1	陶	鬶	腹片	III	21.32

三、几种资源和手工业制成品的初步讨论

（一）蛇纹岩

日照1958年成立石棉矿，是当时华东地区唯一的石棉生产企业，在开采石棉时，顺便开采蛇纹岩矿。由于蛇纹石富含大量氧化镁（37%~40%），是优质的炼铁熔剂，受到一些钢厂的青睐。1996年成立了蛇纹石矿，产品主要销往上海宝钢及日本等地市场。娑罗树一带的蛇纹岩引起研究人员的重视始于调查期间，当地一家奇石加工厂利用当地出产的蛇纹岩原石进行加工，经过打磨、抛光等程序，制造出的作品非常精美，引起研究调查人员的兴趣。近年来，随着地方经济文化的发展和玉器收藏的风行，当地又推出了"日照玉""娑罗玉"等口号对利用蛇纹岩制作的一些精美艺术品推行推广。由于娑罗树一带所出蛇纹岩的色泽、质地与鲁东南沿海一带遗址上出土的部分玉石器类似，因此推断可能有部分原料为当地所产。

如图版一二，1所示，娑罗树一带的蛇纹岩资源分布比较广泛，在大旺山与其西南的长山、西山、幽尔崮一带都有分布。自大汶口晚期开始就有人类在此附近活动，调查所发现的前水车沟遗址面积约2.19万平方米，位于龙王河上游一侧的台地上。到了龙山时期，该遗址有所扩大，面积超过5万平方米，并且分布于其周围的遗址迅速增加，形成一个聚落群。一些遗址深入大旺山与长山、西山、幽尔崮之间的谷地，如娑罗树遗址（LS-SLS-1）与后水车沟遗址（LS-HSCG-1）、西山遗址（LS-XS-1）直接靠近蛇纹岩矿藏地，从事石料资源获取与开发的可能性不小。后水车沟遗址面积为0.55万平方米，娑罗树遗址面积约0.32万平方米，西山遗址面积约0.25万平方米，都处在以前水车沟遗址为中心的聚落群的外围。这些遗址的分布状况以及之前调查和发掘所见的部分玉石器，使研究人员相信大汶口和龙山时期这一带石料开采活动的存在。

2007年山东大学对六甲庄遗址进行了发掘。该遗址位于岚山区巨峰镇六甲庄村以西两条小河交汇处、大旺山西北，距离蛇纹岩产地距离较近。所在地形为冲积层，地势隆起，海拔28米。采集陶片包括龙山、岳石与周代、汉代遗存。岳石和龙山陶片尤其丰富，遗址东侧也发现较多龙山和汉代陶片，面积约2.6万平方米。采集石器2件。该遗址的龙山文化灰坑和窖藏出土了部分石刀、石镞等[①]，均与娑罗树一带所产蛇纹岩石料相近，由于其正处在尧王城和蛇纹岩矿的中间地带，研究人员曾推测六甲庄遗址可能与尧王城一带相关石料的获取有关。

为了考察娑罗树一带与尧王城之间的交通，我们生成了由尧王城通往娑罗树一带蛇纹岩产地的最优路径（图版一二，1）。遗址数据以十三年区域系统调查所获资料为准，地理地质与岩石资料参考了《山东地质图》[②]、日照地方志资料[③]、柯杰夫博士论文的一些

---

① 山东大学历史文化学院考古系：《山东日照市六甲庄遗址2007年发掘简报》，《考古》2016年第11期，第11-26页。

② 山东省地质矿产局：《山东省区域地质志》，北京：地质出版社，1991年。

③ 日照市地方史志编纂委员会：《日照市志》，济南：齐鲁书社，1994年；日照市地方史志编委会办公室：《日照市志·日照地理志》日照地方史志办公室内部资料，1987年。

研究成果①，并结合了个人调查所获资料②。从结果来看，通往蛇纹岩产地一带的路径有两条：第一条由尧王城出发南经由西林子头，然后通往前水车沟一带的聚落群；第二条路线由尧王城出发西南向通往刘家沟一带，中间经过六甲庄及其附近的聚落群。从大汶口龙山时期的人进入这一区域的先后顺序来看，很可能自大汶口晚期开始，远古居民就在前水车沟附近活动，龙山时代活动范围拓展到南北两条通道。这或许正是前水车沟和六甲庄附近的聚落群在此选址的原因之一。大汶口晚期的居民首先选择了西林子头至前水车沟一线的通道，很可能与这一时期已存在的南北通道有关。同时，西北部幽尔崮与大旺山之间复杂的地形地貌条件阻碍了大汶口时期人类的进入。

根据前文分析可知，由尧王城出发往南通往前水车沟、安东卫一带，进而通往苏北莒南一带的最优路径均经过西林子头遗址一带，这充分印证了该遗址选址的重要性。西林子头遗址不仅地理位置重要，其地面采集的标本也特别引人注目。该遗址位于大旺山以东靠近海岸的低平地带，距离西林子头村南约100米，北侧紧靠一座水塔和几个水塘，所在地形为冲积层，地势较周围明显隆起，海拔5米。文化面貌以大汶口、龙山、周和汉代为主。该遗址为1934年春王湘、祁延霈调查发现的9处龙山文化遗址之一③。大汶口时期面积约5.6万平方米，为当时的一处二级聚落中心；龙山时期扩张到近20万平方米，但与区域内其他遗址相比，从规模来看它只相当于一处三级聚落。研究人员在调查中发现了龙山时代西林子头地表遗物种类与其规模不相符放入现象。一般来说，不同等级聚落上采集的陶器种类多样化程度不同，大多数遗址可见的陶器种类在8种以下，许多四级聚落甚至只有一、两种④。作为龙山文化三级聚落的西林子头遗址可见的陶器种类多达15种，表明这个遗址所承担的功能并非像其他遗址一样。研究人员认为这暗示着聚落的重要性有时不能仅凭遗址面积来确定，从与尧王城的距离上来讲，该遗址与南部地区其他二级聚落如东海峪（DG-DHY-1）和井沟（LS-JG-3/4）相若，加之其陶器种类的多样化，因此，"可以认为该聚落与其他几个二级聚落在功能上应是相同的"⑤。另外，历次调查过程中在该遗址的地表发现大量的石器成品、半成品及原料⑥，研究人员推测这可能与石器加工、制造有

---

① Cunnar G E. The production and use of stone tools at the Longshan period site of Liangchengzhen, China. Ph.D. Dissertation, Yale University, 2007.

② 区域内玄武岩产地由山东日照远正石子厂王守立先生告知。

③ 梁思永：《龙山文化——中国文明的史前期之一》，《梁思永考古论文集》，北京：科学出版社，1959年。

④ 中美日照地区联合考古队：《鲁东南沿海地区系统考古调查报告》（上），北京：文物出版社，2012年，第308页；方辉等：《鲁东南沿海地区聚落形态变迁与社会复杂化进程研究》，《东方考古》（第4集），北京：科学出版社，2008年，第266页。

⑤ 中美日照地区联合考古队：《鲁东南沿海地区系统考古调查报告》（上），北京：文物出版社，2012年，第308~309页。

⑥ 中美日照地区联合考古队：《鲁东南沿海地区系统考古调查报告》（上），北京：文物出版社，2012年；日照市图书馆、临沂地区文管会：《山东日照龙山文化遗址调查》，《考古》1986年第8期，第680~702页。

关。如此，考虑到西林子头遗址在沟通南北交通线上的重要位置，西林子头可能是大汶口龙山时期不同区域手工业生产原料及其制成品流通的中转站，同时又可能是一个重要的石器加工作坊遗址，来自本地附近以及娑罗树一带的石料在此进行加工，然后输送到各地，特别是以蛇纹岩为原料制作的一些精美玉石器类。从整体来看，尧王城南部蛇纹岩石料的产地、相关遗址的分布状况、最优路径的生成和西林子头遗址的重要性初步说明了本书推断的可能性，但要得出更加确凿的结论和详细的生产、加工和运输状况，还需要相关研究的深入发展和更多的材料来证明。

（二）铜矿来源

研究区域内离尧王城最近的铜矿——高旺庄铜铁矿的分布可能是个巧合，恰好位于西林子头以北，正处在尧王城向南通往苏北和莒南一带的重要通道附近。由于日照境内的另一处铜矿位于调查区域外，相关遗址的分布状况尚不清晰，暂不讨论（图版一二，1）。

尧王城遗址青铜冶炼的矿石是否来源于高旺庄一带，目前尚缺乏明确的证据，相关的实验室工作也进行得比较少。但有些内容是确定的：第一，这是距离尧王城遗址最近的铜矿产地；第二，这里的铜矿出露于地表，作为研究区域内屈指可数的铜矿产地，很容易为当时的居民所发现；第三，该铜矿正位于南北交通的重要通道附近，既有利于早期的居民在资源寻找中发现，也有利于矿石或初步制成品的运输。如果尧王城遗址冶炼的矿料原料来自于当地，高旺庄可能是当时的第一来源地。

（三）玄武岩及其来源

日照的岩石资料以花岗岩最为丰富，丝山、河山、奎山等地山上埋藏十分丰富。除了这些大的山外，一些重要遗址附近的小山，比如两城镇和丹土遗址附近的白石山，亦有着丰富的花岗岩资源。在区域系统调查的过程中，研究人员把丹土遗址发现的一些石器成品、半成品与白石山所产石料对比，发现二者是相同的；研究人员还专门对两城镇以南的驻足岭和西南的白石山做过实际考察，两地仍现存多处采石场。通过将附近遗址中所发现的石器与采石场的石料相比较，发现二者与上述丹土遗址的情况大体一致[①]。这说明对一些制造日常工具所需的石料而言，大多就地取材，或取自附近山上，或捡自遗址附近的河滩附近，河水席卷而来的石料是史前居民石器制作的重要来源之一。

除了日常用具外，遗址中常常会发现一些来自外地输入的原料，特别是被社会上层统治者所拥有和控制的高等级奢侈品，这些珍稀产品在史前社会中扮演了重要的角色，社会上层贵族通过控制此类资源的生产、分配和流通，来实现对社会的组织和控制。远距离输入的奢侈品常常是对外交换或者贸易而来，或者原料输入在本地进行加工，如前文所述柯杰夫对两城镇遗址石器生产及其使用的研究。下文将以两城镇遗址发掘中所见的玄武岩为例对这一稀见原料来源及其通道进行探讨。

从柯杰夫的研究看，玄武岩的应用较为常见，并没有固定于特定的器物种类，锛、

---

① 中美两城地区联合考古队：《山东日照市两城地区的考古调查》，《考古》1997年第4期，第4~6页。

钺、刀、斧等器形皆可见①。他在两城镇遗址周围30千米的范围内进行调查未能确定此类原料的来源地，地质图中距离两城镇80千米范围内也未见标记。实际上，这种石料在夏家庄为中心的聚落群一带即有分布，这也可能是目前所见研究区域内距离两城镇最近的一处（图版一二，2）。据五莲远正石子厂的王守立先生告知，夏家庄聚落群西北的北回头村一带即有玄武岩分布。石料所在地距离王石头遗址（WL-WST-1、WL-WST-3、WL-WST-4）非常近，这与娑罗树一带的遗址分布情况非常相似——原料产地常常位于特定聚落群的外围遗址附近，这为考察龙山时代的聚落选址提供了一个非常有意义的视角。实际上这一带除玄武岩石料外，从地质分布图上可知其附近还有花岗岩、角闪石等的存在。由于北回头村距离潮河主河道较远，两城镇地区的居民从潮河河滩捡到河水冲刷而下的玄武岩石料的可能性不大；此外，柯杰夫沿潮河河滩进行的调查中也未发现此类石料。这说明玄武岩石料远距离运输而来的可能性为大。

由夏家庄一带通往两城镇的最优路径可见，这条通道首先沿着潮河河岸而行，在穿越潮河后沿直线方向通往夏家庄一带。虽然在这条通道的两侧有几个小型遗址的存在，但现有遗址分布情况仍无法确定来自五莲山区的玄武岩和其他石料就是由此通道而来。与此走向相近的是潮河河道及其支流的走向，在史前时期舟船等运输工具已经发明的情况下，通过水路运输的可能性是存在的。潮河及其支流是否适合独木舟的航行以及从夏家庄到两城镇航行所需的时间都需要更多的研究。

综合以上的研究，我们可以看出聚落选址与资源分布及重要通道可能存在的关系。从前文的研究可以知道，史前的聚落选址是尽可能地利用重要通道所带来的交通便利的，如尧王城与前水车沟之间的这条通道，西林子头和其南部的几个小型聚落都分布在通道的附近，这实际上是基于对优势地理地貌条件的利用。前水车沟和夏家庄两个聚落群聚落分布的态势与特殊资源的分布提供了了解史前社会聚落选址的重要视角。在资源较丰富或交换活动比较频繁的地区，如娑罗树、夏家庄，或许还有西林子头一带，往往发展成为一个以区域中心为主的聚落群的存在。这些聚落最初的目的可能着眼于资源的开发，随着社会生产以及交换与贸易活动的发展，地区性的聚落中心逐渐发展起来并开始膨胀。这种区域的聚落发展与资源分布是一种共生的关系。当社会对某种资源的需求消失以后，相关遗址（群）不是迅速衰落便是功能发生变化，这从龙山时代及以后社会发展在这两个区域的表现就可以看出。

（四）白陶的生产与流通

调查中共在18个遗址的57个采集点上发现白陶。器型以陶鬶为主，详细信息如表3-2所示。从遗址分布来看，出土白陶的遗址既有规模较大的一、二级聚落中心，如尧王城和两城镇，也有较小的三、四级聚落，有的面积甚至不足1万平方米，如张家庄子（DG-ZJZZ-2）和皇古墩岭（JN-HGDL-3）面积分别为0.19万平方米和0.25万平方米。总体来看，白陶的出土概率与遗址规模呈正比，规模越大、等级越高的遗址中出土白陶的概率

---

① Cunnar G E. The production and use of stone tools at the Longshan period site of Liangchengzhen, China. Ph.D. Dissertation, Yale University, 2007: 160-161.

越大。有学者对海岱地区出土的白陶器进行了专门研究，认为"白陶主要见于大、中型遗址，多出自大、中型墓葬，具有礼器的性质。白陶的有无和多少是社会分化的指标之一"[①]。包括白陶在内的手工业的生产和传播成为近年学术界关注的重要问题，本书拟利用现有材料对调查区域所见的白陶简单讨论。

由于这批标本中属于大汶口晚期的只有1件，因此本书的讨论以龙山遗物为主。将区域内调查发现的白陶出土地点与生成的龙山时代通道相叠加，得到如图版一三所示的结果。根据前文的统计表和图可见，研究区域内调查所发现的白陶以两城镇及其周边地区最为集中，在所发现的总计73件标本中，两城镇周围遗址共有40件，其中丹土1件、大界牌（DG-DJP-2）1件、相家沟3件（DG-XJG-1）、隋家官庄（DG-SJGZ-1）1件、两城镇-6（DG-LCZ-6）发现3件、两城镇31件，超过总数的一半。以两城镇为中心的白陶集中出土的状况，表明这里很可能存在着一个白陶器的生产与分配中心。

在龙山文化时期，具有礼仪功能的白陶鬶在不同等级的聚落间是如何分配和流通的，目前尚不得而知。一般来说，受统治者重视的奢侈品都掌握在社会上层手中，通过馈赠或者交换等方式逐渐普及到下层聚落。从发现白陶的遗址分布来看，呈现出两个比较明显的特点：第一，几乎所有见到白陶的遗址都分布于研究区域内的重要通道的附近；第二，在出土白陶的小规模遗址中，都位于大型遗址的附近，如皇古墩岭之于西寺、张家庄子之于尧王城、南张家村之于东海峪（图中未标出）、两城镇-6之于两城镇等。根据第一个特点，我们可以观察白陶在区域内不同聚落甚至可能存在的不同政治实体之间的流通状况，从北端的西寺到南部的大土山、西林子头等都可见到白陶的踪影，显而易见两城镇地区存在着一个白陶的生产中心，至于其他区域，现在的资料尚无法确定。但从白陶的发现来看，龙山文化时期可能存在着的以这种器具为主要内容的交换或者贸易活动，当然这种活动主要掌控在较大规模的聚落手中。根据第二个特点我们可以透视奢侈品在某一社会集团内部的流通状况，无论是赏赐、馈赠还是交换都需要更多的材料来进行验证。研究人员将区域内龙山早中期陶器的生产和流通视作将来需要解决的重要课题，他们提出了这样的假设，即陶器中高端产品主要是在主要的和次一级的中心聚落生产和消费。生活在这些中心聚落的精英阶层通过赏赐，将其作为礼品馈赠给周围聚落中的地方首领，以换取他们的效忠和资源供应。通过礼品交换和馈赠巩固个人关系网，是精英管理的一个策略[②]。

由于调查的局限性，研究区域内存在和使用白陶的聚落应当远超目前的发现。相信随着研究的深入和标本数量的增加，对相关问题的探讨会更加深入。

第六节　不同时期交通路线比对及其反映的问题

不同时期的交通路线反映了不同时期区域间的对外联系以及经济活动和人员流通状

[①] 栾丰实：《海岱地区史前白陶初论》，《考古》2010年第4期，第58~70页。

[②] 中美日照地区联合考古队：《鲁东南沿海地区系统考古调查报告》（上），北京：文物出版社，2012年，第326页。

况。本节将在前文所生成的鲁东南沿海区域内交通路径的基础上，结合康熙年间彩绘本《山东舆图》[①]和相关学者的研究以及现代日照区域交通图[②]进行分析，探讨不同时期对最优路径的利用状况以及聚落选址上的变化。

根据《山东舆图》和相关学者的研究，我们复原了前工业社会时期本研究区域内的交通路线情况（图3-9）。由于清初地图绘制的水平较低以及当时的人们对自然地理知识的不完全掌握，原图中所示的山势走向、河流分布等与现代地图差别较大。这些误差的存在使得我们无法进行较为准确的配准工作并将其导入地理信息系统软件进行叠加分析，只能凭借简单对比进行。

明清时期，涛雒地区工商业尤其是盐业发达，凭借着发达的盐业以及由此所带动起来的轮船行、银行、土特产业、百货和中、西医药业发展迅速，涛雒地区成为日照南部的商业重镇，南部区域的地理地貌状况决定了这一区域的交通呈放射状分布。结合《山东舆图》与相关学者研究，研究区域内清代时期共存在"一纵三横"四条主要交通路线。

第一条为纵贯南北的交通线，以两城镇和涛雒为界可以分为三段。两城镇与涛雒之间的交通路线由两城镇出发，经茶鲁口、日照通往涛雒一带。从走向来看，这一段与汉代时期的交通网络大体接近；由两城镇往北的路线有两条，由两城镇往东出发沿海岸地带通往胶州的主干道大致与汉代时期由两城镇通往琅琊台一带方向的路线接近，但并非完全一致；两城镇往北出发，虚线所示的经过牛厂一带通往北部区域的路线与龙山文化两城镇—甲旺墩—凤墩村—西寺一线基本吻合。涛雒以南的路线与此类似，分两条路线分别进入苏北和莒南境内。通往苏北一线与龙山时期就已经存在的沿海岸地带的路线大体接近；通往莒南坪上的路线，利用了尧王城达到刘家沟一带的通道。

三条横向交通线主要负责日照境内与莒县、临沂一带的交通往来。自北往南分别为石臼—莒县、贾仓—莒县、岚山头—莒南。前面两条主要利用了小代疃一带通往莒县一带的通道，这条通道至少在大汶口龙山文化时期已经为当时的居民所利用；第三条路线形成较晚，且部分位于调查区域以外，具体发展情况现在不十分明了。

总体上来看，虽然不同时期社会发展背景之下的聚落分布状况有所不同，但清代交通路线的走势与该区域内史前至汉代的发展趋势是一致的，早期主要着眼于优势地理条件的利用，到了东周秦汉时期，随着社会的逐渐发展，来自于当时的政治、经济活动的因素增强，郡县制的推行和政府控制之下的有意识的规划逐渐占据主导。

将现代交通与龙山时代聚落分布和最优路径叠加，得到如图版一四，1所示结果。两者相比较既有相似之处，又存在着较大的差别。这一时期虽然许多重要遗址如两城镇、尧王城、黄家河等大型聚落遗址以及大量中小型聚落沿204国道或同三高速沿线分布的迹象十分明显，沟通主要聚落间的最优路径如两城镇到达南部尧王城、东海峪通往莒县一带的交通路线与现代204国道、同三高速和日东高速等交通干线的走向基本一致，尤其是204国

[①] 国家图书馆藏：《山东舆图》，1933年据清彩绘本摄制。原图约绘于雍正十二年（1734年）前，系康熙《皇舆全揽图》后采用传统形象画法绘制的一副较精细的山东地图。

[②] 李春茂：《日照古道浅议》，《日照考古录》，北京：中国文史出版社，2010年，第148～149页；尚良：《山东省地图册》，济南：山东省地图出版社，2010年，第110页。

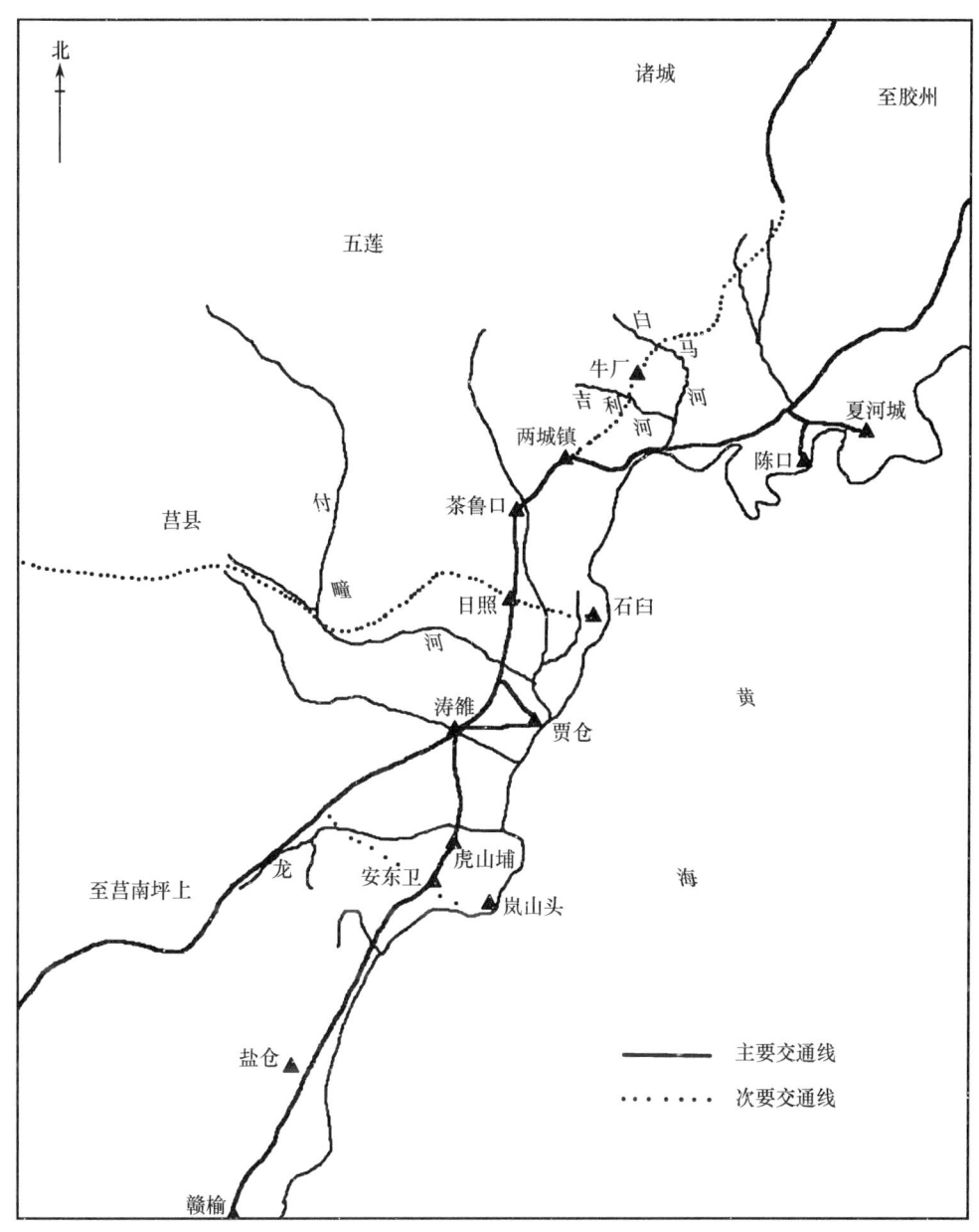

图3-9 清代交通示意图

道相家沟—苏家村—东王家村一线与龙山时代的海岸交通网络更是十分接近，这从一定程度上说明了地理地貌因素是三、四千年前聚落选址与沟通网络的重要考虑因素。但总体来看，整个龙山文化与现代社会的交通网络之间的差别还是比较大的，尤其是在两城镇以北的地区，诸如甲旺墩、凤墩村、西寺等龙山时代的大中型聚落群的中心已经远离现代交通路线，龙山时代通往夏家庄、前水车沟等重要资源产地遗址群的通道现今已经退出区域沟通主干道的行列。现代交通规划着眼于更广阔区域内的资源优化配置和人群流动，与龙山时代社会相比，这种区别是显而易见的。虽然我们对研究区域内龙山时代的社会政治状态尚缺乏深入、全面的了解，鲁东南地区的系统调查已经初步显现出了两城镇和尧王城两个流域盆地内区域政权存在的状况。龙山时代基于较小范围的资源配置和流通考虑之下的聚落选址和交通设计与现代社会日渐扩大的地区交换网络不同，以西寺为中心包括凤墩村、张家大庄等聚落选址可能主要服务于本区域政权组织内部资源流通和人员往来，这也说明了社会政治经济发展对聚落选址和资源流通的影响。

借助于现代交通路线图，我们还可以对古代社会不同聚落间可能存在的交通路线进行校正，如两城镇通往尧王城一带的沿海路线，由于研究方法及参数设置的局限性，最优路径的生成总是倾向于地势最优越的通道连接线。在对古今区域地貌环境因素了解相对较少的条件下，借助于现代交通线的走向，我们可以将生成的路线进行比对。通过比较两城镇与苏家村之间的最优路径与220省道的走向来看，这一小区域内的沟通，可能以220省道一线更为接近龙山时代的原貌。但这只是基于聚落分布的推测，在目前的条件下，要想恢复史前社会的交通路线，无疑是十分困难的。

第七节　河流水文、最优路径与聚落选址

对于史前时期的聚落选址而言，河流水道的重要性不言而喻，它不仅能够为古代居民生产生活提供所必需的水源条件，还能起到一定的防御和阻隔作用。更重要的是，在交通工具和交通设施相对落后的史前社会，河流水道及其沿岸区域既是不同时期的居民借以获取各种资源的重要区域（包括食物资源和原料资源如石器木材等），又是物品输送和交换贸易活动得以进行的重要途径。调查人员根据鲁东南沿海一带的区域系统调查材料，对河流与聚落的关系进行了初步探讨。研究者认为，在龙山阶段，小型聚落多位于小型河流两岸，而大型中心则靠近主要河流及较大的支流。在西周与东周时期，随着多种环境区域资源开发能力的增强，起着资源中转作用的聚落中心陆续出线，河流不再是古代居民获取资源依赖的基础[①]。其他一些区域的研究也显示了河流水文在早期文明发展中的重要作用。一些学者在地理信息系统的支持下通过将调查中发现的聚落遗址与河流水文等因素相叠加，发现不同时期尤其是史前的聚落遗址沿河流分布的趋势十分明显[②]。鲁东南沿海地区系统调查尤其是龙山时代的发现也证明了这一点，以两城镇为例，该遗址坐落在区域内的主要河流及其支流的交汇地带，其他的大部分二级中心或位于主要河流，或者在其支流之上，显示出"作为主要中心的两城镇聚落既易于吸纳周围聚落的人力和物资资源，也便于

---

① 中美日照地区联合考古队：《鲁东南沿海地区系统考古调查报告》（上），北京：文物出版社，2012年，第317~318页。

② 刘建国：《GIS支持的聚落考古研究》，中国地质大学（北京）博士学位论文，2007年，第49-50页；夏慧君：《基于GIS的历史文化遗址空间分布特征研究》，西安建筑科技大学硕士学位论文，2010年，第42~43页。

向他们供应某些物质"①。史前时期舟船等工具的广泛使用已经为现代考古发现所证实，这不仅表现在南方地区水渠纵横的河姆渡地区②，甚至在仰韶文化密集分布的中国内陆地区，以舟船为基本造型的陶器亦有所见③。胶东半岛沿岸新石器时代独木舟的发现，表明这个时期在山东沿海地带舟船工具已经被当时的人所使用④。山东半岛史前地层中所出土的独木舟⑤及木桨⑥说明了当时的人们对水上交通工具的运用。先秦时期其他地区出土的舟船有关的遗迹遗物亦不在少数⑦。有学者根据舟船的出土情况就史前时期山东半岛与辽东半岛及朝鲜半岛的海上交流情况进行了探讨⑧，也有学者对中国东南沿海地区的史前交通工具进行了讨论⑨。鲁东南沿海一带史前遗址虽然尚未发现有舟船等水上交通工具的出土，但就该区域高度发达的史前社会以及沟通东、西、南、北不同区域间的交流网络来看，推测这一时期舟船工具的出现和使用当无疑义。

河流水道与最优路径的关系非常密切。鲁东南沿海一带西部依山、东侧面海的地理地貌特征决定了区域内的河流走向大致以东西流向为主。通过将龙山时代的重要通道与主要河流相叠加可见（图版一四，2），一些路径的生成与河流水道的走向是一致的，说明当时的居民在聚落选址时对有利地理条件的利用，也充分证明了河流水道在史前交流网络中的作用。比较明显的有前水车沟到尧王城的通道、小代疃通往莒县一带的通道、两城镇通往夏家庄一带的通道、南张家庄通往两城镇一带的通道与两城镇、尧王城之间的直线通道等。连接尧王城与前水车沟南半部的通道主要利用了龙王河河道两侧的低平地带；小代疃通往莒县一带的通道利用了傅疃河河道；两城镇通往夏家庄一带的河道主要利用了潮河及其支流；南张家庄通往两城镇的最优路径则部分利用了吉利河及其支流；两城镇与尧王城之间的通道则主要利用了潮河的支流金银河、傅疃河的支流姑子河。

以上的讨论还只是推测，史前河流在古代居民的沟通网络中究竟发挥了怎样的角色有

---

① 方辉等：《鲁东南沿海地区聚落形态变迁与社会复杂化进程研究》，《东方考古》（第4集），北京：科学出版社，2008年，第266页。

② 河姆渡遗址曾出土8件用整块厚木板加工成的木桨。见浙江省文物考古研究所：《河姆渡：新石器时代遗址考古发掘报告》（上），北京：文物出版社，2003年，第139页。

③ 该遗址出土的网纹彩陶船形壶，有学者认为是史前船的模型。见中国社会科学院考古研究所：《宝鸡北首岭》，北京：文物出版社，1983年，第100、103页。

④ 王永波：《山东半岛发现的古代独木舟》，《考古与文物》1987年第5期。

⑤ 王永波：《山东半岛发现的古代独木舟》，《考古与文物》1987年第5期。

⑥ 蔡玉臻：《登州古港早期的港航活动》，"走近徐福"网站，http://www.wansongpu.cn/xufu/xf-cknews.asp?id=181，2010年11月27日。

⑦ 河姆渡、钱三漾等遗址出土的木桨；北首岭遗址出土的船形陶壶；商代甲古文中的象形文字；奄城出的独木舟；战国青铜器上所见的"水路攻占"场景等。

⑧ 蔡玉臻：《登州古港早期的港航活动》，"走近徐福"网站，http://www.wansongpu.cn/xufu/xf-cknews.asp?id=181，2010年11月27日；王锡平：《胶东考古研究文集》，济南：齐鲁书社，2004年；王赛时：《山东海疆文化研究》，济南：齐鲁书社，2006年。

⑨ 吴春明：《中国东南与太平洋的史前交通工具》，《南方文物》2008年第2期，第99~108页。

待于继续深入讨论。通过河流水道进行资源的输送并非一定需要舟船工具,尤其是对于自身重力较小的材料如木材而言。后期我们将会利用地理信息系统软件和研究区域内的河流水文数据,对研究区域内史前舟船的使用进行探讨。

第八节 相关问题的讨论

地理信息系统支持的考古学空间研究的长处在于其对考古地理信息数据的利用以及在此基础上的空间分布及其他相关问题的探讨。由于考古学研究对象的特殊性,在利用最优路径进行分析时首先面临着古今环境的变迁以及成本因素的确定问题。一般来说,影响古代人类聚落选址和交通路径选择的因素除了自然地理方面的限制外,还会受到一些社会因素的影响,特别是社会组织和社会结构发展到比较高的水平时,来自政治、经济、社会等方面的影响因素会越来越重要。随着社会发展水平的提高和人类适应自然能力的增强,这种趋势会表现得越来越明显。研究区域内这一因素的凸显是在东周时期,正与中国古代社会发展进程相一致。由王国阶段到帝国阶段的转换完成,在聚落选址和聚落变迁等方面也可见到一些端倪。

在理想情况下,我们可以对各种影响要素进行充分讨论,如研究区域内的地形地貌状况及其变化、土地利用类型、地表植被分布情况、集水区域等,所有这些都被视作通过某个区域所必须要克服的"阻力",有学者将上述几种参数的综合称之为阻力面(friction surface)[①]。通常情况下,坡度越小、地表植被越稀薄、河流水系越平缓越有利于人类的通行,而悬崖峭壁、大江大河、坡度过大、地表植被茂密的区域往往不易于通行。在各种因素的构成中,地形地貌状况是影响古代人类资源开发和利用的最大因素,越在人类社会发展初期,这种自然地理因素的影响可能越明显。

影响成本估算的因素是多方面的,如本书所采用坡度数据所代表的地形指标;大的河流、湖泊、沼泽地等也是影响不同区域之间的居民沟通的重要内容。植被数据如密布的森林、草原等也可能成为古代人类交流与沟通的障碍。坡度、地表起伏度、集水区域等地形地貌数据可以利用数字高程模型计算得出,地表植被情况可以通过数据采集和古环境重建来进行模拟。但就现阶段的考古学研究而言,由于出土资料的不完整性和对古环境重建的程度不同,在具体的研究中通常会面临一些比较棘手的问题。这主要表现在不同时期地形地貌的变迁问题,诸如重要的海岸线变化、河流改道、湖泊变迁以及近现代大型水利工程等的修建等。另外,古今地表植被的不同也在一定程度上影响着古代人类交通路径的选择。古今不同时期的地表植被变迁是十分显著的,以现代社会与清代地方志资料的记载为例,我们对研究区域内的情况做简单分析。现代的日照地区为低山丘陵的地貌类型所形成的林草植被景观,属暖温带落叶阔叶林区。主要以松类、麻栎混交林、矮林和阔叶杂木林

---

① Thomas G W, Lacey M H. Using A Geographic Information Systems(GIS) Approach to Extract Prehistoric and Historic Period Travel Corridors Across a Portion of North Georgia, Southeastern Archaeology, 2003, 22(1): 84-86.

构成的天然次生林植被约占全区面积的19.6%；以黄被草、野古草、胡枝子、百里香、狗尾草、马唐等构成的山丘稀树灌草丛类和山丘农林隙地类草场植被约占全区的21.2%，天然植被已经逐步为人工植被所取代[1]。清代地方志文献中记载的一些作物类型现在已经很少种植甚至绝迹。据清修《日照县志》载，时日照境内的粮食作物既有旱田作物黍、稷、粱、高粱、小麦、荞麦和各种豆类，也有水旱皆宜的稻类，其中黍、稷、稻、粱等是主要的作物类型[2]。1949年后随着农业生产的发展和经济结构的调整，农作物主要种植种类和结构发生明显变化。根据1981年的农业调查数字，仅小麦、玉米、地瓜三种作物的种植面积便占到全部粮食种植面积的84.7%，其中小麦即占41.9%，其他传统作物类型谷子、大豆、高粱三者相加不及5%[3]。这只是有据可考的变化，其他像林地草场等分布的变化以及不同区域的地表植被情况更是无法获知。这只是近现代环境气候差别不大的情况下的表现，三、四千年之前的差别可能更为显著。如前文第一章第三节所述，学者对本研究区域内的古环境状况以及史前动植物资源与地表植被状况进行了初步探讨，但显然目前的研究水平尚无法利用地理信息系统软件进行量化和加权赋值研究。更加准确的分析，只有随着相关学科研究的进展一起进行。

小　　结

本章探讨了最优路径的分析方法，并在地理信息系统软件的支持下生成了连接调查区域内部重要遗址之间以及内部通往外部重要区域的通道，并将其与聚落选址结合讨论了史前至汉代不同时期的变化特点及其背景和原因。通过对不同时期聚落分布与重要通道之间的关系进行比较，来观察聚落选址的考量因素，在此基础上进而尝试探讨当时社会的沟通网络，以窥察古代社会的社会组织和社会结构。最后尝试对龙山时期蛇纹岩、玄武岩等资源的获取和流通途径进行简要探讨。

通过分析，连接本区域与外部的东西通道有3条，自北向南依次为南张家庄向西通往呈子一带的通道、向东通往坡里和琅琊台一带的通道；小代疃通往莒县陵阳河一带的通道；大土山（刘家沟）一带通往莒南临沂一带的通道。纵贯南北的通道向北可以进入胶州、青岛、诸城等地；向南连接苏北莒南一带。这些通道在不同的时期扮演着不同的角色。

本章重点是第四节对研究区域内部大汶口时期到汉代聚落选址与重要通道之间关系的变化特点及其成因分析，以及在此基础上尝试进行的资源与产品获取与流通的探讨。大汶口晚期区域内两城镇与尧王城之间的沟通更多地利用了连接苏家村、冯家沟和东海峪一线

---

[1] 日照市地方史志编纂委员会编：《日照市志》，济南：齐鲁书社，1994年，第85页。

[2] （清）陈懋修、张庭诗纂：《日照县志》，成文出版社有限公司据清光绪二十年刊本影印，第124~131页。

[3] 日照县农业区划办公室：《日照县农业资源调查和农业区划报告》，日照市内部资料，1985年，第17~18页。

的海岸通道，从遗址的分布状况来看，丝山与河山之间的通道可能并未得到充分地利用。进入龙山时期后，这种状况发生变化，通过丝山与河山之间连接尧王城与两城镇的通道在南北沟通中开始发挥重要的作用。在北部区域，两城镇遗址的崛起并没有改变大汶口晚期所形成的由丹土东北部通往甲旺墩、凤墩村、西寺一带的路线，这对于探讨龙山时期的区域中心由丹土转移到两城镇一带的交通原因有重要意义。此外，这一时期在南部和北部区域新增加的两条通道都与资源的获取有特殊的关系：南部地区对通往前水车沟一带通道的形成和强化最初可能主要着眼于蛇纹岩及其他资源；北部地区两城镇至夏家庄一带通道的发展可能与获取五莲山区的丰富石料资源有关。

岳石数量虽然较少，但大都分布于重要通道的附近地区，这一时期的沟通和交流可能仅仅局限在几个区域形成的小型聚落群之间。商文化遗址主要分布于地势较高的近山麓地带，虽然发现遗址的数量较少，但呈现出明显的沿两城镇与尧王城之间通过丝山与河山通道西侧分布的迹象。另外，沿潮河两侧分布的遗址也较多。

西周时期辛留、前竹村、苗家村等的兴起可能说明区域内政体的重新整合。这一时期沟通区域外东西方向的通道似乎不再受重视，取而代之的则是南北通道的强调。绝大部分的一、二、三级聚落中心都分布于南北通道的两侧，说明这一时期的聚落选址对交通因素的重视，也可能是当时社会或行政整合的结果。此外，前竹村与大桃园大型遗址扼守丝山与河山通道的分布状况反映了这一时期紧张的政治态势，这可能与该时期与调查区域外东西向沟通不发达的原因一致。东周时期的聚落分布与沟通格局开始发生变化，初步奠定调查区域内汉代社会发展的基础。

汉代聚落分布与沟通网络发生显著变化。这一时期的聚落选址的一个重要特点便是聚落分布不再总是与最优路径相对一致，虽然高等级聚落中心尤其是一级聚落中心仍分布于重要通道区域，这可能说明了由地貌因素所决定的最优路径不再是汉代时期聚落选址的首要考虑因素。最突出的表现在对丝山与河山之间通道的完全放弃上，随着大古城的崛起，程子沟、大桃园、后山前、黄家河一线沟通网络的发展表明这一时期沟通尧王城与两城镇之间的传统通道已发生重大改变。新的区域中心不断兴起和区域间联系的加强是政府主导下的行政布局重新整合的结果。琅琊台一带的迅速崛起影响了调查区域内的整个聚落布局状况，也改变了两城镇丹土一带与西寺区域的沟通路线。这是两城镇以北地区主要南北沟通渠道首次接近于现代交通路线。

利用生成通道和龙山时期的遗址分布状况，本书对蛇纹岩等资源的获取和流通等进行了初步讨论。根据目前的研究，娑罗树一带的蛇纹岩资源，在大汶口晚期主要是通过西林子头一线的通道流往尧王城进而到达两城镇地区的，到龙山时期则形成了尧王城至西林子头和尧王城至刘家沟两条路线。从玄武岩等两城镇地区外来石料的分布位置以及河流与最优路径的生成来看，夏家庄一带深入山区的遗址很可能与资源的获取有关，但到两城镇的流通途径，是通过陆路还是水路，还是两者兼有，有待将来的继续研究。

第四章　从丹土到两城镇

——地理信息系统支持下的技术经济角度的考察

第一节　概　　述

两城镇与丹土遗址同为研究区域内北部以两城镇为中心的聚落群的两个重要遗址，最短直线距离约4千米。除了史前城址的发现外[①]，在历年的调查、发掘以及工农业生产活动中，两个遗址都出土了大量的遗迹和遗物资料[②]，尤其是反映当时社会复杂化程度和手工业生产发展水平的高等级玉石器、陶器等礼器类产品[③]及其专业化生产活动的存

---

① 刘延常、王学良：《五莲县丹土大汶口文化、龙山文化城址和东周墓葬》，《中国考古学年鉴2001》，北京：文物出版社，2002年，第182~184页；山东省文物考古研究所：《五莲丹土发现大汶口文化城址》，《中国文物报》2001年1月17日第一版（总第0877期）；于海广：《山东日照两城镇遗址龙山文化围城遗迹的发掘和发现》，《东方考古》（第5集），北京：科学出版社，2008年，第74~79页。

② 杨波：《山东五莲县丹土遗址出土玉器》，《故宫文物月刊》1996年第2期；刘燿：《山东日照两城镇附近史前遗址》，《两城镇遗址研究》，北京：文物出版社，2009年，第1~24页；山东省文物管理处：《日照县两城镇等七个遗址初步勘查》，《两城镇遗址研究》，北京：文物出版社，2009年，第25~43页。原文刊发于山东省文物管理处：《日照县两城镇等七个遗址初步勘查》，《文物参考资料》1955年第12期；刘敦愿：《日照两城镇龙山文化遗址调查》，《考古学报》1958年第1期，第25~42页；刘敦愿：《山东五莲、即墨县两处龙山文化遗址的调查》，《考古通讯》1958年第4期，第14~22页；栾丰实主编：《两城镇遗址研究》，北京：文物出版社，2009年；刘延常、王学良：《五莲县丹土大汶口文化、龙山文化城址和东周墓葬》，《中国考古学年鉴2001》，北京：文物出版社，2002年，第182~184页；山东省文物考古研究所：《五莲丹土发现大汶口文化城址》，《中国文物报》2001年1月17日第一版（总第0877期）；中美两城地区联合考古队：《山东日照市两城镇遗址1998-2001年发掘简报》，《考古》2004年第9期，第7~18页；栾丰实主编：《两城镇遗址研究》，北京：文物出版社，2009年；刘敦愿：《有关两城镇玉坑玉器的资料》，《考古》1988年第2期，第121~123页；栾丰实主编：《两城镇遗址研究》，北京：文物出版社，2009年；刘敦愿：《记两城镇遗址发现的两件石器》，《考古》1972年第4期，第56~57页；栾丰实主编：《两城镇遗址研究》，北京：文物出版社，2009年。

③ 对山东龙山文化礼器的界定与研究见肖凤春：《山东龙山文化礼器研究》，南京航空航天大学硕士学位论文，2007年。

在①，表明两者在鲁东南沿海一带史前社会发展进程中都曾扮演了重要角色。两城镇1936年的发掘材料成为20世纪考古学家了解龙山文化与中国古史发展的重要资料，高广仁称两城镇遗址的发掘"是中国文明起源与形成研究中不可或缺的史源"②，生活·读书·新知三联书店根据牛津大学讲座教授杰弗里·巴勒克拉夫主编的《泰晤士世界历史地图集》一书翻译而来的《世界史便览：公元前9000年——公元1975年的世界》一书所载《世界史大事年表》将其视为公元前3500年"中国最早的城市"③。丹土遗址以其所出土的代表海岱地区最高水平的玉器和颇具规模的大汶口、龙山城址的发现而确立了其在鲁东南一带史前文化中的重要地位。

对丹土和两城镇这两座距离如此之近且地位如此重要的遗址之间关系问题，自20世纪30年代发现不久便一直为学术界所重视。在1957年5月丹土遗址的调查中，"两者有无异同"成为刘敦愿等学者"深所关心的问题""也是大家感兴趣的问题"④。在20世纪晚期丹土遗址和两城镇遗址较大规模调查和发掘之前，根据遗址零星出土的材料和地面调查所获得的资料，学者多将其年代定为龙山时期。随着遗址发掘的进展和研究的深入，对两个遗址文化内涵的认识也在不断深化。20世纪90年代以来，山东省文物考古研究所在鲁东南一带开展了一系列考古发掘工作，随着发掘工作的进展，在一些原先被认定为龙山文化的遗址中都发现了大汶口文化晚期的遗存，如五莲丹土、董家营，胶南河头，胶州赵家庄，诸城薛家庄以及尧王城遗址等⑤，这种新变化使得学者对相关遗址的年代及其他相关问题进行重新思考。在1995年开始进行的中美合作区域系统调查过程中，根据同时期丹土遗址的发掘状况，研究人员结合调查资料对丹土与两城镇遗址的关系进行了推测。他们曾假定"丹土的城址时代较早，两城镇作为中心遗址的时代较晚"，但鉴于龙山早期的陶片在遗址地面广泛发现的事实，以及试掘中所发现的夯土堆积和随葬有蛋壳陶高柄杯的龙山早期高等级墓葬的发现，研究人员倾向于认为"两城镇与丹土（在龙山文化时期）很可能是同时并存的"⑥。此后不久，燕生东以丹土和两城镇遗址出土玉器为切入点对这两个遗址的玉器及其聚落关系进行了探讨，他认为丹土遗址所出土玉器的年代大部分属于大汶口晚期后段，部分属于龙山文化初期；两城镇玉器多属于龙山文化中期，丹土与两城镇玉器的关

---

① Cunnar G E. The production and use of stone tools at the Longshan period site of Liangchengzhen, China. Ph.D. Dissertation, Yale University, 2007；张小雷：《两城镇遗址龙山文化陶器的生产及相关问题初步研究》，山东大学硕士学位论文，2008年。

② 高广仁：《山东日照两城镇的发掘及其学术价值》，《东南文化》2000年第3期，第26~27页。

③ 《泰晤士世界历史地图集》中文版翻译组：《世界史便览：公元前9000年—公元1975年的世界》，北京：生活·读书·新知三联书店，1983年，第4页。

④ 刘敦愿：《山东五莲、即墨县两处龙山文化遗址的调查》，《考古通讯》1958年第4期，第14~22页；栾丰实主编：《两城镇遗址研究》，北京：文物出版社，2009年。

⑤ 燕生东：《丹土与两城镇玉器研究——兼论海岱地区史前玉器的几个问题》，《东方考古》（第3集），北京：科学出版社，2006年，第118页。

⑥ 栾丰实：《日照地区大汶口、龙山文化聚落形态之研究》，《中国考古学跨世纪的回顾与前瞻》，北京：科学出版社，2000年，第241页。

系不是同时代关系，而是前后传承关系。基于此，他认为作为聚落中心功能的丹土遗址只是在大汶口文化晚期后段和龙山文化初期，自龙山文化早期偏晚到中期，两城镇在该区域才具有聚落中心的性质[①]。

从现有的材料和研究状况来看，丹土与两城镇遗址都经历了较长时期的发展过程。丹土遗址自大汶口晚期开始兴起，从系统调查所观察的整个研究区域内的聚落形态以及丹土遗址的重点发掘和历年出土的高等级精美玉器来看，大汶口晚期的丹土遗址无疑是当时该区域北部的中心性聚落遗址。这一时期丹土遗址地面陶片的分布面积达到13.98万平方米，发掘者公布的丹土遗址大汶口晚期的城内面积亦达到9.5万平方米[②]。最近十几年，两城镇遗址范围的调查和发掘中尚无大汶口晚期遗存发现，当然这并不能完全否认龙山文化层下大汶口晚期遗存的可能存在。高广仁在对南京博物馆所藏1936年出土器物观察时，根据出土的陶鼎等器物的器形特征，认为"两城镇遗址有早到大汶口文化晚期的遗存"[③]。从目前的情况来看，大汶口晚期文化遗存即使存在，其规模可能不会很大。进入龙山时期，两个遗址的情况开始发生变化，龙山早期两城镇遗址地面陶片的分布范围就已经超过丹土遗址；进入龙山中期，这种差距进一步扩大——根据全覆盖式调查的资料，龙山中期两城镇遗址地面陶片的分布面积达到丹土遗址的两倍以上，此时二者的面积分别为272.49万平方米和130.68万平方米。考虑到近现代农业生产活动对地面陶片的搬运，我们以考古钻探和发掘工作所确定的遗址面积比较，二者的差距也是明显的。研究人员对两城镇遗址的围城遗迹进行了长期的钻探与解剖，确定了龙山文化的三重围壕的存在（图版一五）。以钻探和试掘所确定的外围壕为界，两城镇遗址龙山文化的分布面积也达到80万平方米，其最小的内圈围壕面积也超过20万平方米[④]。研究人员公布的丹土遗址龙山文化早期城与中期城的面积分别为11万和18万平方米左右[⑤]，远较两城镇龙山城面积要小。当然遗址规模与遗址面积不是衡量其地位与重要性的唯一因素，但在其他条件一定的情况下，这种差别还是能够从一定程度上反映出当时社会发展的实际的。

从大汶口文化晚期发展到龙山文化早中期，可以清楚地看到丹土遗址与两城镇遗址间在聚落规模等方面存在的此消彼长的变化。实际上这种变化不仅仅存在于这两个遗址间——区域内整个龙山文化的聚落数量与规模均比大汶口晚期有了较大的发展：一方面遗址数量由大汶口晚期的29处剧增到龙山文化的546处，其中能够确定的龙山早期遗址也达

---

① 燕生东：《丹土与两城镇玉器研究——兼论海岱地区史前玉器的几个问题》，《东方考古》（第3集），北京：科学出版社，2006年，第87~124页。

② 刘延常、王学良：《五莲县丹土大汶口文化、龙山文化城址和东周墓葬》，《中国考古学年鉴2001》，北京：文物出版社，2002年，第182~184页。

③ 高广仁：《山东日照两城镇的发掘及其学术价值》，《东南文化》2000年第3期，第28~29页。

④ 于海广：《山东日照两城镇遗址龙山文化围城遗迹的发现和发掘》，《东方考古》（第5集），北京：科学出版社，2008年，第75页；中美两地区联合考古队：《山东日照两城镇遗址1998-2001年发掘简报》，《考古》2004年第9期，第11页。

⑤ 刘延常、王学良：《五莲县丹土大汶口文化、龙山文化城址和东周墓葬》，《中国考古学年鉴2001》，北京：文物出版社，2002年，第183页。

到180处，表明龙山文化的遗址数量和分布范围迅速的拓展；另一方面单个遗址的规模相比大汶口晚期也有明显增加。从公布的龙山文化遗址分布图上我们可以看到，龙山文化早期之后丹土遗址在规模上变化不大，与之形成明显对比的则是两城镇遗址自龙山早期至中期呈现出持续发展的状态[①]。作为两个既有先后又曾经共存一段时间且距离如此之近的遗址，这两个遗址之间的关系到底如何？在遗址规模和社会发展方面后来居上的两城镇遗址又是怎样发展起来的？到底是什么样的因素在角色转换中发挥着这种作用？

如果我们将目光放长远一点，便会发现两城镇在龙山时期的崛起并不是偶然的，而是同当时社会发展背景、当地自然地理条件等有着密切的关系。而当其所处的自然与社会环境发生改变之后，两城镇遗址的衰落也就成为不可避免的。正如调查报告所指出的，"在史前以至文明时代之初，一个地区经济文化的发展可以造就出像两城镇那样颇具规模的地区中心，但是在竞争日趋激烈的情况下，由于战争兼并，那些占据有力地理条件的地区中心日渐强盛……两城镇地区由于偏处一隅……它虽能在一定的时期维持相当程度的强盛和繁荣，但最终却不得不在文明中心大分化的过程中衰退下来"[②]。

一些学者根据海洋资源获取和交通因素推测龙山文化区域中心由丹土转移到两城镇的原因[③]。刘莉等认为在中国早期国家发展阶段，"政治中心从周边地区掠取重要自然资源的战略改变，往往影响人口的移动和城市的兴衰"[④]。许多学者对早期社会复杂化的动力机制进行了研究。弗兰纳里将社会环境的选择压力视作促进社会复杂化发展的主要原因，这种压力主要表现在人口的增长、战争因素、农业生产的发展和交换等方面[⑤]。人口的增加导致土地和资源的相对短缺和竞争的加强，生产资源的压力客观需要社会上层控制下的再分配机制进行协调。卡内罗提出了社会进化的人口压力模式，强调人口规模与土地载能之间的矛盾以及由此所造成的移民现象或者群体间的冲突和战争的出现[⑥]。

本章将从聚落选址的角度出发，在地理信息系统软件的支持下，以丹土与两城镇这两个重要遗址为个案进行探讨，对大汶口晚期至龙山文化丹土与两城镇地区的自然环境因素、交通因素、农业生产发展的适宜性等方面进行探讨，以明晰影响这种迁移的可能因素。

[①] 方辉等：《鲁东南沿海地区聚落形态变迁与社会复杂化进程研究》，《东方考古》（第4集），北京：科学出版社，2008年，第262~263页。

[②] 中美两城地区联合考古队：《山东日照两城地区的考古调查》，《考古》1997年第4期，第5页。

[③] 栾丰实：《日照地区大汶口、龙山文化聚落形态之研究》，《中国考古学跨世纪的回顾与前瞻》，北京：科学出版社，2000年，第241页；〔澳〕刘莉著，陈星灿等译：《中国新石器时代——迈向早期国家之路》，北京：文物出版社，2007年，第184页。

[④] 〔澳〕刘莉、陈星灿：《城：夏商时期对自然资源的控制问题》，《东南文化》2000年第3期，第47页。

[⑤] Flnnery K V. The cultural evolution of civilization. Annual Review of Ecology and Systematics, 1972(3): 399-426. 转引自郑建明：《环境、适应与社会复杂化》，上海：上海世纪出版集团，2008年，第122页。

[⑥] Carneiro R L. A theory of the origin of the state. Science, 1970, 169(3947): 733-738. 转引自郑建明：《环境、适应与社会复杂化》，上海：上海世纪出版集团，2008年，第123页。

第二节　丹土与两城镇遗址的发现和研究历程

根据现有材料，我们对丹土和两城镇遗址的研究简史进行了梳理。大体来看，对丹土与两城镇遗址的研究大体经过了三个阶段，这三个阶段与现代中国考古学研究的发展进程是一脉相承的。

一、中华文化的探源与20世纪30年代史语所在鲁东南一带的调查和发掘工作

丹土与两城镇遗址发现于20世纪30年代中央研究院历史语言研究所在鲁东南沿海一带的调查[①]，后于1936年在梁思永、祁延霈、刘燿等学者的主持下，在两城镇遗址的瓦屋村和大孤堆东南一带进行发掘，共揭露墓葬50余座，出土具有明显地域特色的陶器一批[②]，成为学术界了解和研究山东龙山文化的重要资料，后经尹达（刘燿）、梁思永、李济等学者的转述和阐发而引起学术界的重视和广泛关注。1930年代的调查和发掘是在现代中国考古学诞生的大背景下，伴随着殷墟遗址和城子崖遗址等地发掘的进展，国内学术界为探索中华文化的起源发展以及加强对山东沿海一带考古学文化的深入了解而展开的，正如傅斯年在《城子崖》报告序言中所言，"第一是想在彩陶区域以外做一实验，第二是想看看中国古代文化之海滨性，第三是想探比殷墟——有绝对年代知识的遗迹——更早的东方遗址"[③]。正是由于相关学者高屋建瓴的学术视野和对相关问题的敏锐观察及后代研究者持续不断的努力，东部沿海一带史前考古学文化对中国古代文明起源与发展的深远影响才逐渐浮出水面。这次调查和发掘的意义是重大的，"后来关于龙山文化甚至中国新石器文化的许多认识，如龙山文化基本面貌和特征，龙山文化山东沿海区、豫北区和杭州湾区的划分……仰韶与龙山文化的东西二元对立等"[④]，都与之有着密切的关系。

[①] 梁思永：《龙山文化——中国文明的史前期之一》，《考古学报》1954年第7册，第6页；石璋如：《中国历史地理》（上），北京：中国文化大学出版社，1983年，第25页。

[②] 刘燿：《山东日照两城镇附近史前遗址》，《两城镇遗址研究》，北京：文物出版社，2009年，第1~24页。

[③] 傅斯年等：《城子崖——山东历城县龙山镇之黑陶文化遗址》（序一），南京：中央研究院历史语言研究所，1934年。转引自高广仁：《山东日照两城镇的发掘及其价值》，《东南文化》2000年第3期，第25页。

[④] 栾丰实：《中美合作两城考古及其意义》，《文史哲》2003年第2期，第97页。

二、区系类型学说的建立与1949年新中国成立后至20世纪80年代的研究

1949年后，相关政府与研究机构围绕两城镇与丹土遗址开展了大量的工作。这一时期伴随着区系类型学说的推广以及各地考古学文化序列的建立，相关工作主要着眼于对遗址文化文化内涵的深入了解和把握上。

20世纪50~80年代，山东省文物管理处、日照市图书馆等单位对包括两城镇与丹土在内的多个遗址进行了调查。鉴于当地农民在两城镇遗址取灰土当肥料对遗址造成的破坏，为加强保护工作并进一步了解遗址的文化内涵，1954年山东省文物管理处对两城镇与丹土遗址等进行了初步勘查。此次勘查确定的两城镇遗址大致范围南至通往白云村的大道，西至巷西坡（两城镇西巷顶，大崮墩西坡）小窑沟，北至通往梁家罗圈村的大道，冬至两城一村东头，东西长约1100、南北长约900米，面积约99万平方米。除采集一定数量的陶器和石器外，勘查文中述"该地乡长前年在灰土内曾挖出七个贝壳，现只剩一个。贝的凸面有黄线一周，中为青蓝色，再内为紫色，紫色中有一磨透圆孔。长2.3厘米，宽1.7厘米"①。两城镇遗址虽距离海岸只有6千米左右，但在历年的调查与发掘中却甚少有贝壳类遗存的发现，可能与当地的土壤及自然地质条件有关。这组贝壳可能为装饰品，另外，此次丹土遗址勘查采集石器陶片一宗，确定的遗址面积为（480×225）平方米②。

1958年山东省文化局在中国科学院考古研究所与中国历史博物馆的同志们的支持下，通过钻探的方式对两城镇遗址进行了一次"较全面的勘查"，公布的勘察纪要将两城镇面积确定为"东西650米，南北850米，面积约55万平方米"，前后两个数据差距接近一半。考古人员在试掘的探沟中发现柱洞和厚达6厘米的红烧土平面以及儿童墓葬1座。此次勘查所发现的文化遗存与之前所见大致相同，值得注意的是，在遗址的上部地层中发现与商周时期青铜器纹饰相近的"云雷花纹"陶片。此次勘查中仍未发现蚌器③。

20世纪80年代，日照市图书馆与临沂地区文管会等对日照境内的龙山文化遗址进行了调查。此次调查确定的两城镇遗址东距胶新公路约200米，北面有两城河穿过，面积约90万平方米④。

与此同时，相关高校和科研机构的学者也围绕这两个遗址开展了一系列工作。1955年和1957年刘敦愿利用春节假期对两城镇遗址进行了调查。根据遗址内不断新发现的文化层分布，他认为相比于梁思永根据30年代资料所提出的36万平方米遗址面积，1955年山东

---

① 山东省文物管理处：《日照县两城镇等七个遗址初步勘查》，《两城镇遗址研究》，北京：文物出版社，2009年，第25~30页。原文发表于《文物参考资料》1955年第12期。

② 山东省文物管理处：《日照县两城镇等七个遗址初步勘查》，《两城镇遗址研究》，北京：文物出版社，2009年，第25~30页。原文发表于《文物参考资料》1955年第12期，第33页。

③ 山东省文物管理处：《山东日照两城镇遗址勘察纪要》，《考古》1960年第9期，第10~14页。

④ 日照市图书馆、临沂地区文管会：《山东日照龙山文化遗址调查》，《考古》1986年第8期，第680~702页。

文管处提出的99万平方米更值得注意。在调查中除了发现大量典型山东龙山文化特征的陶器、石器外，他尤为提到了鲁东南沿海一带龙山文化遗址蚌器的缺失问题，"居然连蚌片也难寻到……这种情况在两城附近的丹土村龙山文化遗址中也是如此""遗址全不类鲁西龙山文化、殷商时代遗址（例如城子崖与大辛庄）灰层中包含大量蚌片的情况……龙山文化遗址缺少蚌器以及蚌片，实在是值得注意的问题"[1]。此后他又专门撰文对两城镇玉器坑以及兽面纹玉锛进行了介绍。根据当地百姓的介绍，玉器坑发现于抗日战争前，位置大概在20世纪50年代两城镇的北边偏中地带。玉坑出土物中，原料、半成品、成品皆有，原料中甚至可见长达四、五十厘米的大块玉石，半成品多磨成厚薄不均的片状[2]。现藏于山东省博物馆的两件兽面纹玉锛，最初收藏于当地农民家中，其出土位置根据当地老百姓介绍与玉器坑相去不远[3]。这两件玉锛资料的公布，引起了众多学者对收藏于国内外博物馆的一批玉器的年代问题进行重新讨论，并将其中与两城镇风格相近的一批推定为山东龙山文化遗物，从而为深入了解鲁东南沿海一带龙山文化社会复杂化发展讨论提供了更为丰富的材料[4]。

在对两城镇遗址进行关注的同时，1957年刘敦愿对丹土遗址进行了调查。此次调查共采集石器83件、典型陶片65片。从器物种类与形制来看，石器与两城镇出土遗物大体相同，但前者"磨制粗糙、样式简单，且不及后者灵巧，是其相异之点"。从此次调查所获陶器标本来看，丹土遗址地表"陶片的数量远不及两城镇丰富……陶质以夹砂红陶和夹砂灰陶为多……泥质黑陶缺少，标准黑陶则为数更少"。另外，据当地百姓介绍，丹土遗址还曾发现过陶制的偶像与鸟像[5]。在此之前的1956年冬至至第二年春天进行的文物普查工作中当地政府征集到丹土遗址出土的玉钺、玉刀等9件玉器[6]。后这批材料的详细信息于20世纪90年代公布[7]。此外从20世纪70~90年代，地方政府还发现或征集了出土于丹土一带镶嵌绿松石的大型玉钺、超大型玉刀、琮、玉璇玑等多件高等级玉器。

---

[1] 刘敦愿：《日照两城镇龙山文化遗址调查》，《考古学报》1958年第1期，第25~42页。

[2] 刘敦愿：《有关两城镇玉坑玉器的资料》，《考古》1988年第2期，第121~123页。

[3] 刘敦愿：《记两城遗址发现的两件石器》，《考古》1972年第4期，第56~57页。

[4] 巫鸿：《一组早期的玉石雕刻》，《美术研究》1979年第1期，第64~69页；石志廉：《对故宫博物院旧藏两件古玉圭的一些看法》，《中国历史文物》1981年第2期，第92~95页；邓淑苹：《晋、陕出土东夷系玉器的启示》，《考古与文物》1999年第5期，第15~27页。

[5] 刘敦愿：《山东五莲、即墨县两处龙山文化遗址的调查》，《考古通讯》1958年第4期，第14~22页。

[6] 山东省文物管理处等：《山东文物选集普查部分》，北京：文物出版社，1959年。转引自燕生东：《丹土与两城镇玉器研究——兼论海岱史前玉器的几个问题》，《东方考古》（第3集），北京：科学出版社，2006年，第101页。

[7] 杨波：《山东五莲县丹土遗址出土玉器》，《故宫文物月刊》1996年第2期。

三、考古学研究的转型和聚落考古的新实践

进入20世纪90年代以来，随着国内考古学文化序列的基本建立和国外考古学理论与方法的传入，许多机构和学者纷纷探索新时期考古学发展的新思路并进行了一系列实践，研究的重点开始由文化史的构建转向人和社会的探索，从具体实践来看，这主要包括调查与发掘两方面的工作。这其中影响较大的是聚落考古的理论和方法。聚落考古的研究方法1949年之初在苏联的影响下曾一度盛行，但不久随着国内研究重点的发展而偃旗息鼓，几乎停滞不前；在国内考古学研究转型之际的20世纪80年代中期以来许多学者又重新将视野投向国外。

1995年开始，山东大学与美国耶鲁大学、芝加哥自然历史博物馆等单位合作在鲁东南沿海一带开展了长达十几年的区域系统调查实践，并于1998~2001年对两城镇遗址进行了重点发掘。区域系统调查以两城镇遗址为中心不断向周边地区扩展，为全面了解该地区的聚落形态变迁提供了第一手资料。调查发现龙山文化时期的两城镇是研究区域内北部的地区中心，丹土则是二级中心，并发现了以两城镇为中心金字塔式聚落等级分布"嵌套式"的格局[1]，即二级聚落以一级聚落也就是聚落中心为中心分布，相应的三级聚落又以二级聚落为中心分布的现象。在系统调查的基础上，又对两城镇遗址进行了发掘，以试图对中国东部地区晚期史前社会的发展进程进行研究。这次发掘对两城镇遗址的文化层堆积进行了解剖，同时获取了丰富的遗迹和遗物资料，其中最重要的便是两城镇遗址内、中、外三圈城壕的发现和一组房址墓葬灰坑等的发掘。钻探和发掘确定的内城壕面积约20万平方米，基本上叠压在现代农村之下；中环壕除东侧继续利用河道外，其余三侧均向外移；外环壕的遗址面积最大，基本包括了两城镇遗址的全部范围[2]。在遗址发掘过程中，植物、动物、微生物等自然科学手段支持下的多学科考古学研究引入进来，为全面复原龙山文化两城镇一带经济社会发展提供了丰富的资料。

几乎与日照地区的区域系统调查开始，山东省文物考古研究所对丹土遗址开始了发掘工作。此次发掘是随着国内考古学研究的进展，学术界对龙山文化城址的高度关注之下展开的。20世纪80年代之后，苏秉琦在区系类型学说的基础上，连续提出了探索中国古代社会发展的"古文化古城古国""中国古代国家起源三部曲"和"发展模式三类型"等学说[3]，对考古学研究的进展起到了极大的推动作用。在此之前，山东地区的边线王、城子崖、丁公、桐林、景阳冈等多地发现龙山文化城址，张学海根据发现情况提出了"城组"

---

[1] 方辉：《鲁东南沿海地区聚落形态变迁与社会复杂化进程研究》，《东方考古》（第4集），北京：科学出版社，2008年，第265页。

[2] 中美两城地区联合考古队：《山东日照市两城镇遗址1998-2001年发掘简报》，《考古》2004年第9期，第11页；于海广：《山东日照两城镇遗址龙山文化围城遗迹的发现和发掘》，《东方考古》（第5集），北京：科学出版社，2008年，第74~79页。

[3] 苏秉琦：《中国文明起源新探》，北京：生活·读书·新知三联书店，1999年，第109~142页。

的概念并以"都邑聚"三级结构来考察龙山文化聚落形态状况[1]。在上述一系列发现的鼓舞下,研究人员在丹土遗址采取进行了钻探与发掘相结合的方法,发现了大汶口文化城、龙山早期城和龙山中期城三个城圈(图4-1)。大汶口文化城平面略呈椭圆形,东西长约400、南北宽约300米,城内面积约9.5万平方米。城墙仅存墙基部分,残宽约5、高约1米;龙山文化早期城,平面略成椭圆形,东西长约450、南北宽约300米,城内面积约11万平方米。城墙建在大汶口文化城壕沟之上,仅存墙基部分,墙体残宽10、残高1.5米。在城的西、北、东三面各发现一城门通道;龙山文化中期城平面呈不规则刀把形,北部略呈椭圆形,西南部向外凸出,东西长约500、南北宽约400米,城内面积约18万平方米。城墙建在龙山早期城壕之上,残存多是墙基部分,残宽约12、残高1.6米。在龙山中期城的西

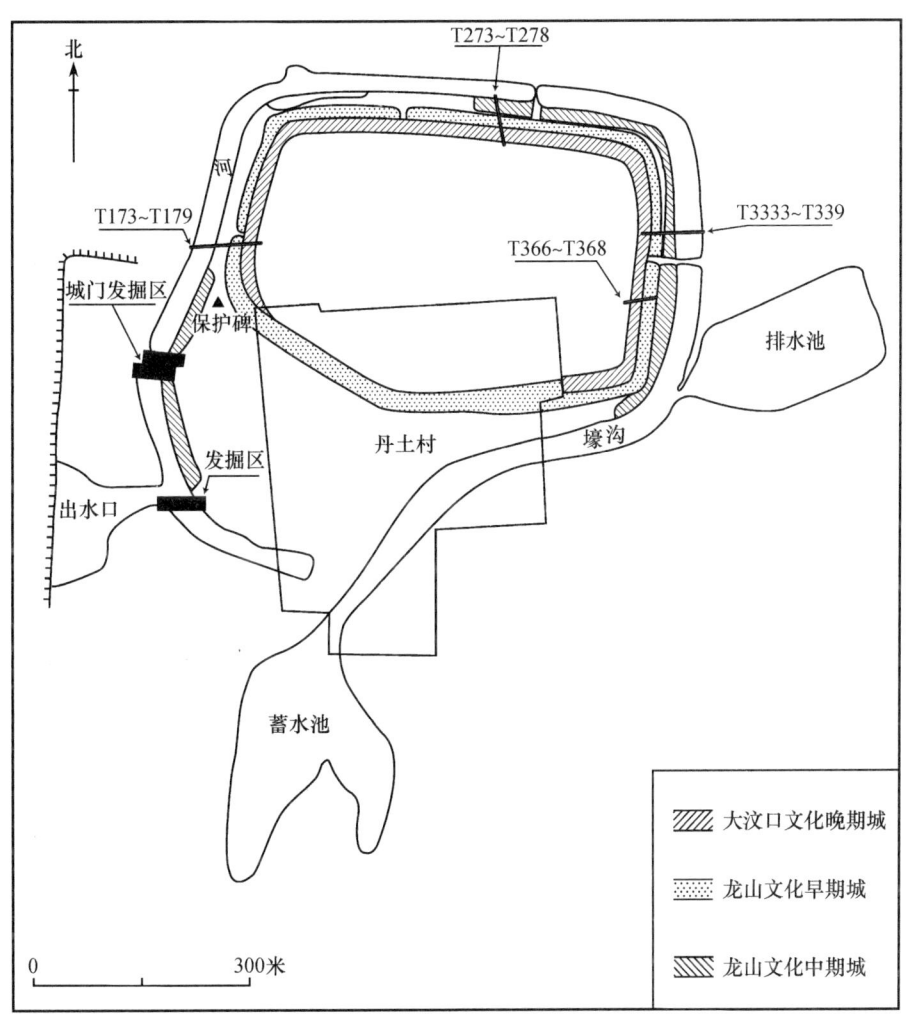

图4-1 丹土大汶口文化、龙山文化城址

(图片来自《中国文物地图集·山东分册》,第372页)

---

[1] 张学海:《鲁西两组龙山文化城址的发现及对几个古史问题的思考》,《华夏考古》1995年第4期,第47~58页。

南、西、北、东面共发现四个城门通道,在西南部、西北部和东南部各发现一个出水口,城的南部发现一蓄水池。三个城由里向外、由小到大、由早到晚逐渐扩建①。

第三节　丹土的聚落选址

丹土遗址位于五莲县潮河镇丹土村周围一高埠上,遗址中心区域较四周高出1~1.5米。发源于遗址西南部山上的北小河绕遗址的西部、北部而过东南方向注入潮河。丹土村坐落在遗址的偏南部位,因遗址暴露出大量的红烧土而得名。遗址西北距离五莲县城约40千米,东距两城镇遗址约4千米。丹土遗址所见遗物自大汶口晚期历经龙山、周代一直到汉代。根据1993年试掘的报告,丹土遗址面积约为33万平方米②;后来丹土城址发掘所确定的大汶口晚期、龙山早期和龙山中期丹土城址面积分别为约9.5万、11万和18万平方米;系统调查所确定的龙山文化丹土遗址陶片的分布面积约为130.68万平方米。

丹土的聚落选址,与研究区域内同时期的其他遗址相比,既有共性又存在明显不同。

这种不同主要表现在对地形地貌的选择上。坡度是衡量地形地貌状况的一个重要指标,不同坡度类型对区域聚落分布有明显的影响,同时,不同时期不同区域内聚落选址的坡度选择反映了不同的聚落选址重要考虑因素。刘建国对临汾盆地聚落遗址在坡度与坡向上的分布进行分析后发现,该地的聚落大都分布在1°~3°的地带中,小于1°和大于3°的地区几乎没有聚落的分布;而洛阳盆地的分析结果显示很多小型聚落甚至分布于6°以上的地区,大型聚落基本上分布于1°左右和1°以内的地带中③。夏慧君对陕西榆林市新石器时代到近代历史文化遗址的时空分布进行研究发现,除了坡度分级表上的第五级和第六级也就是急坡和悬崖地没有遗址分布外,其他坡度地形都有一定数量的遗址分布。其中分布在平坡地带上的遗址数量最多达到95个,占遗址总数的59.38%;缓坡地带18个,占总数的11.25%;中坡和陡坡地带上的遗址分别占16.88%和12.5%④。由此可见,在分析聚落选址与坡度因素的关系上至少有两方面的因素值得注意:其一,研究区域不同,地形地貌状况不同,聚落选址在坡度分布上的表现也不同;其二,不同时期的聚落选址具有不同的考虑因素。

大汶口晚期的丹土遗址位于两处坡度范围在15%~50%的中坡地和陡坡地之间一处略微隆起的平坦台地上,遗址分布区域内坡度变化为0.8%~16%,中心区域坡度6%左右。这与研究区域内这一时期大多数遗址分布于坡度较小的0~6%的状况明显不一致。从图版一六中不同色块分布来看,很明显丹土及其附近的一个遗址与同时期其他遗址相比遗址位

---

① 刘延常、王学良:《五莲县丹土大汶口文化、龙山文化城址和东周墓葬》,《中国考古学年鉴2001》,北京:文物出版社,2002年,第182~184页。

② 王学良:《五莲县史前考古获重大发现》,《日照日报》1995年7月8日第一版。

③ 刘建国:《考古与地理信息系统》,北京:科学出版社,2007年,第93~107页。

④ 夏慧君:《基于GIS的历史文化遗址空间分布特征研究》,西安建筑科技大学硕士学位论文,2010年,第40页。

置在地形方面要占劣势。作为这一时期的中心性遗址,丹土遗址的聚落选址与南部的另一个重要遗址尧王城遗址相比迥然相异。从当时整个研究区域的情况来看,由于聚落数量较少和相应的人口规模相对较小,有着较多的区域适合聚落生存与发展,不存在由于激烈竞争导致的资源环境的压力而产生的被动选择。丹土遗址的选择应该是有目的的。丹土遗址选择的这种地形较复杂、交通不便、空间相对封闭的环境究竟出自怎样的考虑目前尚不得而知,不排除由族群对立或权力冲突而导致的被动迁徙。

从前文的分析可知,对较优越的适合农业生产地的重视是研究区域内大汶口晚期聚落选址的共同考虑因素。虽然地形、地貌条件不是非常优越,但从丹土遗址所处的小区域位置来看,这里的自然环境因素对于农业生产的发展还是较为有利的。首先,遗址位于北小河的下游拐弯处,这与史前时期一些重要遗址的选址考虑相一致:一方面,可以为生产生活的发展提供充足的水源;另一方面,遗址两面环绕的河流相当于一道天然的屏障,可以在一定程度上阻止来自于野生动物和其他族群的可能伤害。其次,从遗址所在的土壤类型来看,丹土遗址所在地处于壤质潮土和洪冲积壤质潮棕壤的结合地带。如果除去地形因素的影响,土壤类型是较适合于农业生产发展的。靳桂云在丹土龙山文化遗存中发现水稻植硅体,并根据其浓度推断稻类作物可能是当地种植的[1],也说明了这一点。最后,遗址周围地区存在丰富的石料资源和适合陶器生产的陶土,这也是丹土遗址选择于此的重要原因。

根据相关学者的研究推测,本研究区域内的大汶口文化居民当是来自于陵阳河一带的人口迁入[2]。大汶口晚期人口的迁徙是一个非常显著的现象,在尧王城甚至安徽蒙城尉迟寺都发现与陵阳河大汶口文化相近的图像符号,这或许说明了陵阳河大汶口文化晚期社会内部的重大变化。但通过燕生东对丹土与陵阳河一带玉石原料的对比可知,二者之间存在着不同的玉料来源。后者所见玉料与本地所产的玉料相近,丹土许多高级玉器原料明显为外来输入。丹土与陵阳河一带大汶口晚期文化的关系目前尚不十分明确。

第四节 从丹土到两城镇

龙山文化北部的区域中心从丹土转移到两城镇并不是偶然的,从整个考古学文化发展的大背景来看,这种趋势实际上自大汶口晚期以来大量人口由莒县盆地一带向鲁东南沿海区域的迁移就已经开始。陵阳河一带作为鲁东南地区大汶口晚期的经济与社会中心存在并发展了较长的时间,创造了辉煌的文明,这不仅包括图像符号的发现和数量众多的与宴饮活动相关的遗存,更表现在体现财富集中和社会分化的诸多遗物和遗迹上。从社会复杂化发展的角度来看,这一时期整个海岱地区都无出其右者。到龙山文化时期,日照沿海一带的史前文化获得空前发展。尧王城与两城镇等超大规模区域性聚落中心的崛起便是这一变

---

[1] 靳桂云:《山东丹土和两城镇龙山文化遗存水稻植硅体定量研究》,《东方考古》(第2集),北京:科学出版社,2005年,第280~290页。

[2] 栾丰实:《日照地区大汶口、龙山文化聚落形态之研究》,《中国考古学跨世纪的回顾与前瞻》,北京:科学出版社,2000年,第240~241页。

化的写照。作为区域内曾经最大和最重要的聚落遗址,进入龙山时期丹土遗址的扩张速度与规模虽然不及两城镇,但却是一直存在并继续发展的,二者在龙山早中期发展过程中所承担的不同政治角色目前并不十分清晰。从发展规模和出土资料来看,龙山中期这一区域的经济与社会中心已经转移到两城镇无疑,下文将利用现有的资料对这这一转移过程的可能原因进行探讨。

一、资源流通与贸易交换通道的影响——最优路径分析

　　一些学者推测交通因素和海洋资源的获取可能在丹土到两城镇的迁移中发挥了重要作用。刘莉认为两城镇遗址的选择可能与其靠近注入黄海的两城河(潮河)从而适于航海有关[①];栾丰实认为龙山时期尧王城和丹土区的聚落中心并不位于各自的中心部位,而是偏居于靠近沿海的一侧,这应与经济上对海洋资源的利用及海上交通相关[②]。从前文分析来看,交通因素在古代史前聚落选址中占了很重要的作用,特别是一些与资源获取及产品流通有关的关键遗址分布,更表现出对重要通道的控制和利用。随着龙山时期贯穿东部沿海一线的南、北玉文化交流通道的进一步发展,交通因素在区域中心迁移中的重要性显得更加突出,特别是对丹土和两城镇这样交通地理条件差别较大的区域。但从龙山时期丹土与两城镇两个遗址与北部甲旺墩至西寺一带沟通所利用的通道来看,这种因素在区域中心转移中所起的作用可能并没有之前预料的那样大。此外,就海上交通看,这一时期已经存在航海及海上资源的获取活动当无问题[③]。大汶口至龙山时期三里河遗址墓葬和地层中发现了大量海洋鱼类的遗存,其中有大量黑鲷、蓝点马鲛等外海鱼类的出现,有的墓葬甚至以整条鱼作为随葬;T210的龙山文化层里发现大片鱼鳞堆积[④],说明这一时期三里河一带居民对海上资源利用的数量还是比较大的。与之相适应的是,研究人员在两城镇龙山文化先民食谱的研究中也初步发现有鱼类的存在[⑤],但由于两城镇一带的自然地理条件,相关的遗迹和遗物很难被保存下来。最主要的是,从前文最优路径的研究和这一时期的聚落分布来看,穿越丝山与河山一线的南北通道可能在区域间沟通中发挥了主要的作用,目前尚无足够证据证明两城镇遗址的选择主要与海洋资源的获取及相关海上沟通活动有着直接的关系。即使从沟通南北的主要通道来看,两城镇的聚落选址也并不是交通因素直接影响下的结果。

　　相比两城镇,丹土遗址所处的位置在对外交通方面确实有着无法克服的缺点,特别

---

① 〔澳〕刘莉著,陈星灿等译:《中国新石器时代——迈向早期国家之路》,北京:文物出版社,2007年,第184页。

② 栾丰实:《日照地区大汶口、龙山文化聚落形态之研究》,《中国考古学跨世纪的回顾与前瞻》,北京:科学出版社,2000年,第241页。

③ 吴春明:《中国东南与太平洋的史前交通工具》,《南方文物》2008年第2期,第99~108页。

④ 中国社会科学院考古研究所编著:《胶县三里河》,北京:文物出版社,1988年,第186~189页。

⑤ 〔美〕Lanehart R等:《山东日照市两城镇遗址龙山文化先民食谱的稳定同位素研究》,《考古》2008年第8期,第55~61页。

是在史前这一人类社会对自然地理因素依赖严重的时期。从遗址附近地形、地貌来看，丹土遗址西南、西北两侧均为河山的余脉，地势较高，限制了次级聚落遗址向这两个方向的发展，只有两处余脉之间形成一小片相对较平缓的地带。西、北两侧均为潮河的支流北小河所环绕，进一步缩小了有利的活动范围。远处西、西北、西南方向均为起伏的山脉，东部为潮河河道，这种三面环山、一面临水的地理环境严重限制了遗址的长远发展。从史前至汉代时期这一区域内的聚落分布来看，大汶口时期只有这一处遗址存在；到了龙山时期，在遗址的北部越过北小河处形成几个中小规模聚落，河山两余脉之间的遗址分布屈指可数；岳石和商代这一区域几乎未见聚落踪迹；西周时期在遗址上又开始有人类活动，但遗址的附近仍是空白；东周时期丹土西南部出现几个小遗址；到了汉代丹土东西两侧的遗址多了起来。但从整个区域内发展来看，相对于其他区域的分布，丹土一带可见的聚落数量都是相对较少的。这也从另一个角度说明了这一区域在史前至汉代的大多数时段内并非聚落选址的首选之处。除了大汶口晚期的一枝独秀和龙山时期的持续发展外，丹土遗址在此后的发展中始终未再成为主要区域中心。大汶口晚期在聚落和人口规模相对较小的情况下，丹土的聚落选址尚能够满足其发展的需求，但到了龙山时期，随着区域内经济社会的迅速发展，丹土遗址周围的自然地理环境严重阻碍了其发展。

为了检验丹土遗址的对外沟通，我们生成了由两城镇遗址通往西北部区域的最优路径（图版一七）。这几个遗址分别是五莲东花埠（WL-DHY-1）、崖头（WL-YT-1）、夏家庄（WL-XJZ-1）。东花埠位于丹土遗址西北，面积不到3万平方米，是丹土西北部杜家河上游的一个重要遗址；崖头遗址面积约15万平方米，位于丹土与两城镇遗址西北，是潮河上游支流潮白河流域的一个重要遗址。由图版一七可见，由两城镇通往这几个遗址的最优路径都没有经过丹土遗址：至东花埠的最优路径首先沿着至通往夏家庄一带的通道，之后过河沿着潮河南岸的低平地带穿过北小河后到达目的地；至崖头一带的通道则基本沿着潮河的北岸而行；至夏家庄一带也是基本沿着崖头一线而在最后部分略作调整。这是根据地形、地貌情况生成的理想路径，大汶口龙山时期这几个遗址间的实际交通路线可能并非如此。但这种分析已经反映了丹土遗址在地形地貌上沟通东西部遗址上的劣势。由于其所在区域的地形特点，非常不利于较大规模和较高效率的资源与人员流通，时至今日两城镇遗址通往丹土遗址的公路仍需绕道而行。

反观两城镇一带，在区域沟通上的优势是显而易见的。根据上章所分析的龙山时代重要通道（图3-6）可见，两城镇遗址是龙山文化南北沟通大动脉中的重要一环，这不仅仅是对于本研究区域而言，从整个中国东部沿海史前考古学文化的交流来看，北接辽东半岛、南到江浙地区的交通路线可能都经过此处，现有的考古发现已经间接证明了这一点。东部沿海的这条交通路线，最早可能自大汶口时期就已经在地区文化交流和经济交换中发挥重要作用，从丹土遗址通往南部的苏家村（DG-SJC-1）、小代瞳（LS-XDT-3）、东海峪（DG-DHY-1）、井沟（LS-JG-3/4）、尧王城等大汶口文化遗址，都要经过两城镇地区。到了龙山时期随着社会复杂化发展水平的提高和区域间交流的频繁，客观上需要两城镇这样具有优越地理位置、又具可持续发展性的聚落出现。

交通因素在区域中心转移中所发挥的作用可能并非如之前想象的那样大。虽然两城镇遗址正处在南北沟通的重要通道上，但从龙山时期丹土两城镇一带与北部沟通的通道来看，这一时期并没有因为两城镇这一中心性聚落的形成而发生明显改变，这或许与丹土遗址在龙山早中期仍承担着重要的功能有关。如前文所述，在利用最优路径分析方法对龙山时代南北沟通进行探讨时，尽管由西寺到两城镇间生成的通道是由凤墩村（JN-FDC-1）一带转向东南沿海一带再通往两城镇区域的（图3-5），但从这一线两侧的遗址分布来看显然与实际不符，实际上这一通道的最终形成可能要晚至汉代时期（图3-7）。从龙山时代遗址的分布特别是二级聚落甲旺墩（JN-JWD-2）的存在来看，这条通道与丹土通往西寺（JN-XS-1）一带的最优路径更加接近（图3-7）。这种现象说明两城镇遗址的崛起并没有改变之前业已形成的南北通道。如果两城镇的聚落选址主要是对交通因素的考虑，那么其与北部一带的沟通应当选择更为有利的路线。

二、农业生产适宜性与可耕地的比较

（一）相关的理论问题

从技术经济的角度来探讨古代社会发展成为近年来考古学研究的热点之一，尤其是随着现代科学技术的发展和多学科融合进程的加快，越来越多的研究人员开始对传统的研究方法进行反思。新理论、新方法的不断引入和新研究领域的不断开拓是现代考古学发展的突出特色之一。通过多元手段来透视考古学现象背后的因素，全面复原古代社会发展的全景，成为近年来考古学研究不断努力的取向之一，从而持续推动了社会复杂化和早期文明与国家起源研究的发展。

在这种大背景下，地理信息系统软件支持下的考古学研究引起越来越多的学者的兴趣。除对地形、地貌、水文等自然因素进行一般性的研究以探讨不同时期的聚落发展与自然环境之间的关系以外，越来越多的学者开始尝试将地理信息系统支持下的空间分析运用到与文明起源与社会复杂化发展相关的一些重大课题上。近年来对与古代土壤有关问题的关注引起越来越多的学者的兴趣，它既与不同时期聚落变迁和农业生产发展有着紧密关系，又是我们借以了解古代遗址的形成过程与人类行为变化迁的重要媒介，甚至有学者主张"土壤"应当像其他文化遗物一样成为考古学研究的对象之一[①]。目前进行的此类研究主要集中于通过对土壤的理化性质的变化来进行考古学探讨，如有机磷分析、有机碳分析、微形态分析等[②]。但由于此类研究的专业性，使得很多不具备相关知识的研究人员望而却步。也有一些学者不涉及或很少涉及土壤的理化性质，而是通过对特定时期的农业生产所需的可耕地面积与人口数量的变化之间的关系来探讨古代社会复杂化进程，这主要利用了农业生产对不同类型土壤的适应性。一些学者通过对不同时期可耕地面积的计算来探

---

① 庆昭荣：《土壤化学分析在考古学空间分析上的应用性——以屏东县牡丹乡排湾族Saqacengalj旧社遗址为例》，台湾大学硕士学位论文，2005年。

② 庆昭荣：《土壤化学分析在考古学空间分析上的应用性——以屏东县牡丹乡排湾族Saqacengalj旧社遗址为例》，台湾大学硕士学位论文，2005年；高华中等：《三峡库区中坝遗址考古地层土壤有机碳的分布及其与人类活动的关系》，《土壤学报》2005年，第518~522页；靳桂云：《土壤微形态分析及其在考古学研究中的应用》，《地球科学进展》1994年第2期，第197~200页。

讨当时聚落内部的生产力，并将其与人口研究相结合来考察人口增长、资源的获取与再分配等因素与社会复杂化进程之间的关系[1]。

农业发展与社会复杂化的关系十分密切，有学者研究发现新大陆地区不断强化的农业生产（agricultural intensification）与社会复杂化进程之间存在着明显的对应关系。舒尔对俄亥俄河谷地区的社会复杂化过程进行了研究，发现在玉米种植引进到该地区的晚期史前文化之前，社会普遍处于较低的水平。但是在玉米引进之后，有些社会开始发展到酋邦阶段[2]。他推测，正是玉米生产的强化导致了酋邦这一与之前所不同的社会结构的出现。不断强化的农业生产客观上需要新的管理机制和协调机制的出现，尤其是与农业生产有着密切关系的土地的管理和分配。强化的农业生产要求对土地的集体管理，改变了之前相对分散的土地利用模式，从而导致超越原有社会结构的新机制的产生。在鲁东南地区开展区域系统调查研究的过程中，研究人员注意到了农业定居的形成发展与区域内聚落形态变迁的关系，认为"新石器时代后期，农业定居出现后很快伴随着龙山文化四等级聚落形态的出现和两城镇、尧王城两个区域中心的形成"[3]，这可能是农业生产方式和社会管理机制发展变化的结果。同时，社会复杂化的迅速发展及聚落规模的不断扩大又对支撑本区域的农业生产发展提出了更高的要求。农业农产的发展一方面可以通过生产工具与生产方式的变革以及作物品种改良等方式从而推动劳动生产率提高的角度来进行，另一方面又可以通过规模扩张如土地开垦面积的增加来得以实现。从研究区域内考古学文化的发展来看，自大汶口晚期后段到龙山时期，聚落面积和人口规模在不断扩张，而丹土区域内的可耕地面积是一定的，在这种情况下要不断满足社会发展的要求，只有靠新开垦土地的不断增加与高产作物品种的推广上。结合丹土两城镇一带的自然地理环境以及农作物种植状况，两者很可能便落到了比丹土一带更具耕地规模和水源优势的两城镇区域可耕地的利用与稻类作物的推广上。

（二）研究方法与数据来源

龙山时代区域中心由丹土向两城镇转移除了上文讨论的交通因素外，丹土遗址一带的可耕地数量不足也可能是促成这一转变的重要原因。按照卡内罗社会进化的人口压力模式，在狩猎采集阶段由于土地载能较低，人口超出了一定规模社会就会自动分裂，以开拓

---

[1] Shelach G. Leadship Strategies, Economic Acivity, and Interregional Interaction: Social Complex in Northeast China, New York: Kluwer Academic, Plenum Publishers, 1999:121-138. 乔玉：《伊洛地区裴李岗至二里头文化时期复杂社会的演变——地理信息系统基础上的人口和农业可耕地分析》，《考古学报》2010年第4期，第423~453页；Yu Q. Development of Complex Societies in the Yiluo Region: A GIS Based Population and Agricultural Area Analysis. La Trobe University, 2003.

[2] Schurr M R. Associations between agricultural intensification and social complexity: an example from the prehistoric Ohio Valley. Journal of Anthropological Archaeology, 1995, (14): 315-339.

[3] Underhill A P, et al. Changes in regional settlement patterns and the development of complex societies in southeastern Shandong, China. Journal of Anthropological Archaeology, 2008, 27: 1-29.

新的地域与新的资源①。鲁东南沿海地区龙山社会的发展已经远非采集狩猎社会所能比，但卡内罗的这一观点，同样适应于大汶口晚期至龙山时代的丹土与两城镇地区。为了验证这一假设的真实性，下文将在地理信息系统的支持下分别对丹土两城镇一带的农业生产适应性及可耕地面积进行讨论。

分析范围的确定是本部分研究所面临的首要问题。在遗址域的研究中，研究人员通常以不同的半径或者步行一定时间的距离来确定农耕社会遗址域的范围，然后根据不同地区的情况进行微调。与遗址资源域的分析不同，遗址周围可耕地范围的确定目前尚没有比较一致的做法。根据弗兰纳里对墨西哥奥萨卡谷地农耕社会的研究，耕作活动一般集中在遗址周围半径2.5千米范围内②；吉迪在内蒙古地区研究的领地分析中则以1.5千米和2.5千米作为半径进行考察③；乔玉选择了由地理信息系统软件自动生成的步行1小时半径作为依据④。为了尽可能全面了解这一区域存在可能被利用的耕地面积，根据丹土两城镇附近的地形地貌状况和调查所发现的遗址分布状况，本文将统计半径确定为5千米，分别观察两个区域内可能的最大农业适宜性和可耕地数量。

根据研究目的的需要，我们分别提取了两个区域5千米半径范围内的DEM数据。从截取的数据看，两城镇区域的DEM数据几乎正好囊括了以遗址为中心的聚落群的分布范围（图版一八）。需要指出的是，两个区域都以5千米为半径是为了全面考察研究范围内的最大可耕地面积和发展潜力，从而来推断分别以丹土和两城镇为中心的聚落群体的可能发展规模，并非想当然地将这一数字视作该时期遗址资源域的范围。

利用地理信息系统软件对农业适宜性考察和可耕地面积进行估算时，有许多常用指标可以利用，如坡度、坡向、土壤类型、海拔高度等。本书主要利用了以下两方面的因素：第一，地形地貌因素，本书主要采用坡度数据；第二，研究区域内的土壤类型数据，以《黄河下游山东省土壤要素数据集》⑤提供数据为基础，并参考了日照市土壤普查办公室1984年土壤普查数据进行修正。在下文的分析中，首先对丹土和两城镇两个区域的坡度状况和土壤类型进行分析，然后以具体环境条件限制下的丹土两城镇区域可耕地面积进行计算。

通过提取的DEM数据可以发现，这两个区域存在着很大一部分交集（图版一九）。为了尽可能全面地了解两个区域的实际情况，本研究将分两步进行：第一步，分别对两城镇和丹土5千米半径范围内的坡度与土壤类型进行比较，之所以进行这种比较是为了更好地观察两个区域在农业适宜性方面的不同；第二步，根据河流水道、山脉走向和聚落之间的分布等状况，对丹土与两城镇最易于利用的可耕地进行估算。

---

① Carneiro R L. A theory of the origin of the state. Science, 1970, 169(3947): 733-738. 转引自郑建明：《环境、适应与社会复杂化》，上海：上海世纪出版集团，2008年，第123页。

② 转引自王青：《西方环境考古研究中的遗址域分析》，《中国文物报》2005年6月17日第7版。

③ Shelach G. Leadship Strategies, Economic Activity, and Interregional Interaction: Social Complex in Northeast China, New York: Kluwer Academic, Plenum Publishers, 1999:121-138.

④ 乔玉：《伊洛地区裴李岗至二里头文化时期复杂社会的演变——地理信息系统基础上的人口和农业可耕地分析》，《考古学报》2010年第4期，第432页。

⑤ 数据由国家科技基础条件平台建设项目：地球系统科学数据共享平台（www.geodata.cn）提供。

（三）坡度比较

通过截取两城镇和丹土一带5千米半径范围内的数字高程数据，并在地理信息系统软件的支持下生成研究区域的坡度数据（表4-1），之后将生成的坡度数据进行重新分类。本书所用的坡度数据为百分度，根据坡度情况的不同，将研究区域内的地形地貌分为平坡（0~3%）、缓坡（3%~10%）、中坡（10%~25%）、陡坡（25%~50%）、急坡（50%~100%）五种类型。通常情况下，坡度值越小，地形越平坦。

表4-1 坡度分级表[①]

等级	坡度范围	角度范围	地形状态
1	0~3%	≤8°	平坡
2	3%~10%	8°~15°	缓坡
3	10%~25%	15°~40°	中坡
4	25%~50%	40°~70°	陡坡
5	50%~100%	70°~90°	急坡

从坡度图上看，丹土遗址为中心的区域明显地形坡度起伏较大；两城镇地区南部、东南部金银河下游区域与潮河对岸西北部拥有面积较大的冲积平原，非常有利于农业生产的发展。潮河、北小河及其金银河支流几乎环绕这一区域的三面，尤其是东南部金银河与潮河汇流区域适宜于农业生产发展，满足其所需要的充足水资源条件。从具体统计数据来看，两城镇地区平坡面积最大，面积约为5035公顷[②]，占全部地形的64.1%；其次为缓坡地，主要分布于两城镇遗址一带，面积约为2697公顷，占全部面积的34.3%；中坡地主要分布在两城镇东北潮河对岸较远处的高地，另外在两城镇西北也有少量分布。该类型区域面积不大，约为117公顷，占全部面积的1.5%左右；陡坡地形几乎可以忽略（图4-2）。丹土地区平坡主要分布在遗址西北北小河沿岸的狭窄区域、西北部、东南部等，但连续的平坡地面积较小，与缓坡地交错分布。虽然平坡地的总面积达到3935公顷，占全部面积的50.1%，但这种交叉分布的状况十分不利于农业生产的发展。缓坡面积3630公顷，占全部面积的46.2%。中坡和陡坡地形较少（图4-3）。从坡度分布上来看，相比于丹土地区，两城镇地区的最大优势就在于拥有面积较大且分布连续的缓平地地带和丰富的水源，非常有利于农业生产的发展。

（四）土壤类型分布及可耕性判定问题

这两个区域的土壤类型主要有壤质潮土、洪冲积壤质潮棕壤、白浆化棕壤、麻砂质棕壤、麻砂质棕壤性土和麻砂质中性粗骨土（图版二○，1）。壤质潮土主要为河潮土，分布于潮河及其支流的两岸，尤以潮河东岸地区面积较大。该种土壤土质较深厚，通透性

[①] 坡度分级采用了夏慧君《基于GIS的历史文化遗址空间分布特征研究》相关标准，见夏慧君：《基于GIS的历史文化遗址空间分布特征研究》，西安建筑科技大学硕士学位论文，2010年，第18页。

[②] 1公顷=10000平方米。

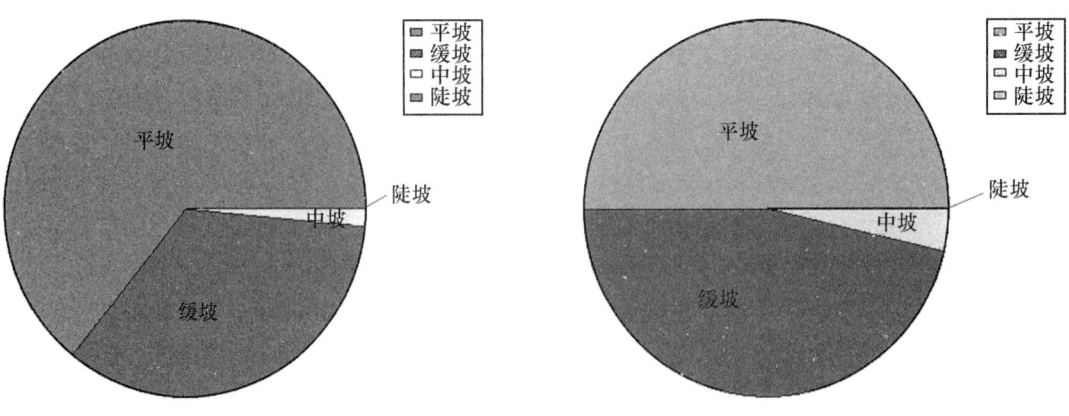

图4-2　两城镇区域5千米坡度地形统计　　　　图4-3　丹土区域5千米坡度地形统计

好，地下水位较浅，是农业生产的一种较好土壤。棕壤成土母质以花岗岩和片麻岩的风化物为主，当地群众称其为黄黏土、黄泥土、黄土等。大片较为平缓的洪冲积壤质潮棕壤主要沿金银河与北小河呈带状分布。另外，在丹土遗址西南北小河上游一带亦有此类土壤分布。该类土壤成土母质为酸性岩类的洪积物，适宜于稻类作物的种植。白浆化棕壤被当地老百姓称作"白塘土""炉渣土"等，主要分布于两城镇西南白石山周围的大片中小型遗址聚集区。该类型土体可以分为三层，现代耕层一般在20厘米左右，耕层下有一层坚实的白浆层，再往下为黏土层。白浆层及其上面的土质较轻松，多为砂壤质轻壤土。而其下层的土层质地较黏，造成了该类土体构型易于滞水的特点。该区域白浆化棕壤属于滞水型的白浆化棕壤，质地上轻下黏，由于地表微呈倾斜，地表并不积水但表层容易吸水。表层下较黏的底土为缓渗层，透水性差。

　　土壤类型的适宜性判断并不是一个容易解决的问题，不同的作物有着不同的要求。从两城镇发掘所出土的稻类与粟类遗存来看，这一区域在龙山时代可能为两种作物共存，地势低平、水源充足的地方普遍适宜于稻类生产的发展，在地势较高、水源条件相对较差的区域适合种植粟类旱地作物。除此之外，我们所用的土壤分类都是依据现代条件下得出的，其是否适合古代的实际情况还不得而知。依据原日照县土壤普查办公室1984年的调查材料，棕壤性土类由于多分布在坡度较大的低山丘陵的中上部，剥蚀度大，水土流失严重，土体薄，土少砾石多，有机质及各种养分含量低，土壤结构不良，不适宜农业生产。但在本研究区域内特别是两城镇为中心的北部，该类型土壤上面存在着较多的聚落遗址分布。其中比较集中的有四个区域：潮河上游以五莲夏家庄遗址（WL-XJZ-1）为中心的聚落群；白马河上游两大主要支流交汇区域的一组聚落群；西寺遗址（JN-XS-1）东南处在调查区域边界上的一组聚落群；苏家村遗址为中心的聚落群等。造成这种现象的原因是多方面的。最容易想到的便是古今环境和地貌变迁造成的差异，可能在史前时期这些区域的土地类型是适宜农耕的。虽然研究人员已经初步揭示了史前时期到现代社会人类社会所面临的自然环境发生过几次大的波动，但这种气候与环境变化所导致的地形地貌特别是土壤类型的变化究竟有多大，目前尚不得而知。因此，在进行土壤类型的分析时，必须审慎进行。这也提醒我们在将自然科学研究技术手段与考古学研究相结合时，必须经过对比和验证的过程。单纯通过现代技术研究手段得出来的结论不一定符合几千年之前的古代社会实际。因此在土壤适宜性的判断上,结合调查所发现的聚落分布状况,除特别贫瘠的土壤类型如中性粗骨土不适应于农业生产外,在本书的研究中我们将其他土壤类型都归入适宜农业生产的种类。实际上,在很多条件下,土壤类型并不是决定土地可耕性的唯一标准,相关的判断需要与地形地貌、水源等因素结合起来进行,这些将在下文利用地理信息系统估算可耕地的面积时进行综合讨论。

(五)5千米半径范围内的土壤类型统计

两城镇5千米半径范围内的土壤类型以壤质潮土为主(图4-4),面积约4366公顷,占全部土壤类型的55.6%;其次为白浆化棕壤,面积约为1536公顷,占全部面积的18.8%;洪冲积壤质潮棕壤约为1061公顷,占13.5%,居第三位;麻砂质棕壤居第四位,约为674公顷,占8.6%。丹土区域壤质潮土分布面积最大(图4-5),约为2929公顷,占总面积的37.3%;白浆化棕壤占第二位,约为1402万公顷,占总面积的17.9%;洪冲积壤质潮棕壤居第三位,约1303万公顷,占总数的16.6%;麻砂质棕壤居第四位,约919公顷,占11.7%。从数字上看,两城镇地区可资利用的较高质量土壤类型比丹土地区略多。

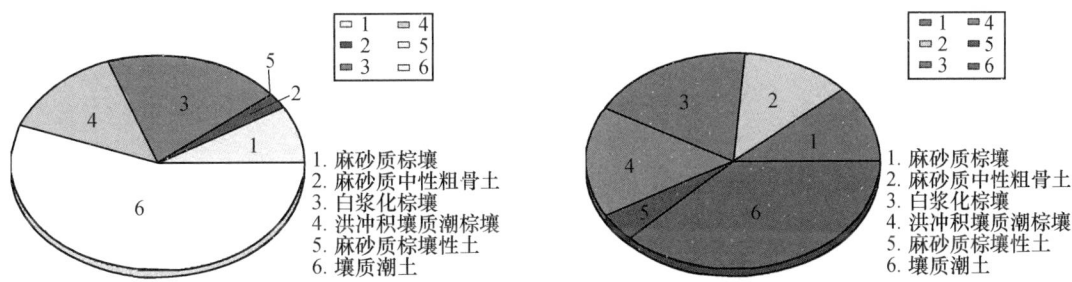

图4-4 两城镇5千米半径区域土壤类型统计　　图4-5 丹土5千米半径区域土壤类型统计

(六)龙山时期丹土和两城镇区域的可耕地估算

在本章的研究中,我们对两城镇、丹土周边地区可耕地面积的估算采用了通行的计算方法:首先对研究范围内的相关数据进行重新赋值,然后利用栅格计算器对赋值后的各种因素进行连乘运算得到我们想要的结果。在前文的研究中,为了直观地考察两城镇和丹土不同区域的地理地貌和土壤类型状况,在进行叠加分析的时候虽然也曾进行过再分类,但这与下文重新赋值是有着根本区别的。在利用地理信息系统软件进行多种因素的栅格数据运算时,通常限定为"真"和"非真"两种分类。可耕地面积的估算,即是将各种影响因素连乘的结果:只有"真"与"真"相乘的结果为"真",其他条件得出的结果皆为"假"。以本书可耕地的估算为例,首先要对不同的影响因素如坡度、土壤类型等进行重新赋值,适宜农耕的坡度赋值为"1",不适宜的赋值为"0",土壤类型亦是如此。这样在进行连乘运算时,只有那些各种因素均为适宜的"交集"才是我们所要的结果。

基于此,我们首先将之前的五种坡度分类重新划分为适宜和不适宜两类。根据研究区域的实际情况,本书将前文所述平坡和缓坡类坡度划分为适宜性,将其赋值为"1";余皆划分为不适宜类,将其赋值为"0"。土壤类要素除去上文中所提到的粗骨土类外,全部归为适宜性耕地范围,前者赋值为"0",后者赋值为"1"。

为了尽可能真实地反应这两个区域内的实际情况,在进行相关的估算之前我们依据研究所获的遗址周边古环境状况、河流水道的走向、现存地形地貌状况和聚落的分布等对两城镇与丹土区域易于开发利用的区域进行进一步界定。首先,较大型河流的存在限制了不同时期特别是早期农耕居民的活动范围。以潮河为例,对于丹土和两城镇来说,这条河的存在限制了这两个区域农业生产活动向对岸的扩展,同时对两个中心性聚落的扩张与资源开发起到了一定程度的限制作用,这从聚落在潮河北侧的分布情况也得到了证明。因此尽管潮河东岸有着较多的现代可适宜性耕作的土地类型,在下面的统计中我们都将这一部分排除。丹土一带潮河以南杜家河以北的一小块区域由于地形地貌影响与河流限制,鲜有聚落分布。因此,下文对两城镇与丹土的统计中主要集中于两个区域潮河以西、杜家河以南5千米范围地区(图版二〇,2)。

经过地理信息系统软件运算后得出两个地区可耕地的面积,并将其生成图表。两城镇地区理想中的可耕地面积为4747公顷(图4-6),而丹土地区的面积2615公顷(图4-7),约为两城镇遗址的二分之一。从发展前景及其能够支撑的人口规模来说,显然前者比后者更具竞争力。

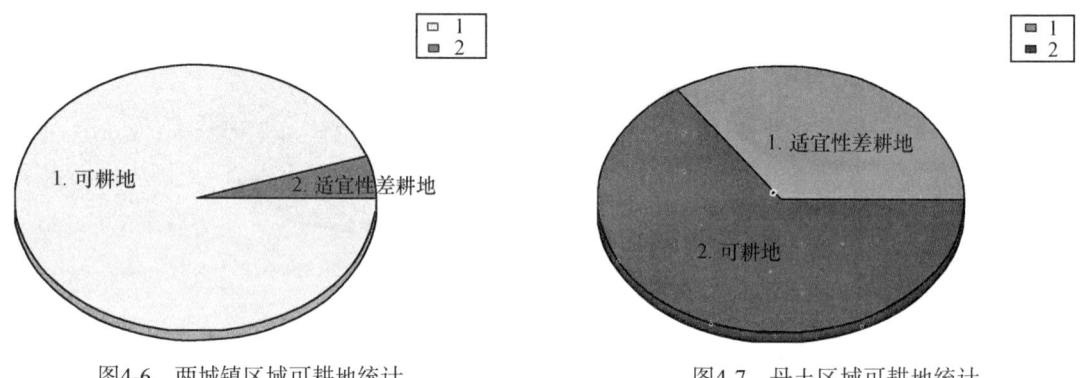

图4-6 两城镇区域可耕地统计　　　　　图4-7 丹土区域可耕地统计

三、稻作农业及其影响

龙山时代居民对两城镇一带较优越可耕地的开发,很可能与这一时期稻作农业生产的拓展是同一个过程。根据相关学者的研究,鲁东南一带稻作遗存的发现始于大汶口文化,到龙山文化时期稻谷的种植已经成为两城镇一带最重要的作物之一。到了龙山文化之后的商周时期,从相关聚落对土壤类型的选择上及部分遗址浮选所获标本的情况看,稻作生产方式可能已经不是当地农业生产的主要类型。稻作农业的推广与龙山时期人口规模的迅速扩大之间是否存在着一定的关系,还有待更多的研究,但两城镇一带稻作遗存的出土及其加工场所的发现状况,表明其在这一时期的农业生产中占有重要的地位。

（一）鲁东南沿海一带稻作遗存的发现和研究状况

大汶口时期的稻作遗存在徐家村及研究区域附近的莒县一带都有发现。徐家村遗址在2.5升浮选土样中共发现大于1毫米的炭化木4.25克，并发现稻谷、黍、黍亚科、旋花科等植物的种子，其中炭化稻谷1粒、黍3粒、粟2粒。根据遗址附近的自然地理状况及其他区域的发现状况，作者推测徐家村此次遗址复选的结果"为海岱地区旱、稻混作农业在大汶口文化时期已经出现在此提供了证据"[1]。与沿海一带毗邻的莒县盆地则发现多处稻作遗存的迹象。研究人员在集西头、段家河等遗址的大汶口晚期地层中发现了稻属植硅石，在陵阳河和小朱家村的人骨食性检测中，则发现来自陵阳河M12和小朱家村一成年男性的食谱均以C3和C4类植物为主，但二者在数量结构和比例上则呈相反状态。陵阳河标本以C3类为多，占到66.4%左右；小朱家村标本以C4类为多，约占66.5%。研究人员推测这可能与不同阶层的食物来源结构有关[2]。从目前的发现状况来看，大汶口晚期稻作生产可能已经引进到鲁东南沿海一带，但其规模和生产状况，与龙山文化时期相比，仍要逊色得多。

发展到龙山文化时期，农业生产结构发生明显变化。虽然整个龙山时代的农业经济形态等问题目前尚不清楚，但这一时期的农业生产已经达到相当高的水平[3]当无疑问。稻作农业已经成为海岱地区农业经济的重要组成部分，这一时期的生产已经扩展到包括鲁北及整个胶东半岛在内的海岱地区[4]。日照两城镇1998~2001年的发掘发现较多的炭化稻米和粟类遗存。根据凯利·克劳福德等人的研究，两城镇发掘已分析的265份样品中有122份发现炭化植物种子，这其中的39份样品中包含有炭化稻谷，共计发现454粒。另外还发现了粟和黍等其他遗存。根据分析结果，研究者认为在两城镇遗址中稻和粟都是非常重要的农作物，而且与大汶口时期相比，稻呈现出更加重要的作用，这很有可能成为龙山文化时期农业发展的一个主要因素[5]。赵志军对尉迟寺和两城镇遗址出土的植物遗存进行了研究，从浮选结果来看，两个遗址出土的炭化稻米与炭化粟粒的绝对数量在出土谷物中所占的比例相差无几。从出土概率的统计来看，尉迟寺遗址大汶口晚期样品中炭化粟粒的出土概率略高于炭化稻米，而到了龙山时代，两类谷物的出土概率则完全相同；龙山文化两城镇遗址浮选结果中稻谷的统计结果明显高于粟，但粟的出土概率也不低。基于此，他认为尉迟

---

[1] 陈雪香：《山东日照新石器时代遗址复选土样结果分析》，《南方文物》2007年第1期，第92~94页。

[2] 齐乌云等：《山东沭河上游出土人骨的食性分析研究》，《华夏考古》2004年第2期，第41~47页。

[3] 〔加〕凯利·克劳福德等：《山东日照市两城镇遗址龙山文化植物遗存的初步分析》，《考古》2004年第9期，第74页。

[4] 栾丰实：《海岱地区史前稻作农业的产生、发展和扩散》，《文史哲》2005年第6期，第45页；栾丰实、〔日〕宫本一夫主编：《海岱地区早期农业和人类学研究》，北京：科学出版社，2008年，第52页。

[5] 栾丰实：《海岱地区史前稻作农业的产生、发展和扩散》，《文史哲》2005年第6期；栾丰实、〔日〕宫本一夫主编：《海岱地区早期农业和人类学研究》，北京：科学出版社，2008年，第78页。

寺和两城镇遗址的农业种植制度在总体上都是以稻谷和粟类作物并重为特点的[①]。

除了两城镇遗址外，这一时期研究区域内发现的稻作遗存还有很多。1992~1993年度尧王城遗址发掘中浮选出龙山文化的炭化稻米[②]；2000年，山东省文物考古研究所在丹土遗址的发掘土样中检测出水稻植硅体的存在[③]；2007年六甲庄遗址的发掘中浮选出炭化稻米[④]。

靳桂云对两城镇和丹土遗址的植硅体样品进行了定量研究，根据这两个遗址中发现的稻类植硅体浓度，她认为这些稻谷可能是当地种植的。另外，两城镇遗址中硅化骨架的发现也证明了这一点[⑤]。三原正三等通过对尧王城、丹土、两城镇等遗址地表采集的龙山文化黑陶片分析发现，这三个遗址陶片黑陶碳素的稳定同位素比值（δ13C）均在-20‰±3‰的范围内，与C3类植物（如水稻、小麦、荞麦等）稳定同位素的比值-26.5‰接近，这也从另一个方面说明了稻作生产在龙山文化的存在[⑥]。

（二）稻作农业在龙山文化农业生产中的地位及其特点和优势

由以上分析可见，从大汶口发展到龙山，稻作农业在整个鲁东南沿海一带的农业生产中的重要性是逐步上升的。尤其到了龙山时期，虽然仍是稻旱混作，但这一时期稻谷的比重略高于粟类作物[⑦]。从该遗址浮选结果中稻和粟在数量和分布密度上的对比分析来看，在当时的经济生活中稻可能比粟占有更加重要的地位[⑧]。稻作农业在这一时期农业生产中的地位，正如研究人员推测的那样"与大汶口时期相比，稻呈现出更加重要的作用，这很有可能成为龙山文化时期农业发展的主要因素"。

那么，龙山时期的稻作农业为什么得到迅速发展？从大汶口到龙山，当时的居民对不同作物类型的选择原因是什么？

赵志军对尉迟寺遗址从大汶口晚期到龙山时代稻作农业在农业生产中比重逐渐增强的

[①] 赵志军：《海岱地区南部新石器时代晚期的稻旱混作农业经济》，《东方考古》（第3集），北京：科学出版社，2006年，第253~254页。

[②] 中国社会科学院考古研究所：《尧王城遗址第二次发掘有重要发现》，《中国文物报》1994年1月23日第1版。

[③] 刘延常、王学良：《五莲县丹土大汶口文化、龙山文化城址和东周墓葬》，《中国考古学年鉴2001》，北京：文物出版社，2002年，第182~184页。

[④] 李玉：《岚山六甲庄遗址考古发掘记》，《日照文博》，2008年第1期，第31~33页。

[⑤] 靳桂云：《山东丹土和两城镇龙山文化遗址水稻植硅体定量研究》，《东方考古》（第2集），北京：科学出版社，2005年，第280~290页。

[⑥] 〔日〕三原正三等：《海岱龙山文化黑陶碳素的稳定同位素分析》，《东方考古》（第3集），北京：科学出版社，2006年，第300~305页。

[⑦] 赵志军：《海岱地区南部新石器时代晚期的稻旱混作农业经济》，《东方考古》（第3集），北京：科学出版社，2006年，第256页。

[⑧] 〔加〕凯利·克劳福德等：《山东日照市两城镇遗址龙山文化植物遗存的初步分析》，《考古》2004年第9期，第76页。

趋势进行了研究。他认为造成这种趋势的出现可能有两方面的原因：一方面可能是生态环境的变化，特别是年降水量的增强，致使当地的农业生产条件向有利于稻谷种植的方向倾斜；另一方面的可能原因是文化因素，如文化传统、社会群体结构、技术发展条件等。在分析了龙山时代尉迟寺遗址文化面貌趋于复杂的现象后，他认为尉迟寺遗址从大汶口晚期到龙山时代农业生产特点的变化也有可能与文化间的相互影响有一定的关系[1]。

应该说，这两方面的原因对当时社会的农业生产均有重要影响。自然环境因素是决定作物类型能否生存的基本因素。在各种条件适合的情况下，社会发展与文化因素在这其中可能发挥了更重要的作用。在探讨两城镇龙山时期稻作迅速发展的原因之前，我们先来看一下稻和粟这两种主要作物相比的优势和劣势。

无论是从历史文献还是1949年后鲁东南区域内农业志的统计来看，相对于旱作的粟类生产，稻谷的产量优势都是非常明显的，而且这种差距在农田水利设施维护良好的情况下会更大。根据曹贯一的研究，宋代粮食产量折今制，则稻谷亩产286市斤，麦粟亩产100市斤；到了明后期常年稻谷亩产488斤，旱地麦粟亩产157.3斤[2]。日照境内的农业志资料也说明了这一点。根据日照农业部门的统计，该区域内1949～1981年的稻谷与粟的产量发生了比较大的变化。1949年，日照地区稻谷和粟的平均亩产量分别为156.7斤[3]与98斤；1956年的亩产量则为146斤和108.4斤。这可能反映了日照地区农业水利整治之前的状况，在生产力水平都很低的情况下，二者之间的差距是很明显的，稻谷的单位平均产量要比粟高50%左右；到了1958年，随着农田水利建设的加快，两种作物的平均产量都在增长，但差距却在不断扩大（表4-2[4]）。稻谷的这种相对高产的特点，决定了在同样数量的耕地面积的情况下，可以供养更多的人口。

表4-2 日照地区1949～1981年粮食作物单 （单位：斤/亩）

项目	1949年	1956年	1965年	1970年	1975年	1978年	1979年	1980年	1981年
稻谷	156.7	146	242.3	374.7	449	560.8	534.1	537.4	611.5
粟	98	108.4	147.3	160.4	215.6	192.3	254.4	311.4	321.2

另外，根据当地地方志资料记载，日照境内1949年新中国成立前后的稻作农业实际上是以旱稻为主，因产量较低，在大规模的农田改造中，不断引进高产的水稻品种，发展到今天境内基本很少见旱稻的踪迹。表4-2中1949年的数据可能为旱稻的产量统计。目前的研究尚无法对考古遗址中所出土的稻类遗存进行精确地判定，因此从理论上来说，龙山时代旱稻的生产也可能是存在的。旱稻也称陆稻，具有耐旱力强、耐贫瘠等特点，可在旱、

---

[1] 赵志军：《海岱地区南部新石器时代晚期的稻旱混作农业经济》，《东方考古》（第3集），北京：科学出版社，2006年，第255～256页。

[2] 曹贯一：《中国农业经济史》，北京：中国社会科学出版社，1989年，第621～625、752～756页。

[3] 1斤=500克。

[4] 表格修改自日照县农业区划办公室：《日照县农业资源调查和农业区划报告》，日照市内部资料，1985年，第183页，表三：日照县农作物布局、产量历史演变表。

干、湿地直播，无需水层管理、间苗插秧，管理方式类似小麦。相比水稻，旱稻的相对投入要少。虽然如此，水源条件对旱稻的生产还是非常关键的，尤其在自然降水较少的区域，这是旱稻正常生长发育的重要保障。尤其是在这种作物生长的分蘖期、拔节期、育穗期、抽穗期和灌浆期，对水的要求更为重要[①]。

除了上述特点外，稻和粟类一样，土壤条件并不是决定这两种作物生产的关键条件。稻谷的适应性很强，在水源充足的条件下，不论酸性土壤还是含盐量高的盐碱地，都可以进行种植[②]。水稻的这种特性，也是它能够在龙山时代鲁东南乃至整个海岱地区迅速推广的重要原因。

（三）两城镇的适宜性

从地形地貌和水源环境看，两城镇地区的低洼地带非常适合于稻作农业的发展。根据学者的研究，龙山时代两城镇遗址周围基本被水域所环绕，坐落在水域充盈的高地上。该遗址的总体环境，北部和东部是古代河流和冲积区，西部（外环壕西侧）也有一条古河道。遗址东南部的钻探表明，那里曾经比较低洼[③]。如前文（第一章第三节）所述，考古发现证明了龙山时期两城镇一带气候远较现代温暖湿润的特点。两城镇遗址东距黄海仅为6千米左右，遗址的西部是一片台地，海拔高度在10~15米；东部和动干部地势较低，海拔高度在6~10米。虽然目前所见的这一带土壤层较薄、含沙量高，但水源却非常充足。根据赵志军的研究，粟与稻谷在生长环境方面的差异主要就反映在水分条件的要求上[④]。

在前文的分析中，我们比较了丹土与两城镇一带在地形地貌与可耕地上的优劣，从水源条件的因素来看，两城镇区域一代相比丹土可能存在着更大的优势。在地形图和遗址分布图的基础上，我们生成了丹土两城镇一带河流的500米缓冲区域（图4-8）。

从图4-8中可见，丹土与两城镇实际位于同一条河及其两条支流所形成的宽广地带中，两个遗址以中间较高隆起区域为缓冲分据高地两侧。丹土遗址两面为北小河包围，但由于地理环境的限制，北、西两侧的河流及遗址西部的高岗地带严重束缚了大规模农业生产的发展空间。在这种情况遗址只有向河对岸扩张，这里一组中小型遗址的出现说明了这种情况。反观两城镇区域，遗址东侧靠近潮河的支流北小河，东南侧与南侧分别为潮河的干流及其支流金银河，平坦的地形地貌条件再加上区域内丰富的水源条件，对于较大规模的农业生产发展的优越条件一目了然。

---

① 李新：《旱稻的特点及高产栽培》，《农村科技》2005年第11期，第5页。
② 赵志军：《海岱地区南部新石器时代晚期的稻旱混作农业经济》，《东方考古》（第3集），北京：科学出版社，2006年，第256页。
③ 于海广：《山东日照两城镇遗址龙山文化围城遗迹的发掘和发现》，《东方考古》（第5集），北京：科学出版社，2008年，第76页。
④ 赵志军：《海岱地区南部新石器时代晚期的稻旱混作农业经济》，《东方考古》（第3集），北京：科学出版社，2006年，第255页。

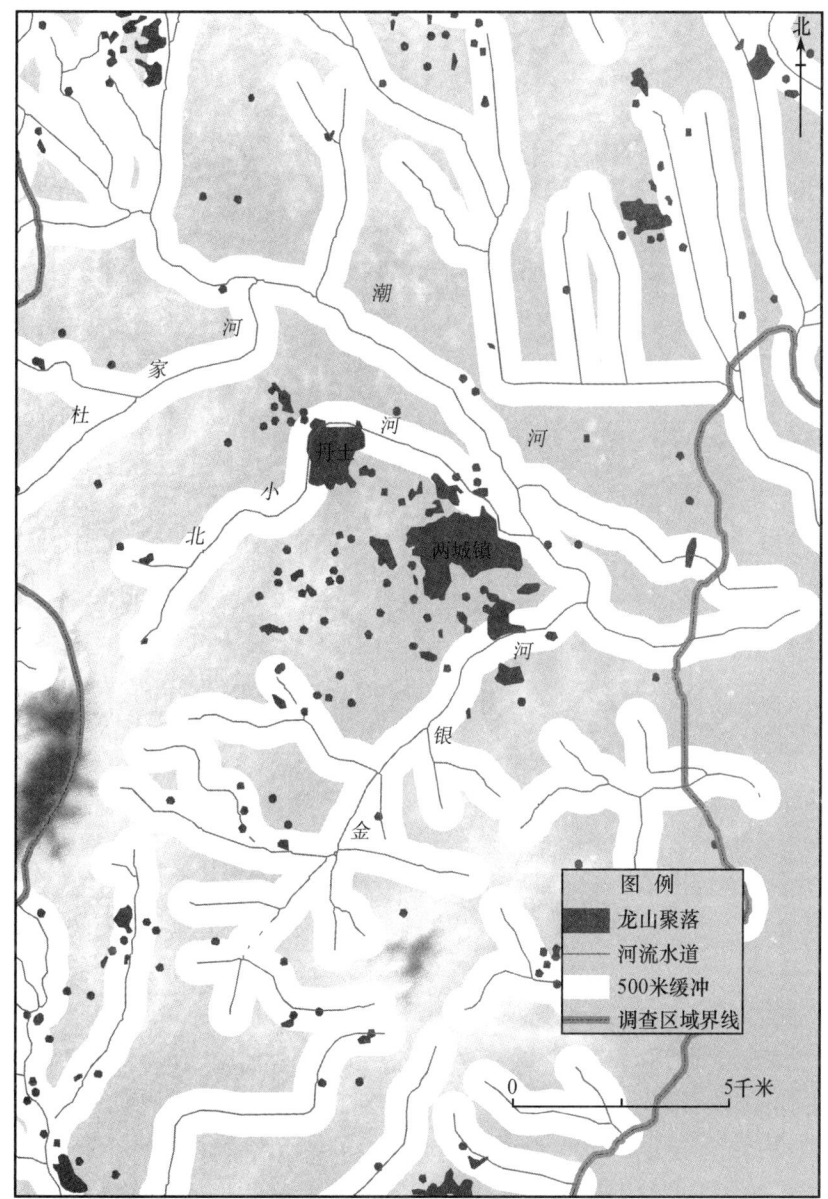

图4-8 丹土两城镇一带河流缓冲区

（四）龙山时代的复杂社会发展与农业生产

一方面，农业生产的发展使得社会分化成为可能，剩余产品的出现、农业生产活动中管理和协调机制的增强都推动了社会复杂化进程的发展。同时，这种发展又对农业生产方式产生重要影响。随着农业生产的发展和生产水平的提高，推动了人口的大幅增长；在社会核心化发展的过程中，大量人口不断向经济与社会的核心区域流动，人口的增长和大量集中必然对相关区域的经济和社会发展带来压力，造成资源的短缺和竞争的加剧。从推动社会复杂化发展的动力机制来看，无论是卡内罗的人口压力理论，还是弗兰纳里所述的社会环境选择压力的四个方面人口增长、战争、农业强化和交换，其核心问题都在于人口增长与资源短缺所造成的失衡压力。

社会复杂化的重要基础便是要有充分的资源供应和人口增长。由前文研究来看，由丹土发展到两城镇，按照考古研究所探明的布局来看，龙山时代城址两城镇的最大规模比同时期的丹土扩大了不止3倍。与规模的扩张相伴随的，便是聚落内人口的迅猛增长及其需求的增加。在丹土遗址所能提供的农业生产资源有限的情况下，当人口发展到一定规模，支撑区域内经济与社会发展所必需的更多可耕地和其他资源的获取便成为社会发展的首选。两城镇区域更加优越的自然地理环境和丰富水源条件对大汶口晚期和龙山早期丹土一带的已经开始初步发展的稻作农业生产有巨大的吸引力，因此对两城镇一带面积更大的耕地等新资源的开拓便成为必然。龙山时代适宜的气候条件为稻作农业的发展提供了可能；相比较这一时期的另一种主要作物类型粟，稻作农业在单位面积产量上存在的优势，正好满足了这一时期不断增加的人口规模的客观需求，因此，伴随着社会复杂化进程与稻作农业的发展，区域中心由自然地理条件较差的丹土一带转移到各方面都能满足当时社会发展需求的两城镇地区也就成了必然。

第五节　对本章所用研究方法的一点看法

近年来一些学者在地理信息系统软件的支持下尝试通过对技术经济角度的考察来探讨与社会复杂化进程和早期国家的产生和发展相关的一系列问题，表明地理信息系统在考古学研究中的应用程度不再仅仅是提供基础数据信息支持，而是上升到社会发展层面的问题讨论上，这与考古学发展的大趋势是一致的，国外相关学科的发展更是说明了这一点。

通过对遗址范围内存在的可耕地数量进行统计，并在民俗学的资料和考古调查发掘资料的支持下对相关区域不同时期的人口数量进行估算，然后结合该区域内可能存在的粮食作物的平均产量进行统计，在此基础上通过一系列运算来考察社会发展与包括人口增长、可耕地数量在内的资源环境之间的关系，从而来探讨聚落发展和变迁。

这种研究方法一般采用如下的研究路线：首先利用地理信息系统软件生成研究区域的各种地形指标数据，如坡度坡向数据、海拔数据等，之后根据不同地形数据的农业适宜性进行再分类和重新赋值。以坡度数据为例，重新赋值后的坡度类型划分为两类，即可适宜耕地和不可耕地。这其中存在着一个尺度操作问题。究竟什么样的坡度范围在什么时期被人类进行利用是一个不确定因素，只能根据不同区域的具体条件进行估算确定，而无法千篇一律地引用。此外，为了满足地理信息系统的计算要求，在重新赋值的过程中不同坡度范围的农业生产适宜性的不同被忽略掉，不同时期人口数量、粮食平均产量及人均消费量也都是通过估算得出的数据。

从技术研究路线上看，这是一种令人期待的分析方法。不同学者建立综合考察的研究模型，其研究思维和研究角度大大地开拓了现有研究人员的视野，为深入探讨考古学研究中的一些理论性问题提供了一种可能性的新尝试，尤其是在不同理论模型的假设下，从技术经济角度对古代社会进行探讨是颇具意义的。但这种研究方法也存在着一定的弊端。从实际操作来看，目前的研究还有诸多需要改进之处，尤其是在实际资料的处理和相应参数的设置方面。不同的地区不同的聚落乃至同一个聚落遗址在不同的时期人口密度、对控制区域内的耕地开发利用的程度都不同。即使是同一聚落同一时期内在技术范围下的可耕地，可能由于土壤肥沃程度，水力资源的丰富状况等方面产出会表现出很大的不同。在现有的研究条件下，依据常理或者一般性讨论得出的结论是否符合当时的实际还存在着很大的未知。有一点必须注意，如果参数设置不当，地理信息系统软件进行类似研究的方法则会进一步放大了研究的不确定性。地理信息软件进行此类分析所依赖的是根据各种不同的分析模型所建立的函数公式，分析结果是研究区域内各种因素相乘得出来的最终结果。当诸多参数中的一个存在不确定性时，研究的结果尚可以根据研究区域的实际情况进行某种程度的校正。但当所有因素都是不确定因素或者估算因素时，这种运算的结果是比较危险的：几种不确定因素连乘的结果是可想而知的。实际上这也是将定量研究引入人文社会科学领域所面临的主要问题之一。从现有的研究来看，目前不同学者所建立的适合某个特定区域的分析模型及其在此基础上展开的相关讨论可能只是对特定区域的适应，在进行借鉴时必须慎重。

本章研究的目的在于比较丹土、两城镇地区在自然地理与农业适应性方面的不同优势。从技术研究考虑，最理想的实现方法是经过计算得出丹土区域的准确可耕地面积，然后计算出两城镇区域的人口数量并计算出当时农业生产与社会发展条件下支撑这一人口规模所需要的可耕地数量，如果后者所需数量大于前者所能提供的最大范围，那么问题便迎刃而解。

社会发展的实际可能并非如此简单，根据丹土与两城镇区域的实际情况来看，后者区域内存在的规模较大的适宜于稻作农业发展的可耕地的存在对丹土一带的统治者是很大的吸引。当丹土一带人口增长与环境资源的压力开始显现时，社会上层推动的大规模人口迁移可能已经开始。在基本能满足社会需求的情况下，可耕地面积的数量并非只是影响其行为选择的主要因素，质量可能会上升到比较重要的位置——特别是在龙山时期稻作农业迅速推广的条件下。

因此在本章的研究中，在综合计算可耕地面积的数量之前，首先根据相关数据对这两个区域一定范围内的农业适应性情况进行比较，从比较优势的角度出发来观察丹土转移到两城镇一带的原因之所在。

结　　语

　　人地关系是聚落形态研究的重要内容，聚落选址问题是透视古代社会发展的重要角度。通过对不同时期的聚落选址与自然地理环境因素之间互动关系的探讨，可以为我们了解古代居民的行为方式提供重要的信息。除了受自然因素的影响之外，社会政治态势、行政管理等也会对聚落选址产生重要影响，特别是在社会发展到一定水平、适应自然的能力提高之后。鲁东南沿海地区史前至汉代的聚落选址和聚落变迁，为探讨相关问题提供了重要材料。

　　地理信息系统在考古学研究中的应用越来越广泛，凭借其强大的空间分析工具和对数据进行采集、存储、管理、分析和显示能力，这一研究工具得到越来越多学者的重视。地理信息系统与聚落考古研究相结合集两种研究手段之长，为从人地关系角度透视古代社会发展提供了新的视野。本书在地理信息系统软件的支持下，从聚落选址出发，对鲁东南沿海一带史前至汉代聚落选址和聚落变迁进行了研究。本书的探讨主要从以下三个方面对影响区域内史前至汉代聚落选址的自然与社会因素进行了讨论，并在讨论的基础上对这一时段内聚落考古的一些问题进行了探讨：第一，研究区域内史前至汉代不同时期的聚落形态变迁与聚落选址；第二，不同时期聚落选址对重要通道的利用及龙山时代的资源获取与流通状况；第三，区域中心由丹土转移到两城镇的个案研究。

　　自大汶口晚期到龙山，研究区域内微观层面的聚落形态发生重要变化，这不仅表现在龙山时期城址的普遍出现上，城内的布局及其分区方式也发生了变化。大汶口晚期陵阳河遗址表现出的聚落内部界限分明的功能分区发展到龙山文化两城镇更为复杂的社会分区。之前完全独立的墓葬区在两城镇龙山文化遗址变得相对分散，取而代之的则是以属于不同群体的居住遗址、墓地和活动场所为基本单位的分区现象，这表明两城镇龙山社会的复杂化程度进一步提高。岳石与商文化由于正处于文化发展的低潮期且目前的发掘工作较少，这一时期重要聚落中心的内部格局尚不清晰。两周时期山东半岛北部的归城遗址内外双重城墙的布局以及城内水系、夯土基址、道路等的发现，特别是内城建筑基址以G1为中心东西分布的格局和三号基址南侧活动"广场"的发现，为我们了解这一时期大型聚落的布局特征提供了重要资料。这一时期居住区与墓葬已出现明显的分离。汉代大古城的内部布局了解尚不多，但从文献记载及汉长安城遗址发掘的情况来看，这一时期的城市内部布局与分工已经发展到较完备的阶段，包括铸币等手工业作坊区在内的东西市与官署、宫城、宗庙社稷等礼仪性建筑分区安置，生活居住区与墓地在城市内外的分置等呈现出与史前社会大型聚落既有继承发展、又存在明显不同的特点。从海曲墓地的发掘来看，不同等级和阶层的人分区埋葬，而同一封土堆下不同姓氏家族印章的出现，为我们了解鲁东南沿海地区可能存在的不同葬俗提供了重要资料。

　　从宏观聚落形态来看，史前至汉代不同时期的聚落选址与不同环境因素也存在着密切的关系。从北辛文化发展到大汶口文化，区域内聚落选址在土壤类型方面的明显变化出现在龙山与商时期。龙山中期聚落选址所呈现出的对接近水源地的壤质潮土等类型土壤的青睐可能与这一时期稻作农业的较大发展有关，商文化遗址在麻砂质棕壤、麻砂质棕壤性土等土壤类型的较多出现可能说明旱作农业又成为当时农业生产活动的主要方式。由北辛、大汶口到龙山和岳石，聚落选址在地貌类型的选择呈现出由高到低的总趋势。北辛时期可能与这一时期相对较高的海平面有关；大汶口时期相比龙山在地貌选择上可能与这一时期更加温暖湿润的气候状况有关；龙山与岳石时期的地貌选择倾向于地势较好的低平地带，特别是在中小型聚落的选址上，可能与这个时期迅速发展的农业生产与社会的稳定发展有关。从岩石缓冲区来看，大汶口至史前时期的聚落选址对相关资源还是比较重视的，到了商周秦汉时期，这种分布情形可能更多地与政治态势与经济开发有关。不同时期聚落在海岸线缓冲区的分布状况说明了自北辛至秦汉时期的居民逐渐向海岸地带靠拢和相关资源的获取上，当然商文化的分布状况可能是个例外。从龙山早期到西周和汉代时期靠近沿海区域出现的聚落数量由少到多、规模由小到大的情况来看，人们对海洋资源的获取以及适应海洋生活的能力在不断增强。

通过对不同时期重要通道的利用状况进行考察，可以探索影响聚落选址的自然和社会因素，并在此基础上对资源获取和流通等问题进行初步探讨。本书首先依据相关数据和重要遗址生成了沟通研究区域的最优路径，然后根据北辛至汉代时期聚落的分布情况对不同时期所利用的主要通道及影响聚落选址的可能因素进行了探讨。在对外沟通方面，除沟通山东半岛和莒南、苏北地区的南北主要通道外，本区域与西部的莒县、五莲、诸城一带可以通过两条通道往来：南部的沿傅疃河逆流而上的小代疃至陵阳河区域一线及北部南张家庄至呈子一带的通道。大汶口晚期区域内两城镇与尧王城之间的沟通可能更多地利用了连接苏家村、冯家沟和东海峪一线的海岸通道，进入龙山时期这种状况发生变化，通过丝山与河山之间连接尧王城与两城镇的通道在南北沟通中开始发挥主要作用。这一时期在南部和北部区域新增加的两条通道都与资源的获取有密切的关系：南部地区对通往前水车沟一带通道的最初强化可能主要着眼于蛇纹岩及其他资源的获取；北部地区两城镇至夏家庄一带通道的发展可能与获取五莲山区的石料资源有关。岳石文化由于遗址发现数量较少，规模都比较小，且遗址表现出较为明显的小范围成群分布的迹象，这一时期不同聚落间的沟通与交流，可能局限在比较小的区域内进行。商文化聚落沿龙山时期沟通尧王城与两城镇区域之间的南北通道附近串状分布的迹象十分明显。西周时期的沟通主要利用了南北通道，大汶口龙山时期沟通东西的通道附近的重要遗址在这一时期都衰落下去。这种现象的出现可能与当时区域间可能存在的政治对立态势有关，也可能随着交通工具的发展，大汶口龙山时期通过山间谷地的沟通渠道已不再适合这一时期发展的需要。社会和行政的整合在这一时期得到明显加强，在总计19个一、二、三级区域性聚落中心中，分布在西寺—甲旺墩—两城镇—前竹村往南直到尧王城一线附近主要通道的遗址就有13个，显示出交通规划因素在西周时期聚落选址与社会发展中的重要影响。前竹村和大桃园这两个西周时期的重要遗址出现在沟通南北的重要交通线的两侧是这一时期区域之间可能存在紧张局面的反映，从而体现出社会政治方面的因素对聚落选址的影响。东周时期在西周时期业已形成的南北沟通基础上不断出现新的变化，这主要表现在前竹村的衰落和大古城、大土山等的兴起上。与西周时期相比,这一时期的发展还表现在区域内东西沟通的恢复上,苗家村、川子、东林子头等遗址的持续发展和兴起,表明这一时期对海洋资源的利用进一步增强。沿海地区的资源不仅由以上遗址流向尧王城、大古城和北部的两城镇区域,还可以由大古城流向莒县区域或者经辛留、大土山一带流向莒县临沂地区。汉代聚落选址的一个重要特点便是聚落分布不再总是与最优路径相对一致,这可能说明了由地貌因素所决定的最优路径不再是汉代时期聚落选址的首要考虑因素。从两城镇与尧王城区域之间大型聚落址的分布来看,研究区域内的南北交通可能已经完全脱离了对丝山与河山之间通道的依赖,两城镇—程子沟—大桃园—后山前—黄家河—张家大庄—大古城—井沟—尧王城一线成为这一时期南北沟通的主要凭借,这可能是中央和地方政府控制下的行政区划重新布局的结果。汉代时期的另一变化便是两城镇区域通往凤墩村、西庄甚至琅琊台一带交通路线的改变。根据聚落分布和最优路径的生成看,由两城镇东北通往上述地区的通道已经取代了大汶口以来形成的由丹土东北出发的路线。此外,本书还对龙山时期蛇纹岩等资源的获取和流通通道进行了探讨,根据分析结果来看,娄罗树一带的蛇纹岩资源主要是通过东、西两条通道获取并流往尧王城和两城镇区域的。

在地理信息系统的支持下,结合相关学者对影响复杂社会发展的动力问题的相关讨论,本书对龙山时期研究区域内北部的区域中心由丹土转移到两城镇的原因进行了考察。通过对丹土遗址的选址进行讨论,可以看出虽然所在地的自然地理条件能够满足大汶口晚期经济社会发展的需要,但随着聚落规模的不断扩大和人口的增长,丹土区域复杂社会发展与人口环境的不平衡压力在不断加大。两城镇区域相对优越的地形、地貌和水源条件,以及比丹土地区所能够提供的数量更多的可耕地面积正好满足了这一时期研究区域北部不断发展的要求。稻作农业在这个转变中发挥了重要作用,其相对于粟类的高产特性以及从大汶口到龙山时期不断得到推广的现实,正好与大汶口龙山时期社会规模不断扩张和人口增长而产生的巨大需求相适应,从而推动了这一转移的进程。两城镇遗址相对优越的交通因素可能在这个过程中起到了促进作用,但从龙山时期两城镇地区与北部沟通所依赖的通道并没有随着两城镇遗址的兴起而显著改变的事实来看,交通因素在这个转变过程所起的作用并没有之前所推测的那样大。

由于笔者研究水平以及对地理信息系统相关软件的掌握能力所限,在分析方法的确定、相关问题的阐释方面还存在着一些不足。首先,将地理信息系统应用于国内考古学研究,特别是与古代社会发展紧密相关的一些问题探讨上,许多学者已经进行了有益的尝试,但由于正处于发展的初始,对这一研究方法的操作分析以及不同解释等缺乏深入的探讨,研究中应该注意的问题也鲜有涉及,本书的研究中也存在类似的问题;其次,从地理信息系统应用于考古研究的实践来看,相关问题的阐释需要综合运用考古学以及与之相关的人类学、地理学、政治学、社会学等相关学科理论和方法的支持,本书在理论的驾驭方面尚显不足;最后,从具体的研究来看,聚落选址与环境因素的讨论,仅在软件上分析是不够的,还需要研究古代地理、环境等问题的学者对研究区域内的相关因素进行长期深入的研究,目前的研究手段和研究材料,还不足以支持这种更加深入的研究。

参考书目

一、地图、数据、实验教程等

中美日照地区联合考古队：《鲁东南沿海地区系统考古调查报告》，北京：文物出版社，2012年。

中国地质科学院编辑：《中华人民共和国地质图集》，北京：中国地质科学院，1973年。

黄鸿翔等：《中华人民共和国土壤图》，西安：西安地图出版社，1995年。

日照县土壤普查办公室：《日照土壤》，1984年。

山东省土壤肥料工作站：《山东土壤》，北京：中国农业出版社，1994年。

日照县农业区划办公室：《日照县农业资源调查和农业区划报告》，日照市内部资料，1985年。

日照市水利局：《〈山东省志·水利志〉日照市资料长编》（1986—2000），日照市水利局资料。

山东省地质矿产局：《山东省区域地质志》，北京：地质出版社，1991年。

山东省科学技术委员等：《中国海岸带和海涂资源综合调查图集·山东省第三分册》，北京：国家海洋局、国家测绘局，1990年。

中国科学院地理研究所地貌研究室：《黄淮海平原地貌图》，济南：山东省地图出版社，1990年。

山东省地图出版社编制：《日照市地图》，济南：山东省地图出版社，2008年。

汤国安、杨昕：《ArcGIS地理信息系统空间分析实验教程》，北京：科学出版社，2006年。

国家文物局：《中国文物地图集·山东分册》（下），北京：中国地图出版社，2008年。

Archaeology Data Service / Digital Antiquity,（http://guides.archaeologydataservice.ac.uk/g2gp/Gis_1-2）.

二、地方志与历史文献资料

（汉）班固撰，（唐）颜师古注：《汉书》，北京：中华书局，1962年。

（清）陈懋修，张庭诗纂：《日照县志》，台北：成文出版社有限公司，据清光绪二十年刊本影印。

日照市地方史志编纂委员会编：《日照市志》，济南：齐鲁书社，1994年。

日照市地方史志编委会办公室：《日照市志·日照地理志》，日照地方史志办内部资料，1987年。

日照市盐务局编：《日照盐业志》，日照市盐务局内部资料，1989年。

《泰晤士世界历史地图集》中文版翻译组：《世界史便览：公元前9000年—公元1975年的世界》，北京：生活·读书·新知三联书店，1983年。

三、研究专著与论文集

张光直：《考古学专题六讲》，北京：文物出版社，1986年。

苏秉琦：《中国文明起源新探》，北京：生活·读书·新知三联书店，1999年。

栾丰实等：《考古学理论方法技术》，北京：文物出版社，2002年。

栾丰实：《海岱地区考古研究》，济南：山东大学出版社，1997年。

栾丰实：《东夷考古》，济南：山东大学出版社，1996年。

方辉：《海岱地区青铜时代考古》，济南：山东大学出版社，2007年。

方辉主编：《聚落与环境考古学理论与实践》，济南：山东大学出版社，2007年。

栾丰实、〔日〕宫本一夫主编：《海岱地区早期农业和人类学研究》，北京：科学出版社，2008年。

中国社会科学院考古研究所、郑州市文物考古研究院编：《中国聚落考古的理论与实践（第一辑）——纪念新砦遗址发掘30周年学术研讨会论文集》，北京：科学出版社，2009年。

〔澳〕刘莉著，陈星灿等译：《中国新石器时代——迈向早期国家之路》，北京：文物出版社，2007年。

郑建明：《环境、适应与社会复杂化》，上海：上海世纪出版集团，2008年。

王锡平：《胶东考古研究文集》，济南：齐鲁书社，2004年。

王赛时：《山东海疆文化研究》，济南：齐鲁书社，2006年。

曹贯一：《中国农业经济史》，北京：中国社会科学出版社，1989年。

滕铭予：《GIS支持下的赤峰地区环境考古研究》，北京：科学出版社，2009年。

刘建国：《考古与地理信息系统》，北京：科学出版社，2007年。

王宏志：《地理信息系统技术与三峡库区聚落考古研究》（戊种第3号），北京：科学出版社，2010年。

汤国安等：《Arc GIS地理信息系统空间分析实验教程》，北京：科学出版社，2010年。

Allen K M S, Green S W, Zubrow E B W. Interpreting space: GIS and archaeology, London: Taylor & Francis, 1990.

Lock G, Stancic Z. Archaeology and Geographical Information Systems: A European Perspective, London: Taylor & Francis, 1995.

Zimmerman L J. Prehistoric Locational Behavior: A Computer Simulation. Office of the State Archaeologist, Iowa City: University of Iowa Press, 1977(10).

Clark D L. Spatial Archaeology. Boston: Academic Press, 1977.

Underhill A P. Craft Production and Social Change in Northern China, New York: Kluwer Academic/Plenum, 2002.

四、研究论文

方辉等:《鲁东南沿海地区聚落形态变迁与社会复杂化研究》,《东方考古》(第4集)北京:科学出版社,2008年。

〔美〕加里·费曼等著,杨谦译:《考古调查发现的帝王印记——琅琊台遗址群调查与阐释》,《东方考古研究通讯》2009年第13期。

栾丰实:《日照地区大汶口、龙山文化聚落形态之研究》,《中国考古学跨世纪的回顾与前瞻》,北京:科学出版社,2000年。

高广仁:《山东日照两城镇的发掘及其学术价值》,《东南文化》2000年第3期。

〔加〕凯利·克劳福德等:《山东日照市两城镇遗址龙山文化植物遗存的初步分析》,《考古》2004年第9期。

靳桂云等:《山东丹土和两城镇龙山文化遗址水稻植硅体定量研究》,《东方考古》(第2集),北京:科学出版社,2005年。

赵志军:《海岱地区南部新石器时代晚期的稻旱混作农业经济》,《东方考古》(第3集),北京:科学出版社,2006年。

〔美〕Lanehart R等:《山东日照市两城镇遗址龙山文化先民食谱的稳定同位素研究》,《考古》2008年第8期。

靳桂云等:《山东地区考古遗址出土木炭种属研究》,《东方考古》(第6集),科学出版社,2009年。

靳桂云等:《山东日照两城镇龙山文化(4600~4000aB.P.)遗址出土木材的古气候意义》,《第四纪研究》2006年第4期。

靳桂云等:《山东日照市两城镇遗址土壤样品植硅体研究》,《考古》2004年第9期。

范黛华等:《山东日照两城镇龙山文化陶器的初步研究》,《考古》2005年第8期。

孙梁红:《日照两城镇遗址古木炭的初步研究》,山东大学硕士学位论文,2006年。

陈雪香:《山东日照两处新石器时代遗址复选土样结果分析》,《南方文物》2007年第1期。

张小雷:《两城镇遗址龙山文化陶器的生产及相关问题初步研究》,山东大学硕士学位论文,2008年。

高广仁:《山东日照两城镇遗址的发掘及其收获》,《海岱地区先秦考古论集》,北京:科学出版社,2000年。

〔日〕三原正三等:《海岱龙山文化黑陶碳素的稳定同位素分析》,《东方考古》(第3集),北京:科学出版社,2006年。

齐乌云等:《山东沭河上游出土人骨的食性分析研究》,《华夏考古》2004年第2期。

靳桂云:《土壤微形态分析及其在考古学研究中的应用》,《地球科学进展》1999年第2期。

严文明:《聚落考古与史前社会研究》,《文物》1997年第6期。

张忠培:《聚落考古初论》,《中原文物》1999年第1期。

夏正楷、张俊娜：《聚落考古研究中的环境考古学问题》，《中国聚落考古的理论与实践（第一辑）——纪念新砦遗址发掘30周年学术研讨会论文集》，北京：科学出版社，2009年。

〔澳〕刘莉、陈星灿：《城：夏商时期对自然资源的控制问题》，《东南文化》2000年第3期。

〔美〕高登·R·威利著，贾明伟译：《维鲁河谷课题与聚落考古——回顾与当前的认识》，《华夏考古》2004年第1期。

郭伟民：《论聚落考古中的空间分析方法》，《华夏考古》2008年第4期。

王青：《西方环境考古研究中的遗址域分析》，《中国文物报》2005年6月17日第7版。

葛本中：《中心地理论评价及其发展趋势研究》，《安徽师大学报》1989年第2期。

方辉：《王献唐与两城镇》，《山东图书馆学刊》，2009年第3期。

栾丰实：《中美合作两城考古及其意义》，《文史哲》2003年第2期。

杨波：《山东五莲县丹土遗址出土玉器》，《故宫文物月刊》1996年第2期。

巫鸿：《一组早期的玉石雕刻》，《美术研究》1979年第1期。

石志廉：《对故宫博物院旧藏两件古玉圭的一些看法》，《中国历史文物》1981年第00期。

邓淑苹：《晋、陕出土东夷系玉器的启示》，《考古与文物》1999年第5期。

韩有松、孟广兰：《青岛沿海地区20000年以来的古地理环境演变》，《海洋与湖沼》1986年第3期。

韩有松、孟光兰：《青岛胶州湾地区全新世海侵及其海平面变化》，《科学通报》1984年第20期。

耿秀山等：《晚冰期以来山东沿岸的海面变动》，《黄渤海海洋》1987年第4期。

王永吉、李善为：《青岛胶州湾地区20000年以来的古植被与古气候》，《植物学报》1983年第4期。

毛晓平等：《山东古代气候与海岸变迁》，《河南气象》2006年第2期。

庆昭蓉：《土壤化学分析在考古学空间分析上的应用性——以屏东县牡丹乡排湾族Saqacengalj旧社遗址为例》，台湾大学硕士学位论文，2005年。

傅斯年等：《城子崖——山东历城县龙山镇之黑陶文化遗址》（序），北京：中央研究院历史语言研究所，1934年。

梁思永：《龙山文化——中国文明的史前期之一》，《考古学报》1954年第7册。

石璋如：《中国历史地理》（上），台北：中国文化大学出版社，1983年。

朱渊清：《丛书序》，《早期中国研究丛书》，上海：上海古籍出版社，2006年。

张学海：《鲁西两组龙山文化城址的发现及对几个古史问题的思考》，《华夏考古》1995年第4期。

〔日〕宫本一夫：《山东新石器时代墓制所见阶级性及礼制的起源》，《东方考古》（第3集），北京：科学出版社，2006年。

高华中等：《三峡库区中坝遗址考古地层土壤有机碳的分布及其与人类活动的关系》，《土壤学报》2005年第3期。

吴汝祚：《论良渚文化与大汶口、龙山文化的关系》，《东南文化》1989年第6期。

栾丰实：《大汶口文化与崧泽良渚文化的关系》，《海岱地区考古研究》，济南：山东大学出版社，1997年。

孙波：《山东龙山文化城址略论》（简稿），中国考古网，2010年04月23日，http://www.kaogu.cn/cn/detail.asp?ProductID=11369。

李毓芳：《汉长安城的布局与结构》，《考古与文物》1997年第5期。

王锡平：《从出土文物看胶东半岛与辽东半岛史前时期的海上交通》，《海交史研究》2004年第2期。

王建华：《试论辽东半岛南部地区的史前文化》，《辽宁师范大学学报》（社会科学版）2005年第4期。

杨深富、王仕安：《山东日照海曲史考略》，《东南文化》2005年第6期。

王永波：《山东半岛发现的古代独木舟》，《考古与文物》1987年第5期。

蔡玉臻：《登州古港早期的港航活动》，"走近徐福"网站，http://www.wansongpu.cn/xufu/xf—cknews.asp?id=181。

徐仲仪等：《山东婆罗绿石地质特征简介及其开发前景分析》，《山东国土资源》2004年第4期。

邹天人等：《中国主要玉石类型及产地》，《矿床地质》1996年第S2期。

王赛时：《宋金元时期山东盐业的生产与开发》，《盐业史研究》2005年第4期。

李新：《旱稻的特点及高产栽培》，《农村科技》2005年第11期。

曹兵武：《GIS与考古学》，《考古与文物》，1997年第4期。

高立兵：《时空解释新手段——欧美考古GIS的历史、现状和未来》，《考古》1997年第7期。

刘建国：《GIS支持的聚落考古研究》，中国地质大学博士学位论文，2007年。

刘建国：《陕西周原七星河流域考古信息系统的建设与分析》，《考古》2006年第3期。

张海：《Arc View地理信息系统在中原地区聚落考古研究中的应用》，《华夏考古》2004年第1期。

乔玉：《伊洛地区裴李岗至二里头文化时期复杂社会的演变——地理信息系统基础上的人口和农业可耕地分析》，《考古学报》2010年第4期。

滕铭予：《GIS在内蒙古敖汉旗环境考古研究中的初步应用与探索》，《华夏考古》2009年第3期。

肖彬等：《GIS支持的考古信息管理系统——以长江三角洲地区为例》，《南京师大学报》（自然科学版）1999年第3期。

中国河南省文物考古研究所、美国密苏里州立大学人类学系：《河南颍河上游考古调查中运用GPS与GIS的初步报告》，《华夏考古》1998年第1期。

陈德超、刘树人：《GIS支持下的上海考古信息系统的研发》，《绘与空间地理信息》2004年第5期。

毕硕本等：《田野考古信息系统的设计方案与实施流程》，《测绘科学》2009年第5期。

杨林等：《基于GIS数据库的田野考古地层剖面空间数据挖掘——以陕西临潼姜寨遗址为例》，《地理与地理信息科学》2005年第2期。

高飞等：《3S技术支持下的小型遗址提取方法》，《地理空间信息》2009年第4期。

张慧：《真实感古遗址三维重建及虚拟展示技术研究与应用》，西北大学博士学位论文，2010年。

梅启斌、熊霞：《地理信息系统在考古学中的应用研究》，《浙江万里学院学报》2005年第2期。

高飞等：《3S技术在遗址探查中的应用》，《文物保护与考古科学》2009年第1期。

阚瑷珂、王绪本：《"3S"技术支持下的考古探测方法研究述评》，《国土资源遥感》2008年第3期。

李海蓉：《GIS支持下的考古探测综合解释系统》，成都理工大学硕士学位论文，2007年。

毕硕本等：《基于空间分析的史前郑洛地区连续文化聚落研究》，《地理科学》2008年第5期。

陈诚等：《基于GIS的旧石器时代遗址时空分布规律的研究——以丹江口水库淹没区为例》，《云南地理环境研究》2008年第1期。

张海：《数字计算模型与二里头早期国家的疆域》，《中国聚落考古的理论与实践（第一辑）——纪念新砦遗址发掘30周年学术研讨会论文集》，北京：科学出版社，2009年。

夏慧君：《基于GIS的历史文化遗址空间分布特征研究》，西安建筑科技大学硕士学位论文，2010年。

王均、陈向东：《两汉时期人口数据库建设与GIS应用探讨》，《测绘科学》2001年第3期。

滕铭予：《GIS在内蒙古敖汉旗环境考古研究中的初步应用与探索》，《华夏考古》2009年第3期。

胡明星、董卫：《基于GIS的镇江西津渡历史街区保护管理信息系统》，《规划师》2002年第3期。

顾维玮、朱诚：《苏北地区新石器时代考古遗址分布特征及其与环境演变关系的研究》，《地理科学》2005年第2期。

邢昱等：《基于GIS与三维激光扫描的古建筑保护研究》，《地理空间信息》2009年第1期。

胡明星等：《基于GIS宏村世界文化遗产地保护规划修编中应用研究》，《安徽建筑》2010年第2期。

张剑葳等：《GIS技术在大遗址保护规划中的应用探索——以扬州城遗址保护规划为例》，《建筑学报》2010年第6期。

王一帆等：《运用GIS进行古代城市结构复原的尝试：以北宋东京城为例》，《第四届海峡两岸GIS发展研讨会暨中国GIS协会第十届年会论文集》，2006年。

赵晓林：《基于VRGIS的三维古遗址重建与网络发布》，首都师范大学硕士学位论文，2007年。

何宇华、孙永军:《空间遥感考古与楼兰古城衰亡原因的探索》,《考古》2003年第3期。

张立、吴健平:《浙江余杭瓶窑、良渚古城结构的遥感考古》,《文物》2007年第2期。

刘建国:《安阳殷墟遥感考古研究》,《考古》1999年第7期。

吴文祥等:《4000aB.P.前后降温事件与中华文明的诞生》,《第四纪研究》2001年第5期。

尤玉柱等:《山东日照沿海发现的旧石器及其意义》,《人类学学报》1989年第2期。

竺可桢:《中国近五千年来气候变迁的初步研究》,《中国科学A辑》1973年第2期。

史同广:《黄海西岸胶州湾至海州湾段全新世海岸变迁》,《曲阜师范大学学报》1997年第2期。

王锡平:《从胶东半岛新石器遗址的分布看海岸的变迁》,《海洋科学》1985年第9卷第2期。

王振国:《古生物学家推测——商代济南气候似江南》,新华网山东频道,2003年04月02日,http://www.sd.xinhuanet.com/news/2003—04/02/content_355913.htm。

Underhill A P, et al. Changes in regional settlement patterns and the development of complex societies in southeastern Shandong, China. Journal of Anthropological Archaeology, 2008, 27.

Underhill A P, et al. Regional survey and the development of complex societies in southeastern Shandong, China.Antiquity, 2002, 76: 745-755.

Feinman G M, Nicholas L M, Fang Hui. The imprint of China's first emperor on the distant realm of eastern Shandong.Proceedings of the National Academy of Sciences, 2010(107): 4851-4856.

Shelach G. Leadship Strategies, Economic Activity, and Interregional Interaction: Social Complex in Northeast China, New York: Kluwer Academic, Plenum Publishers, 1999.

Kvamme K L. A view from across the water: the North American experience in archaeological GIS. In: Lock G, Stancic Z, eds. Archaeology and Geographical Information Systems: A European Perspective, London: Taylor & Francis, 1995.

Harris T, Lock G, Toward an evaluation of GIS in European archaeology: the past, present and future of theory and applications. In: Lock G, Stancic Z. eds. Archaeology and Geographical Information Systems: A European Perspective, London: Taylor & Francis, 1995.

Chadwick A J. A computer simulation of Mycenaean settlement, in Hodder I. (Ed.), Simulation Studies in Archaeology, Cambridge: Cambridge University Press, 1978.

Effland R W. Statistical distribution cartography and computer graphics. In: Upham S. Eds. Computer Graphics in Archaeology, Anthropological Research Papers, Tempe: Arizona State University, 1979.

Green S W, Approaching archaeological space: an introduction to the volume. In: Allen K M S, Green S W, Zubrow E B W, eds. Interpreting space: GIS and archaeology, London: Taylor & Francis, 1990.

Bawaya M. Virtual archaeologists recreate parts of ancient worlds. Science,2010: 327(5962): 140-401.

Crawford G W, et al. Late Neolithic Plant Remains from Northern China: Preliminary Results from Liangchengzhen, Shandong. Current Anthropology, 2005: 42(2).

Flnnery K V. The cultural evolution of civilization. Annual Review of Ecology and Systematics, 1972: 3.

Carneiro R L. A theory of the origin of the state. Science, 1970: 169(3947).

Schurr M R. Associations between agricultural intensification and social complexity: an example from the prehistoric Ohio Valley. Journal of Anthropological Archaeology, 1995: (14).

Anderson D G, Gillman J C. Paleoindian Colonization of the Americas: Implications from An Examination of Physiography, Demography, and Artifact Distribution. American Antiquity, 2000: 65(1).

Limp W F. Digital Desoto: An Automated Analysis on Alternative Routes, Paper Presented at the Second Desoto Conference. University of Arkansas Museum, Fayetteville, 1990.

五、考古调查、发掘报告类

中美两城地区联合考古队：《山东日照两城地区的考古调查》，《考古》1997年第4期。

中美两城地区联合考古队：《山东日照地区系统区域调查的新收获》，《考古》2002年第5期。

方辉等：《鲁东南沿海地区聚落形态变迁与社会复杂化进程研究》，《东方考古》（第4集），北京：科学出版社，2008年。

中美两城地区联合考古队：《山东日照市两城镇遗址1998—2001年发掘简报》，《考古》2004年第9期。

陈星灿等：《中国文明腹地的社会复杂化进程——伊洛河地区的聚落形态研究》，《考古学报》2003年第2期。

赤峰中美考古研究项目：《内蒙古东部（赤峰）区域考古调查阶段性报告》，北京：科学出版社，2003年。

中国社会科学院考古研究所二里头工作队：《河南洛阳盆地2001—2003年考古调查简报》，《偃师二里头遗址研究》，北京：科学出版社，2005年。

中国国家博物馆考古部：《垣曲盆地聚落考古研究》，北京：科学出版社，2007年。

刘敦愿：《日照两城镇龙山文化遗址调查》，《考古学报》1958年第1期。

刘敦愿：《记两城遗址发现的两件石器》，《考古》1972年第4期。

刘敦愿：《山东五莲、即墨县两处龙山文化遗址的调查》，《考古通讯》1958年第4期。

中国社会科学院考古研究所山东工作队：《山东汶上县东贾柏新石器时代遗址发掘简报》，《考古》1993年第6期。

山东省考古所等：《山东莒县陵阳河大汶口文化墓葬发掘简报》，《史前研究》1987年第3期。

山东省文物考古研究所等：《莒县大朱家村大汶口文化墓葬》，《考古学报》1991年第2期。

临沂文物组：《山东临沂大范庄新石器时代墓葬的发掘》，《考古》1975年第1期。

山东省文物考古研究所：《五莲丹土发现大汶口文化城址》，《中国文物报》2001年1月17日第1版（总第0877期）。

于海广：《山东日照两城镇遗址龙山文化围城遗迹的发现和发掘》，《东方考古》（第5集），北京：科学出版社，2008年。

刘燿：《山东日照两城镇附近史前遗址》，《两城镇遗址研究》，北京：文物出版社，2009年。

山东省博物馆、日照县文化馆东海峪发掘小组：《一九七五年东海峪遗址的发掘》，《考古》1976年第6期。

中国社会科学院考古研究所编著：《胶县三里河》，北京：文物出版社，1988年。

刘敦愿：《有关两城镇玉坑玉器的资料》，《考古》1988年第2期。

临沂地区文物管理委员会等：《日照尧王城龙山文化遗址试掘简报》，《史前研究》1985年第4期。

中国社会科学院考古研究所：《尧王城遗址第二次发掘有重要发现》，《中国文物报》1994年1月23日第1版。

王学良：《五莲县史前考古获重大发现》，《日照日报》1995年7月8日第1版。

日照市博物馆：《山东日照市大古城汉墓发掘简报》，《东南文化》2006年第4期。

何德亮等：《日照海曲汉代墓地考古的主要收获》，《文物世界》2003年第5期。

山东省文物考古研究所：《山东日照海曲西汉墓（M106）发掘简报》，《文物》2010年第1期。

张雪晨：《山东日照东海峪遗址发现贝丘遗迹》，《中国文物报》2007年3月23日第2版。

王仕安：《日照再次发现新石器时代贝丘遗址》，《中国文物报》2009年3月27日第2版。

李玉：《岚山六甲庄遗址考古发掘记》，《日照文博》，2008年第1期。

中美联合归城考古队：《山东龙口市归城两周城址调查简报》，《考古》2011年第3期。

唐锦琼：《胶东地区两周考古的新进展——山东龙口归城遗址调查获得丰厚成果成果》，《中国文物报》2010年6月18日第4版。

李步青、林仙庭：《山东黄县归城遗址的调查与发掘》，《考古》1991年第10期。

中国社会科学院考古研究所：《胶东半岛贝丘遗址环境考古》，北京：社会科学文献出版社，1999年。

附　表

附表1　鲁东南沿海地区地区史前至汉代 I - III 级聚落简表① （单位：万平方米）

遗址名称	行政区划	年代	早期/西周	中期	晚期/东周	面积	等级
ANJ-1	东港	龙山	x	x		10.04	III
Dantu-1	五莲	大汶口				13.4	I
Dantu-1	五莲	大汶口				0.58	III
Dantu-1	五莲	汉				17.44	III
Dantu-1	五莲	龙山	x	x		130.68	II
Dantu-1	五莲	周	x		x	36.96	II
DJP-2	东港	龙山	x	x		23.64	III
DJP-2	东港	周			x	16.48	III
DT-3	东港	商				0.2	II
LCZ-1	东港	汉				235.92	I
LCZ-1	东港	龙山	x	x		272.49	I
LCZ-1	东港	商				0.25	II
LCZ-1	东港	商				0.5	II
LCZ-1	东港	周	x		x	241.4	I
LCZ-2/3	东港	大汶口				3.78	II
LCZ-2/3	东港	汉				30.08	II
LCZ-2/3	东港	龙山	x	x		42.88	II
LCZ-2/3	东港	周			x	12.16	III
XJG-1	东港	龙山	x	x		21.32	III
XJG-1	东港	周	x		x	21.28	III
LJLC-1	胶南	龙山	x	x		21.04	III
SMZC-3	胶南	岳石				0.25	III
SMZC-3	胶南	周			x	8.2	III
WJYA-6/7	五莲	龙山		x		13.68	III
QBZ-2	东港	汉				26.24	II

① 附表1系根据中美日照地区联合考古队：《鲁东南沿海地区系统考古调查报告》（上），北京：文物出版社，2012年，第292~295页中的"表一 聚落等级变更信息表"及《鲁东南沿海地区系统考古调查报告》（下）中的"遗址信息表"整理而成。

附　表

续表

遗址名称	行政区划	年代	早期/西周	中期	晚期/东周	面积	等级
GLG-3	东港	商				0.12	Ⅱ
FJZ-1	胶南	商				0.12	Ⅱ
XGJZ-1	胶南	商				1.48	Ⅰ
XGJZ-3	胶南	商				0.4	Ⅱ
XJY-5	胶南	商				0.12	Ⅱ
CHZ-14/8/9	五莲	汉				11	Ⅲ
CY-1	五莲	汉				27.2	Ⅱ
CY-1	五莲	周	x		x	21.5	Ⅲ
DZ-6	五莲	周			x	8.44	Ⅲ
LQ-6/2	五莲	商				0.72	Ⅱ
TLSG-1	五莲	商				0.24	Ⅱ
YG-1	五莲	商				1.4	Ⅰ
CZG-1，2/GZ-2/3	东港	汉				58.5	Ⅱ
CZG-1/HSD-7	东港	商				0.25	Ⅱ
CZG-2/GZ-2/3	东港	周			x	9	Ⅲ
HSD-6	东港	大汶口				0.25	Ⅲ
DSHK-3	胶南	大汶口				0.25	Ⅲ
JWD-2/LHQ-1	胶南	龙山	x	x		52.06	Ⅱ
JWD-2/LHQ-1	胶南	周	x		x	56.25	Ⅱ
QPL-1	胶南	汉				12.58	Ⅲ
JZ-6	五莲	龙山	x			18.32	Ⅲ
JZ-6	五莲	商				1	Ⅰ
WST-1	五莲	商				0.25	Ⅱ
WST-1	五莲	岳石				0.25	Ⅲ
XJZ-1，5-8/JZ-6	五莲	龙山	x			127	Ⅱ
XJZ-1，5-8/JZ-6	五莲	龙山		x		101	Ⅱ
YT-1	五莲	汉				19.61	Ⅲ
YT-1	五莲	龙山	x	x		14.38	Ⅲ
DTY-1	东港	汉				27.7	Ⅱ
DTY-1	东港	龙山	x	x		23.8	Ⅲ
DTY-1	东港	周	x		x	20.96	Ⅲ
HJH-2/3	东港	龙山	x	x		24.88	Ⅲ
HJH-2/3/4	东港	汉代				32	Ⅲ
HJH-2/3/4	东港	周	x			21.3	Ⅲ
HJH-2/3	东港	周			x	24.7	Ⅲ

续表

遗址名称	行政区划	年代	早期/西周	中期	晚期/东周	面积	等级
HSQ-1，12,13/QSQ-1	东港	汉				65	Ⅱ
QJGZ-1	东港	商				1.48	Ⅰ
QJGZ-1	东港	岳石				1.48	Ⅱ
QZC-1/WLZ-2	东港	商				1.68	Ⅰ
QZC-1/WLZ-2	东港	商				0.45	Ⅱ
QZC-1/WLZ-2	东港	岳石				2.26	Ⅱ
QZC-1-3/WLZ-1-4	东港	周	x			110	Ⅰ
QZC-1-3/WLZ-1-4	东港	周			x	29.5	Ⅱ
SJC-1/12	东港	大汶口				0.2	Ⅲ
SJC-1,2,7,12	东港	龙山	x	x		51	Ⅱ
SJC-1/12	东港	龙山	x	x		10.96	Ⅲ
WLZ-1	东港	周	x		x	8.83	Ⅲ
XZZ-1	东港	商				1.67	Ⅰ
XZZ-1	东港	岳石				1.67	Ⅱ
DLZG-5	东港	商				0.25	Ⅱ
DWJC-1	东港	龙山	x	x		46.03	Ⅱ
FJG-2	东港	大汶口				0.32	Ⅲ
FJG-2	东港	大汶口				0.32	Ⅲ
LCZ-1	东港	岳石				2.32	Ⅱ
MJC-1-4/QTX-1/DJT-1	东港	汉	x			150.9	Ⅰ
MJC-1,3,4/QTX-1	东港	周			x	96.4	Ⅱ？
QTX-1	东港	汉	x			13.55	Ⅲ
TiJC-1	东港	汉	x			12.45	Ⅲ
TiJC-1	东港	周	x		x	9.39	Ⅲ
BQM-1	胶南	汉	x			26.2	Ⅱ
BQM-1	胶南	周			x	16.2	Ⅲ
DL-1	胶南	汉	x			26	Ⅱ
FDC-1	胶南	汉	x			94.48	Ⅰ
FDC-1	胶南	龙山	x	x		32.64	Ⅲ
FDC-1	胶南	周	x		x	82.1	Ⅱ
HL-1	胶南	汉	x		x	15.61	Ⅲ
HL-1	胶南	周			x	9.93	Ⅲ
SJL-1	胶南	汉	x			10.92	Ⅲ
YJZ-2	胶南	商				2.39	Ⅰ
ZJC-1	胶南	商				1.1	Ⅰ

续表

遗址名称	行政区划	年代	早期/西周	中期	晚期/东周	面积	等级
ZJC-4	胶南	大汶口				1.45	Ⅱ
ZJC-4	胶南	汉	x		x	19.93	Ⅲ
ZJC-4	胶南	龙山	x	x		12.39	Ⅲ
ZJC-4	胶南	周	x		x	13.22	Ⅲ
DGC-1/XSLP-2	东港	汉				264.49	Ⅰ
DGC-1/XSLP-2	东港	周			x	36.5	Ⅱ
HSQ-1	东港	周	x		x	11.99	Ⅲ
MJC-1, 4	东港	周	x		x	32	Ⅲ
NXZZ-1	东港	周	x		x	9.41	Ⅲ
XSLP-2	东港	商				0.5	Ⅱ
ZJDZ-1	东港	汉				33.47	Ⅱ
ZJDZ-1	东港	龙山	x	x		27.5	Ⅲ
CJC-4	胶南	汉				12.9	Ⅲ
CJC-4	胶南	周	x		x	11.22	Ⅲ
DG-1, 4, 9, 10/TS-4-7, 10, 11/NS-1, 3, 4	胶南	汉				95	Ⅰ/Ⅱ
DG-1/4	胶南	龙山	x	x		16.06	Ⅲ
DG-1/4	胶南	周	x		x	13.54	Ⅲ
NS-5/6/8	胶南	汉				16.37	Ⅲ
NS-5/6/8	胶南	周	x		x	10.5	Ⅲ
TS-4	胶南	大汶口				0.25	Ⅲ
XZ-1/MH-1	胶南	汉				40	Ⅱ
XZ-1	胶南	周	x		x	18.51	Ⅲ
ZJDZ-3	胶南	大汶口				0.38	Ⅲ
ZJDZ-3	胶南	龙山	x	x		30.31	Ⅲ
ZJDZ-3	胶南	周	x		x	12.96	Ⅲ
DGZ-5	东港	岳石				1.42	Ⅱ
DHY-1	东港	大汶口				4.19	Ⅱ
DHY-1	东港	大汶口				0.52	Ⅲ
DHY-1	东港	大汶口				0.32	Ⅲ
DHY-1	东港	龙山	x	x		60	Ⅱ
DHY-1	东港	龙山	x	x		50.25	Ⅱ
GHA-2/SJC-1	东港	周	x		x	14	Ⅲ
GHA-2/SJC-1	东港	周	x		x	19	Ⅲ
GHA-2/SJC-1	东港	周	x		x	60	Ⅱ

续表

遗址名称	行政区划	年代	早期/西周	中期	晚期/东周	面积	等级
KS-3	东港	岳石				0.45	Ⅲ
NTL-4	东港	大汶口				0.58	Ⅲ
NZJC-1	东港	岳石				1.1	Ⅱ
XJC-1	东港	岳石				0.45	Ⅲ
XJC-1	东港	周	x		x	29.81	Ⅱ
XLJC-2	东港	周	x		x	8.45	Ⅲ
JLH-1-2/WZ-3	胶南	汉				59	Ⅱ
LHDZ-3	胶南	岳石				2.32	Ⅱ
WZ-3	胶南	汉				18.23	Ⅲ
XS-1	胶南	大汶口				0.45	Ⅲ
XS-1	胶南	汉				50	Ⅱ
XS-1	胶南	龙山	x			55	Ⅱ
XS-1	胶南	龙山		x		51.86	Ⅱ
XS-1	胶南	岳石				0.45	Ⅲ
XS-1	胶南	岳石				1.23	Ⅱ
XS-1	胶南	岳石				9.16	Ⅰ
XS-1	胶南	周	x		x	50.06	Ⅱ
BWJC-1	东港	周			x	7.75	Ⅲ
CZ-2-3	东港	汉				39	Ⅱ
CZ-2	东港	周	x		x	14.41	Ⅲ
FT-1	东港	岳石				2.26	Ⅱ
MaJC-1	东港	商				0.71	Ⅱ
MaJC-1	东港	岳石				0.71	Ⅲ
MJXZ-1	东港	汉				13.93	Ⅲ
MJXZ-1	东港	周	x		x	8.32	Ⅲ
QD-5	东港	汉				10.45	Ⅲ
QD-5	东港	周	x		x	18.58	Ⅲ
TJY-1/ZK-1	东港	周	x		x	9.48	Ⅲ
XHai-1	东港	周			x	7.61	Ⅲ
YWC-1/GaJL-1	东港	大汶口				1.23	Ⅱ
YWC-1/GaJL-1	东港	大汶口				0.06	Ⅲ
YWC-1/GaJL-1	东港	大汶口				5.81	Ⅱ
YWC-1/GaJL-1	东港	大汶口				0.13	Ⅲ
YWC-1/GaJL-1	东港	大汶口				1.29	Ⅱ
YWC-1/GaJL-1	东港	汉				309.07	Ⅰ

续表

遗址名称	行政区划	年代	早期/西周	中期	晚期/东周	面积	等级
YWC-1/GaJL-1	东港	龙山	x	x		367.52	Ⅰ
YWC-1/GaJL-1	东港	周			x	9.74	Ⅲ
YWC-1/GaJL-1	东港	周	x		x	226.56	Ⅰ
BY-4	岚山	商				1.67	Ⅰ
DQH-5	岚山	龙山	x	x		10.1	Ⅲ
DXQH-1/JG-3	岚山	汉				95.7	Ⅱ
GJZ-1	岚山	商				0.58	Ⅱ
GJZ-1	岚山	周	x		x	12.4	Ⅲ
JG-3	岚山	大汶口				0.51	Ⅲ
JG-3	岚山	大汶口				2.58	Ⅱ
JG-3	岚山	商				0.9	Ⅰ
JG-3/4，DXQH-1	岚山	龙山	x	x		120.7	Ⅱ
MT-7	岚山	大汶口				0.13	Ⅲ
QLNT-2	岚山	商				0.35	Ⅱ
XDT-3	岚山	大汶口				2.75	Ⅱ
XDT-3	岚山	汉				13.9	Ⅲ
XDT-3	岚山	龙山	x	x		21.5	Ⅲ
ZZB-1	岚山	商				0.13	Ⅱ
DLZT-8	东港	汉				15	Ⅲ
DLZT-8	东港	周	x		x	14.9	Ⅲ
XLZT-1	东港	汉				11.4	Ⅲ
XLZT-1	东港	龙山	x			26	Ⅲ
XLZT-1	东港	龙山		x		17.9	Ⅲ
XLZT-1	东港	大汶口				4.6	Ⅱ
DQL-1	岚山	商				0.3	Ⅱ
LCG-1	岚山	岳石				0.65	Ⅲ
LCG-4	岚山	岳石				0.65	Ⅲ
LK-3	岚山	汉				11.2	Ⅲ
XC-2/4	岚山	汉				28.57	Ⅱ
XJC-3	岚山	大汶口				0.97	Ⅱ
YTX-1	岚山	汉				19.09	Ⅲ
ZJJZ-4/XSQ-1	岚山	汉				32.7	Ⅱ
ZJJZ-4	岚山	周	x		x	12.32	Ⅲ
DTS-5/CG-9	岚山	周	x		x	75.37	Ⅱ
DTS-5/CG-9，10	岚山	汉				286.61	Ⅰ

续表

遗址名称	行政区划	年代	早期/西周	中期	晚期/东周	面积	等级
QAX-1	岚山	汉				10.38	Ⅲ
TSDZ-1	岚山	汉				14.63	Ⅲ
XHZ-5	岚山	汉				14.83	Ⅲ
XL-1-7	岚山	周	x		x	138.7	Ⅰ
YJZ-1	岚山	汉				10.9	Ⅲ
DJLG-3	胶南	龙山	x	x		13.87	Ⅲ
DJLG-3	胶南	周	x		x	8.1	Ⅲ
DS-4	胶南	周	x		x	7.48	Ⅲ
SH-11	胶南	周	x		x	9.63	Ⅲ
TG-4	胶南	龙山	x	x		10.97	Ⅲ
HMZ-1	岚山	龙山	x	x		10.19	Ⅲ
NZJZ-1	诸城	龙山	x	x		41.87	Ⅱ
NZJZ-1	诸城	周			x	8.45	Ⅲ
NZJZ-1	诸城	汉				22.9	Ⅱ
YZ-1	东港	汉				11.2	Ⅲ
XuJL-1-2/XXD-1	东港	汉				60	Ⅱ？
XSH-1-2/SH-3	东港	汉				30	Ⅱ
CZ-1-2	岚山	周			x	33	Ⅱ
DZZ-1-2/XiZZ-2	东港	汉				13	Ⅲ
MaJC-1	东港	汉				35.8	Ⅱ
DCP-3，4，5	东港	汉				26	Ⅲ
ADW-1/DXZ-1/LSM-1	岚山	汉				25.6	Ⅲ
XC-1-9/XS-3，4,5	岚山	汉				164	Ⅰ

后　　记

《鲁东南沿海地区聚落选址与聚落变迁研究》一书即将付梓，首先要感谢我的导师方辉教授。从最初的选题到数据的搜集，从内容的设计到最后的定稿，都透露着导师悉心指导的心血。感谢他把我从考古研究之外带进学术研究的大门，从若干年前重返校园至今，点点滴滴的进步都是导师精心指导的结果。

同时感谢耶鲁大学人类学系的文德安教授。她不仅指导了我在美期间的专业学习、资料收集和论文规划，还充分利用各种机会为我的学习和生活创造更好的条件。她严格的要求、一丝不苟的工作态度永远值得我学习。

感谢山东大学历史文化学院考古系的于海广教授、栾丰实教授、任相宏教授、崔大庸教授和王青教授等在论文的开题和预答辩过程中给出的宝贵意见和建议，感谢考古系各位老师直接或间接的指导。感谢匿名评审专家对论文给出的中肯意见和建议。在论文评阅和答辩中，栾丰实教授和水涛教授等提出了宝贵的修改意见，一并表示感谢。

感谢伊利诺伊大学芝加哥分校的Lauer Junker教授、耶鲁大学东亚图书馆的李唐女士、耶鲁大学地球观测中心的Larry Bonneau教授、波士顿大学东亚考古中心的慕容捷教授、山东省博物馆练洁女士、济南市国土局的刘燕女士、北京联合大学的张雯博士、日照市文史委的王苏灵主任等在我学习和资料收集过程中先后给予的帮助。

同时感谢路斯基金会东亚和东南亚考古与早期历史研究项目（Henry Luce Foundation/ACLS Grants to Individuals in East and Southeast Asian Archaeology and Early History）的资助，使我能够有机会到国外研究学习。

需要说明的是，本研究是鲁东南沿海地区聚落考古研究的一部分，主要从聚落选址和聚落变迁的角度对相关问题进行探讨。本书初稿完成于2011年6月，此次出版修改订正了原稿中存在的文字错误并补充了部分图片。除区域系统考古调查数据外，本书引用的数据和文献均截至2011年1月。由于研究尚在进行中，2011年之后的部分内容未纳入本书。水平所限，不足之处在所难免，敬请读者批评指正。

惠夕平

2016年3月

图版一

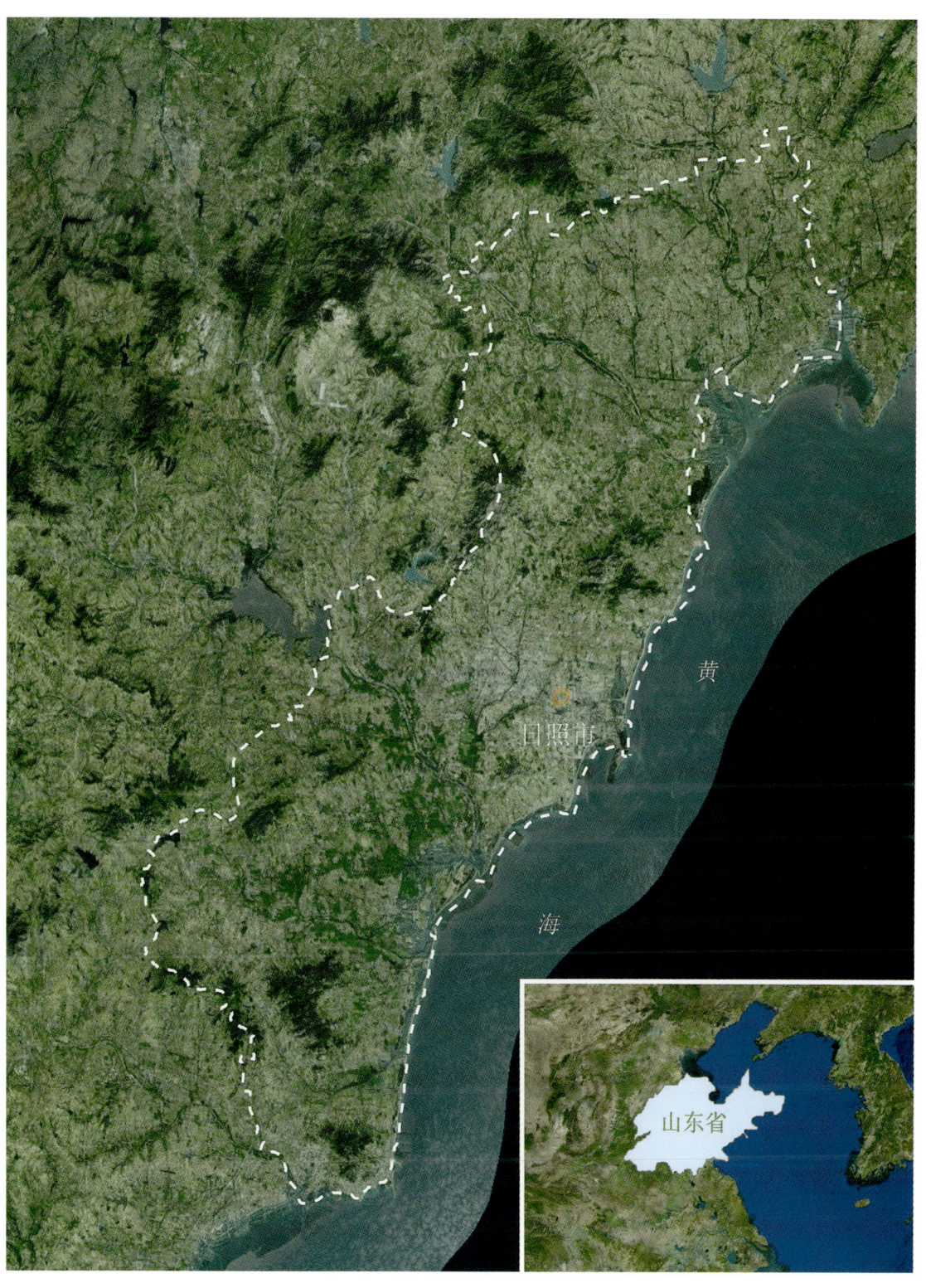

研究区域位置示意图

图版二

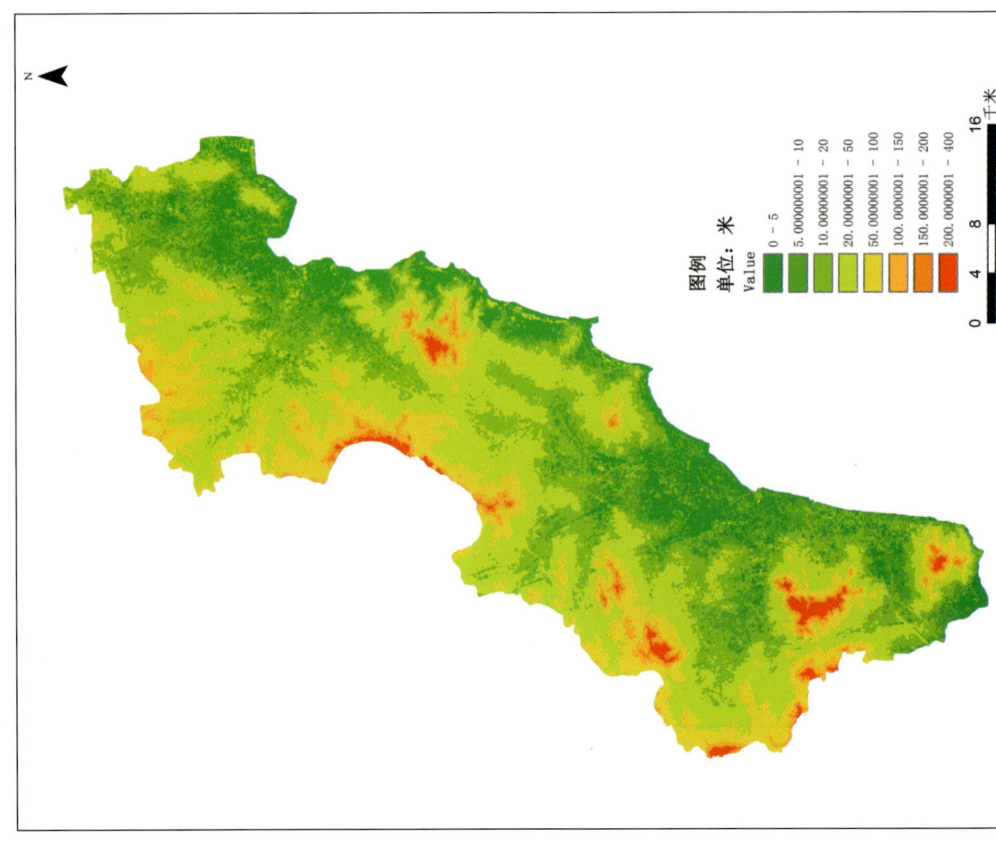

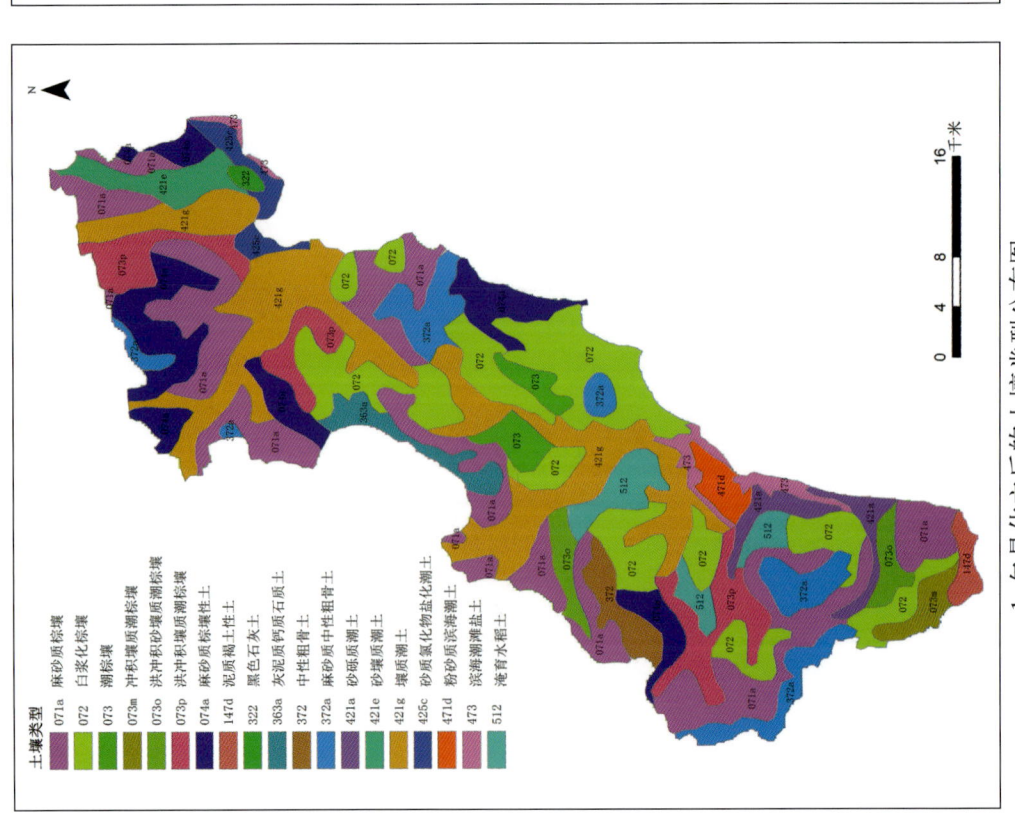

1. 矢量化之后的土壤类型分布图 2. 研究区域的数字高程模型

矢量化之后的土壤类型分布图和研究区域的数字高程模型

图版三

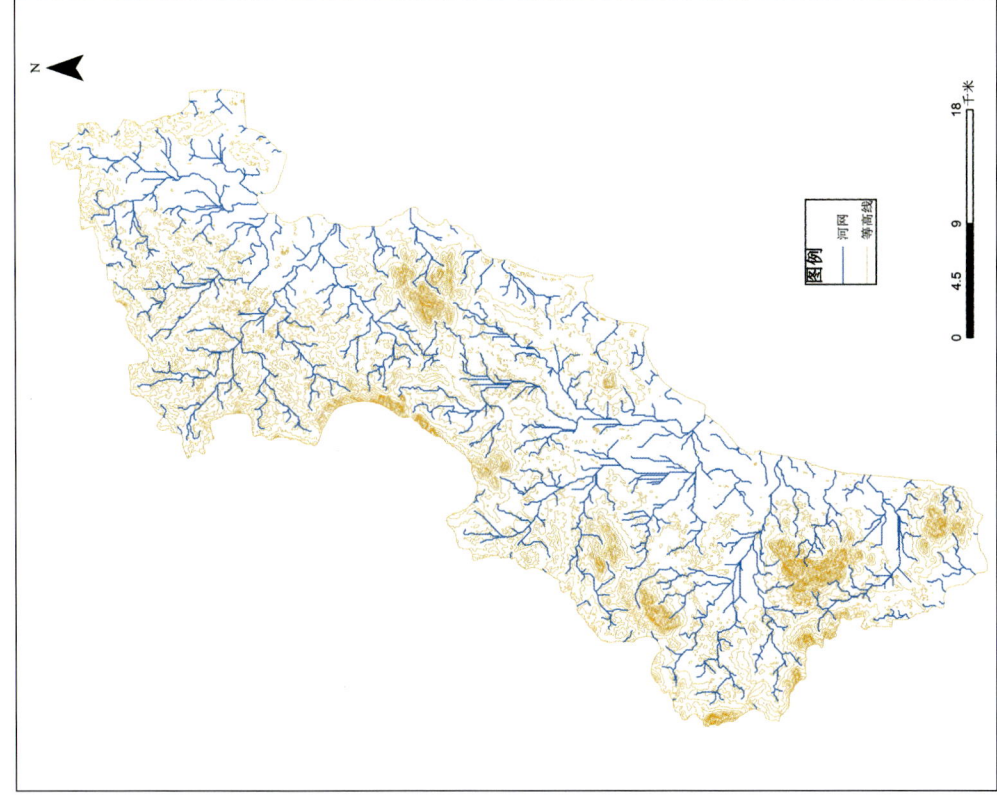

2. 等高线河网

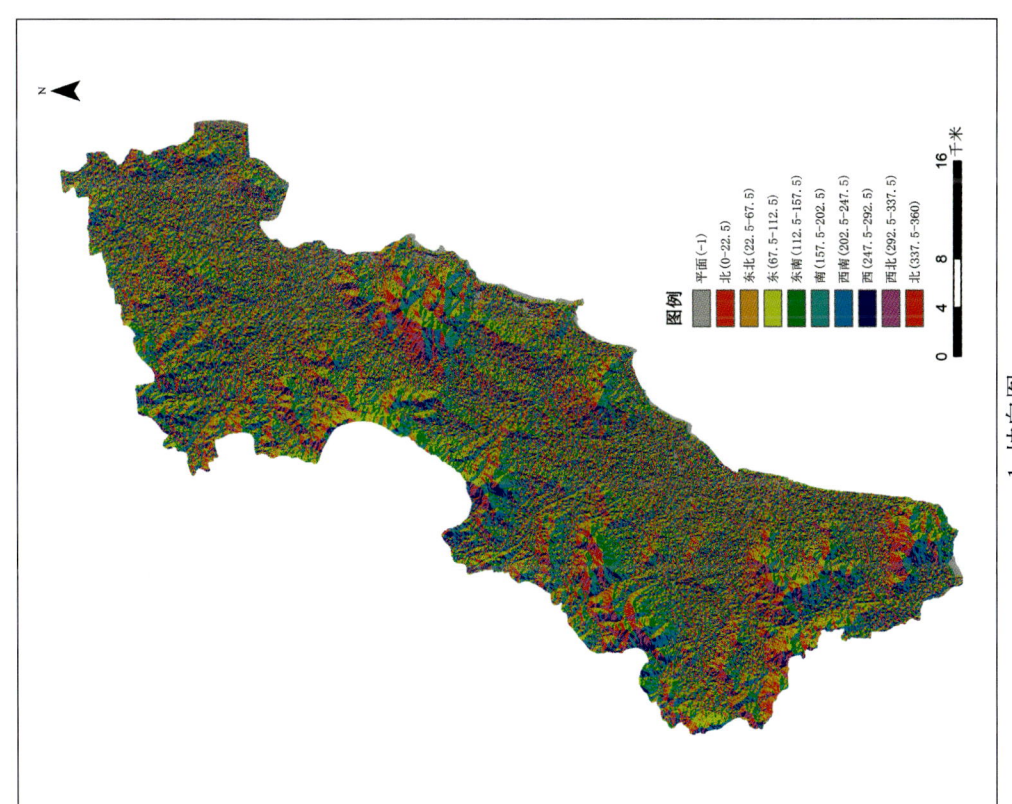

1. 坡向图

坡向图和等高线河网

图版四

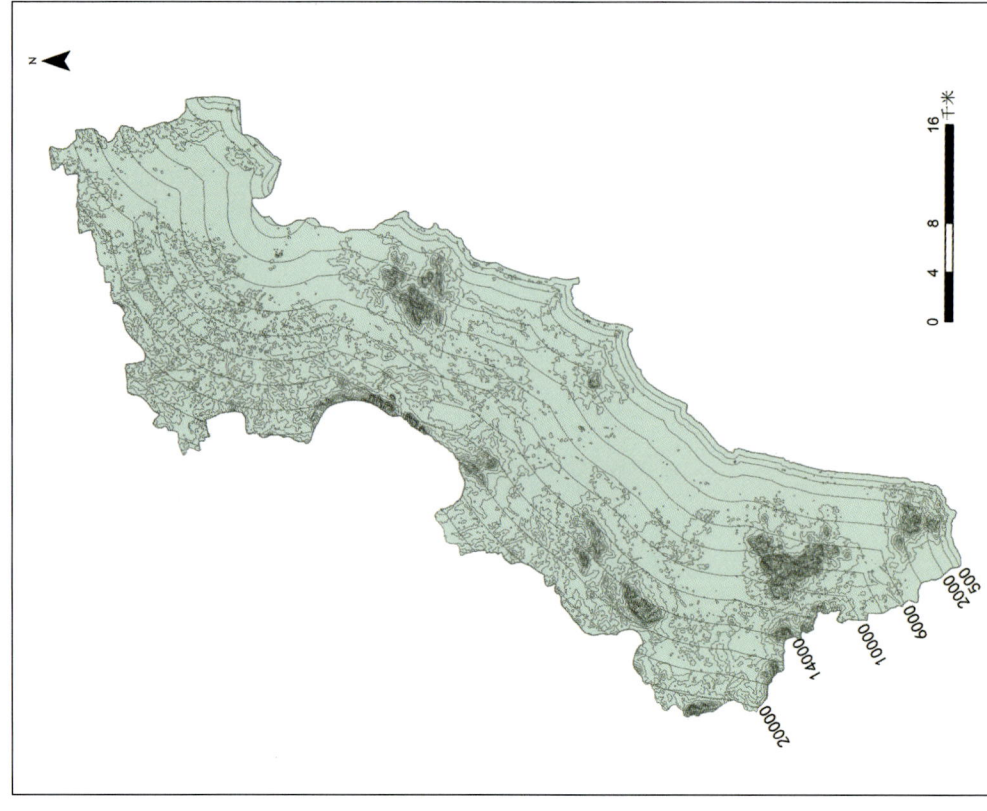

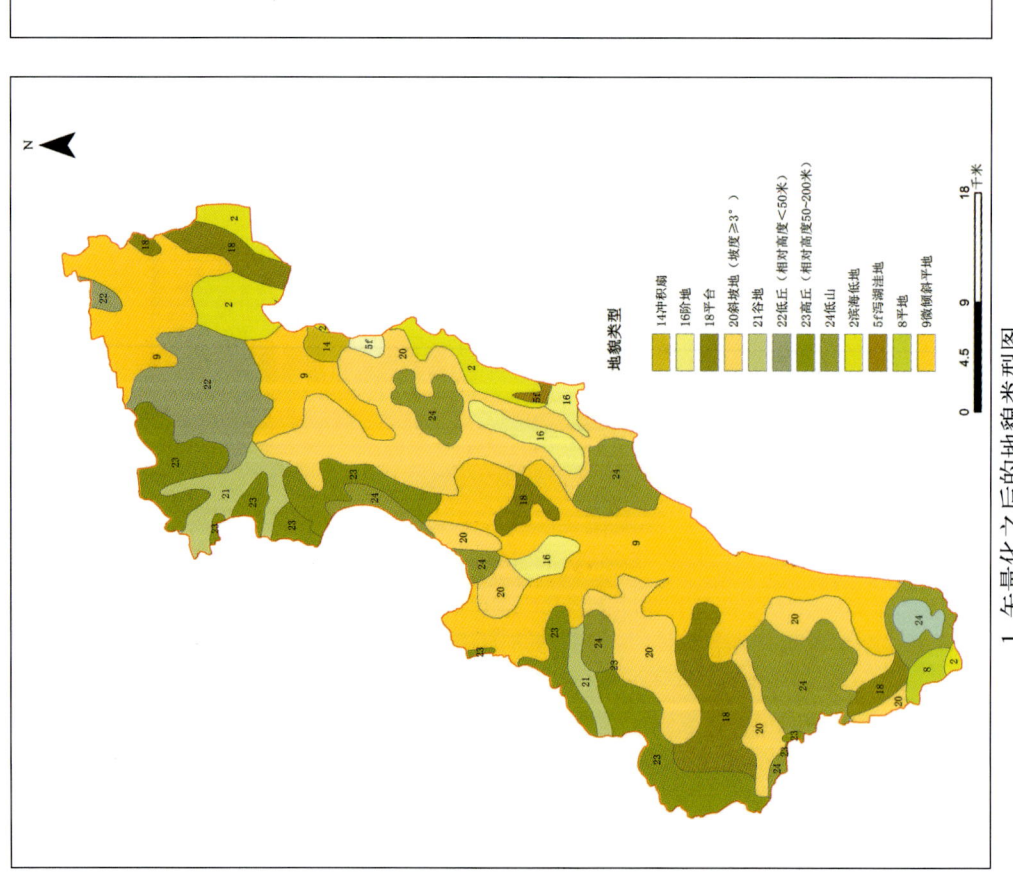

矢量化之后的地貌类型图和海岸线缓冲区

1. 矢量化之后的地貌类型图
2. 海岸线缓冲区

图版五

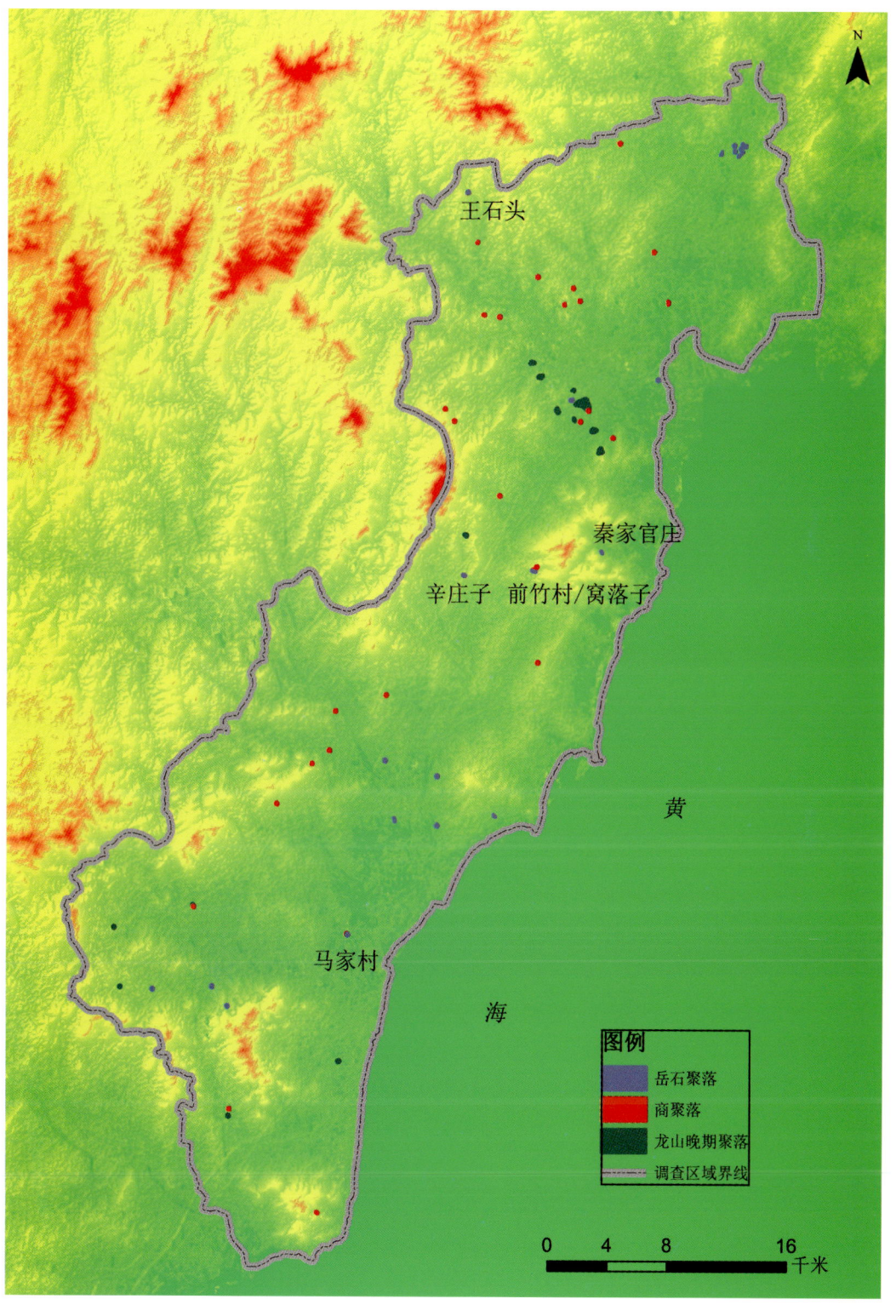

龙山晚期、岳石与商聚落叠加

图版六

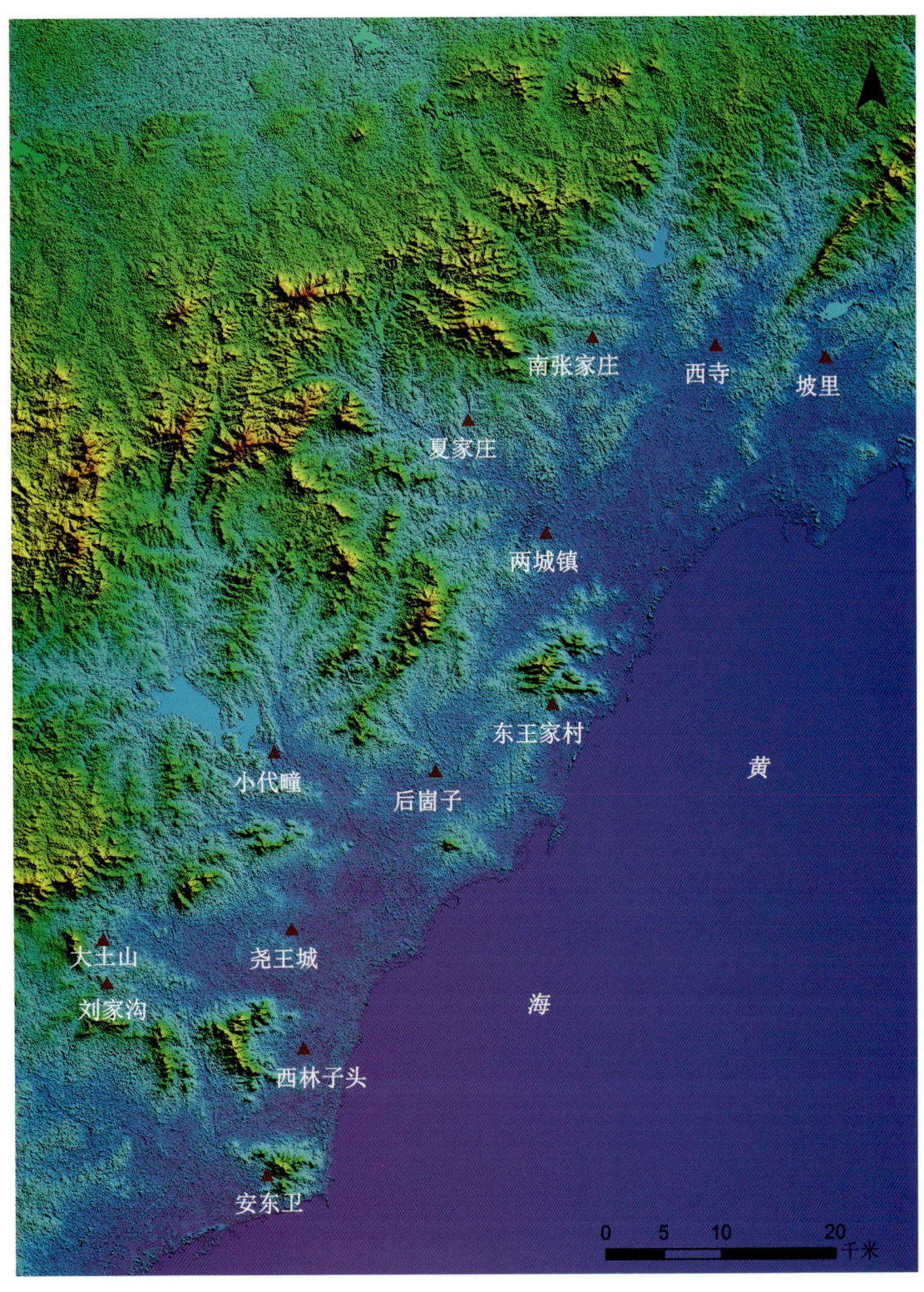

最优路径分析所选部分遗址示意图

图版七

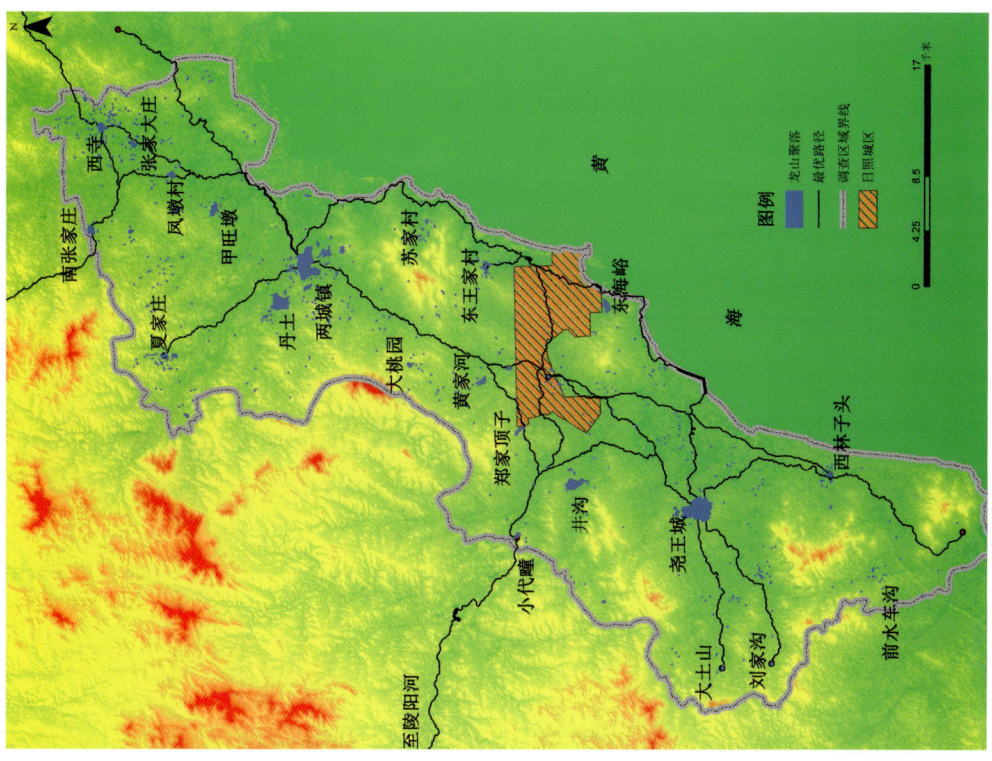

1. 大汶口聚落与最优路径叠加

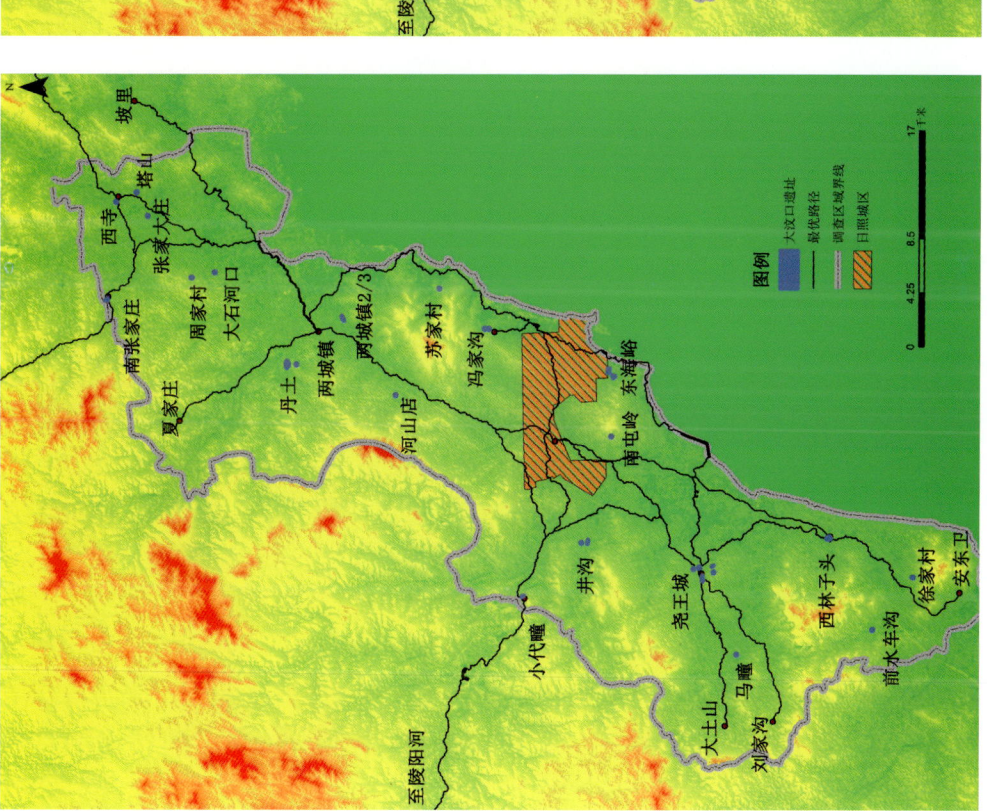

2. 龙山聚落与最优路径叠加

大汶口聚落与最优路径叠加和龙山聚落与最优路径叠加

图版八

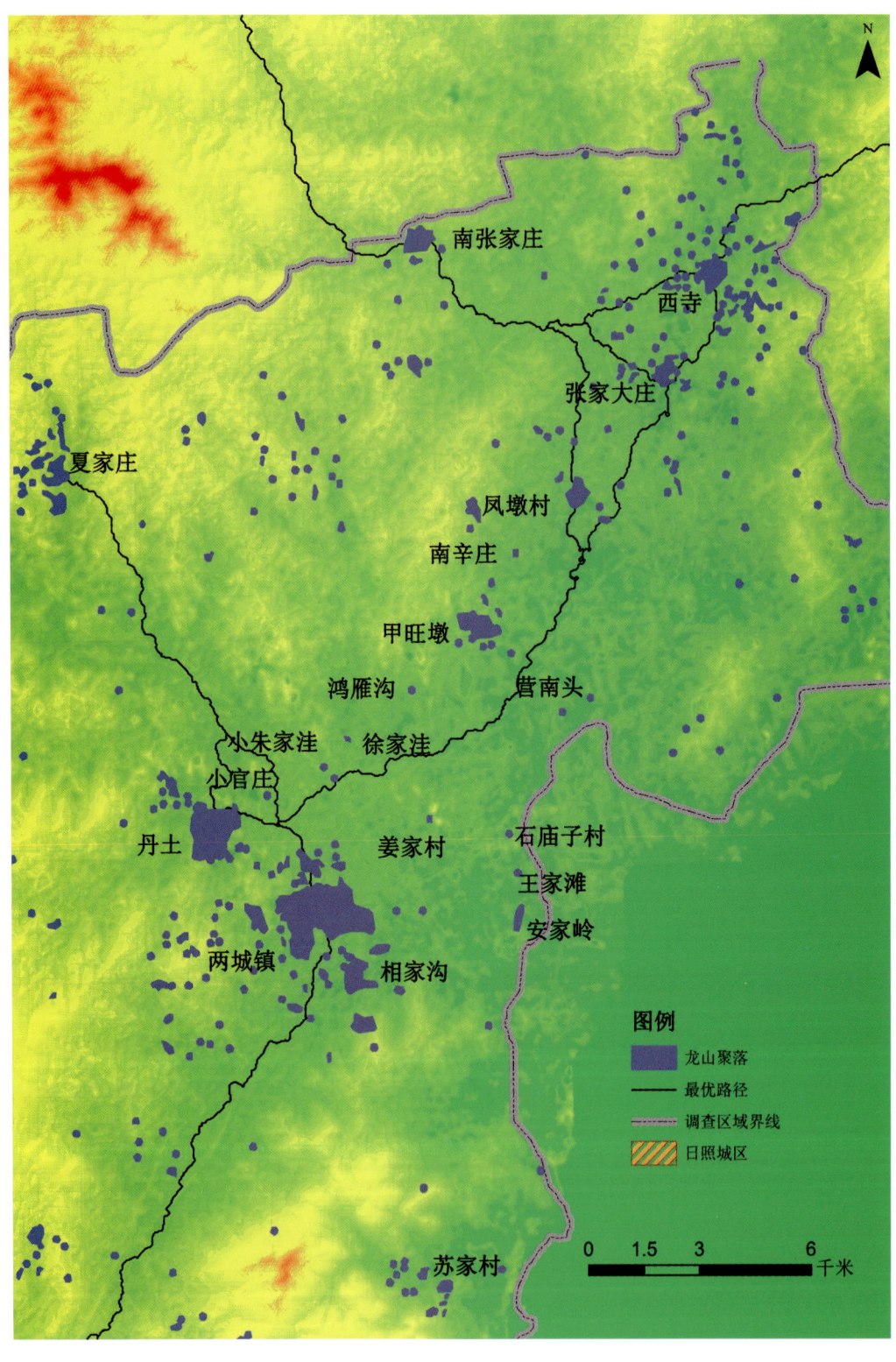

龙山文化丹土两城镇通往西寺一带路线推测

图版九

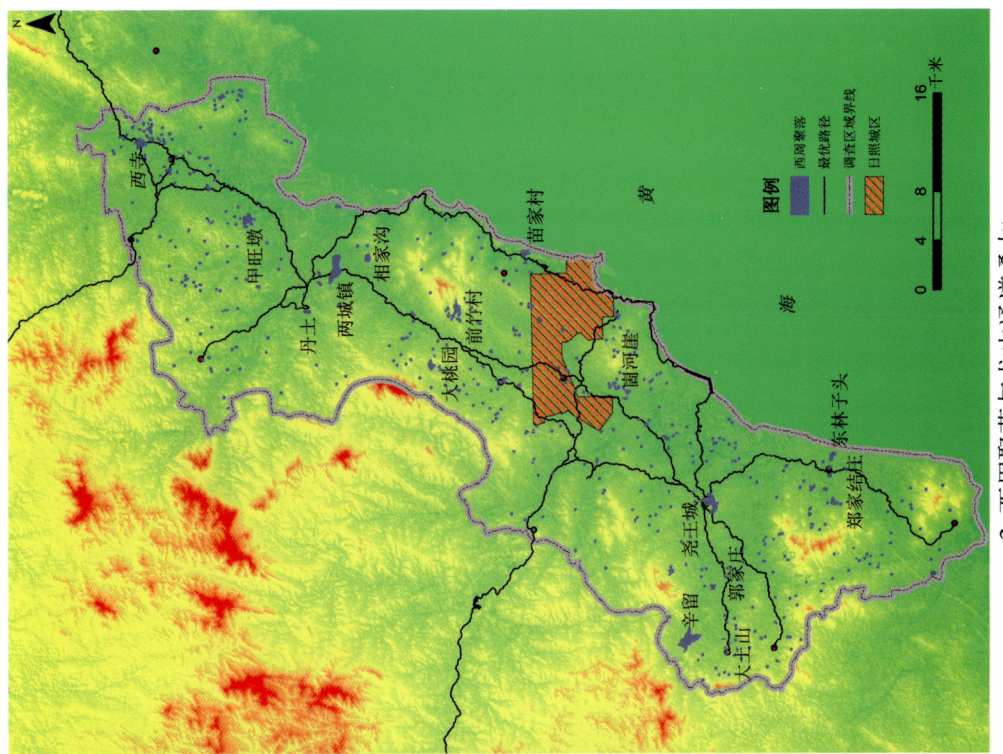

2. 西周聚落与龙山通道叠加

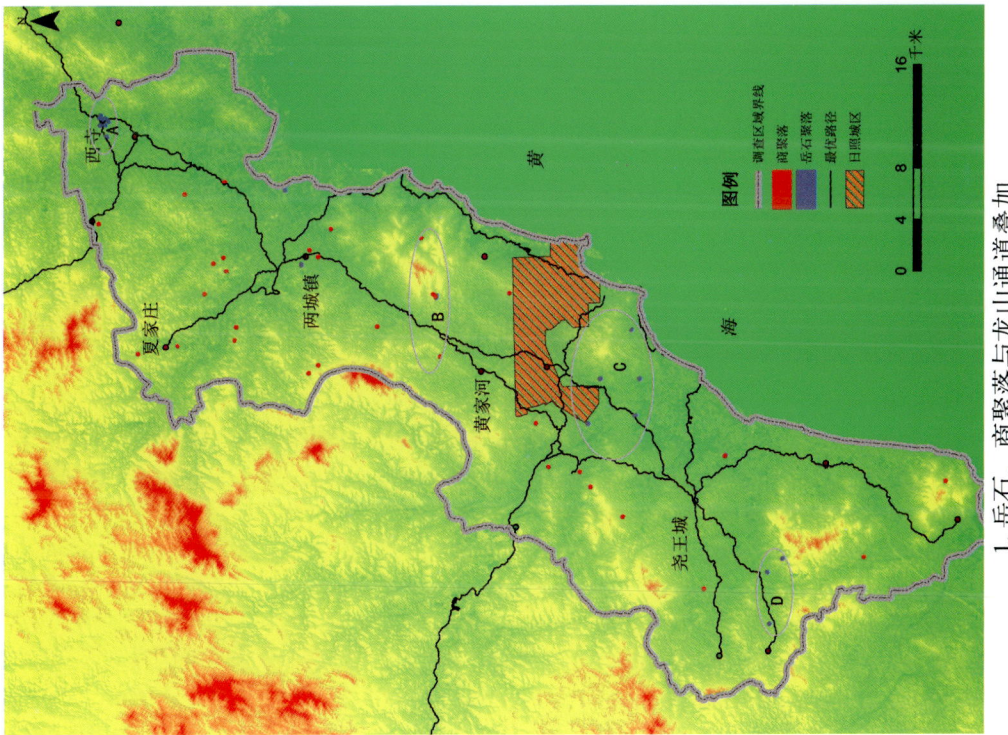

1. 岳石、商聚落与龙山通道叠加

岳石、商聚落与龙山通道叠加和西周聚落与龙山通道叠加

图版一〇

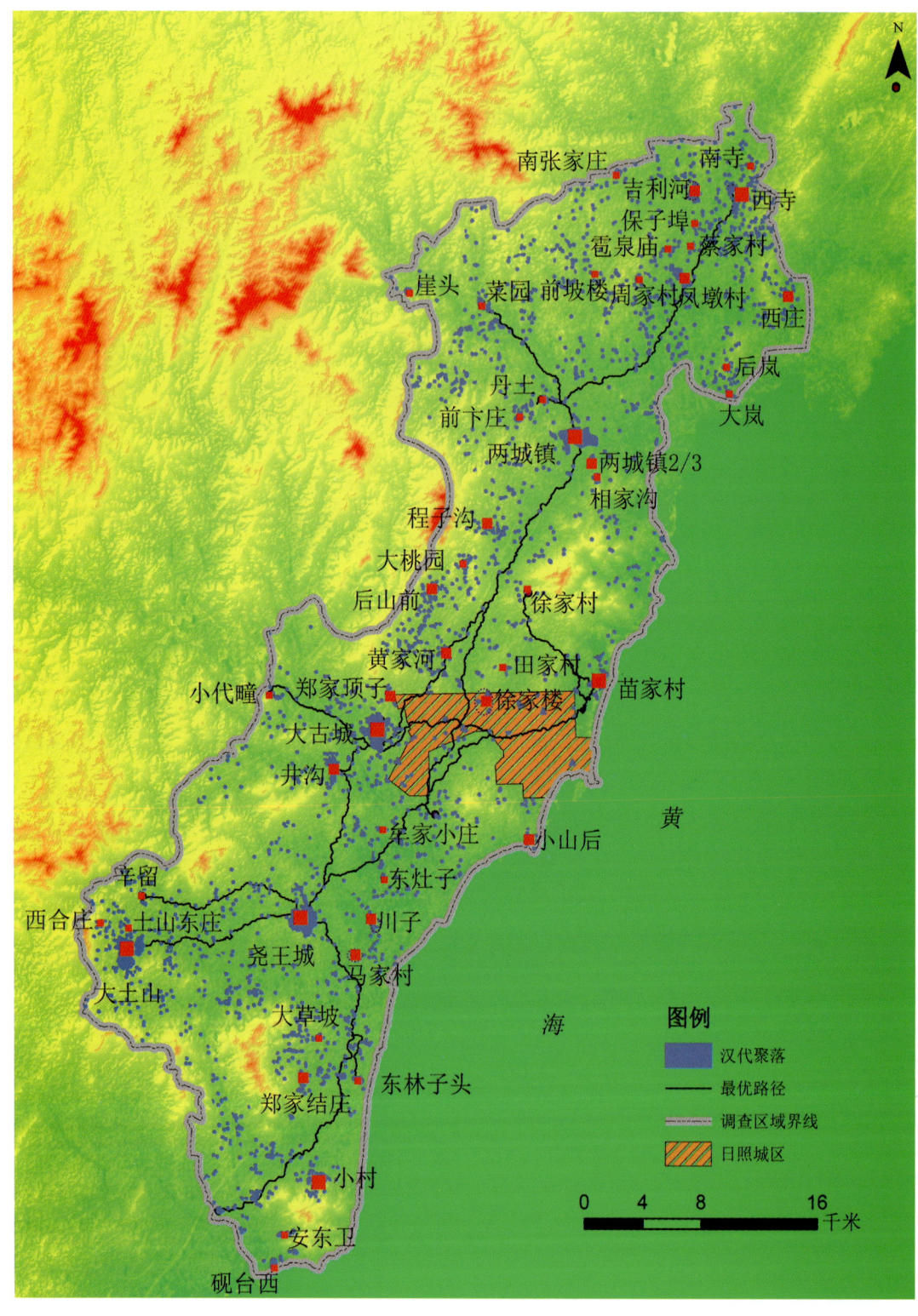

汉代聚落与东周通道叠加

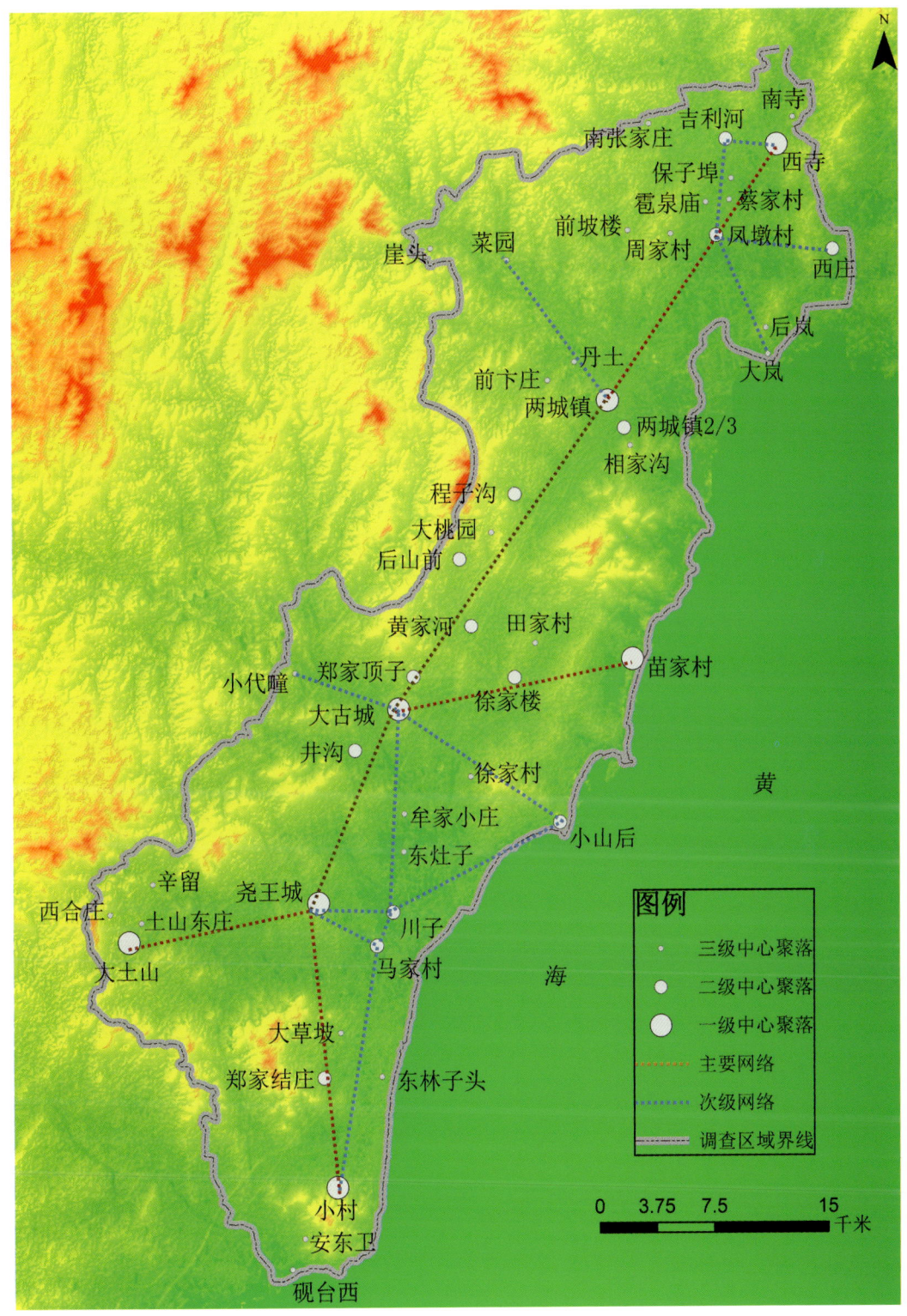

图版一一

秦汉三级中心聚落与交通网络

图版一二

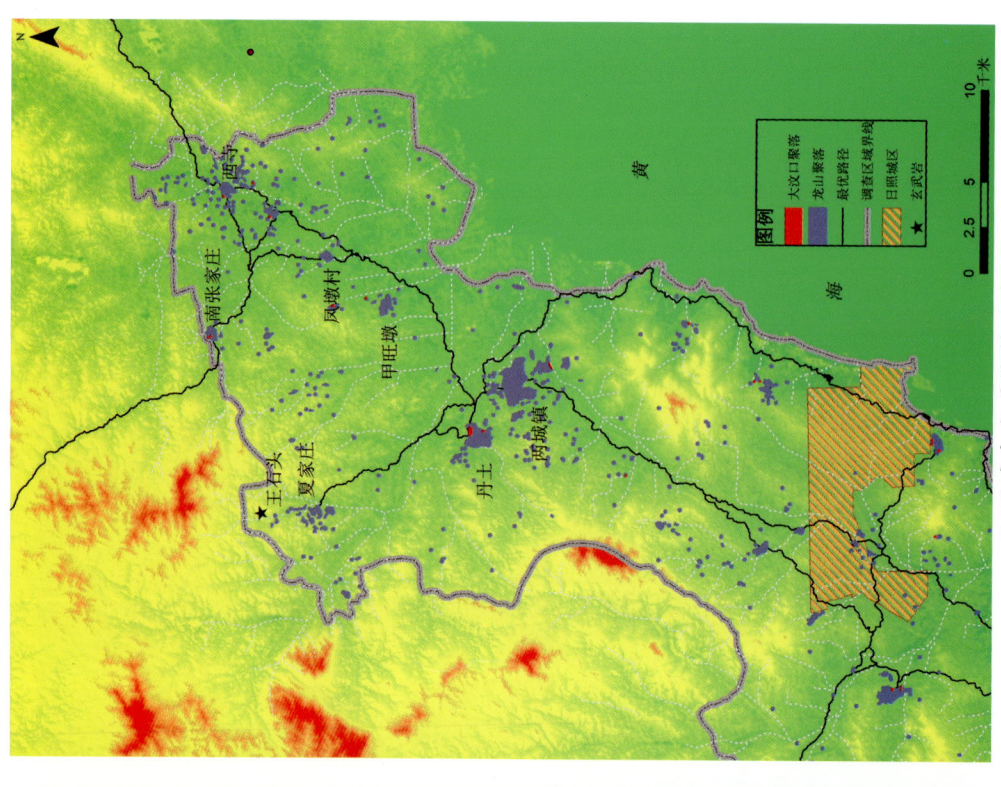

1. 研究区域内蛇纹岩与铜矿分布图
2. 区域内玄武岩的分布图

研究区域内蛇纹岩与铜矿分布图和区域内玄武岩的分布图

图版一三

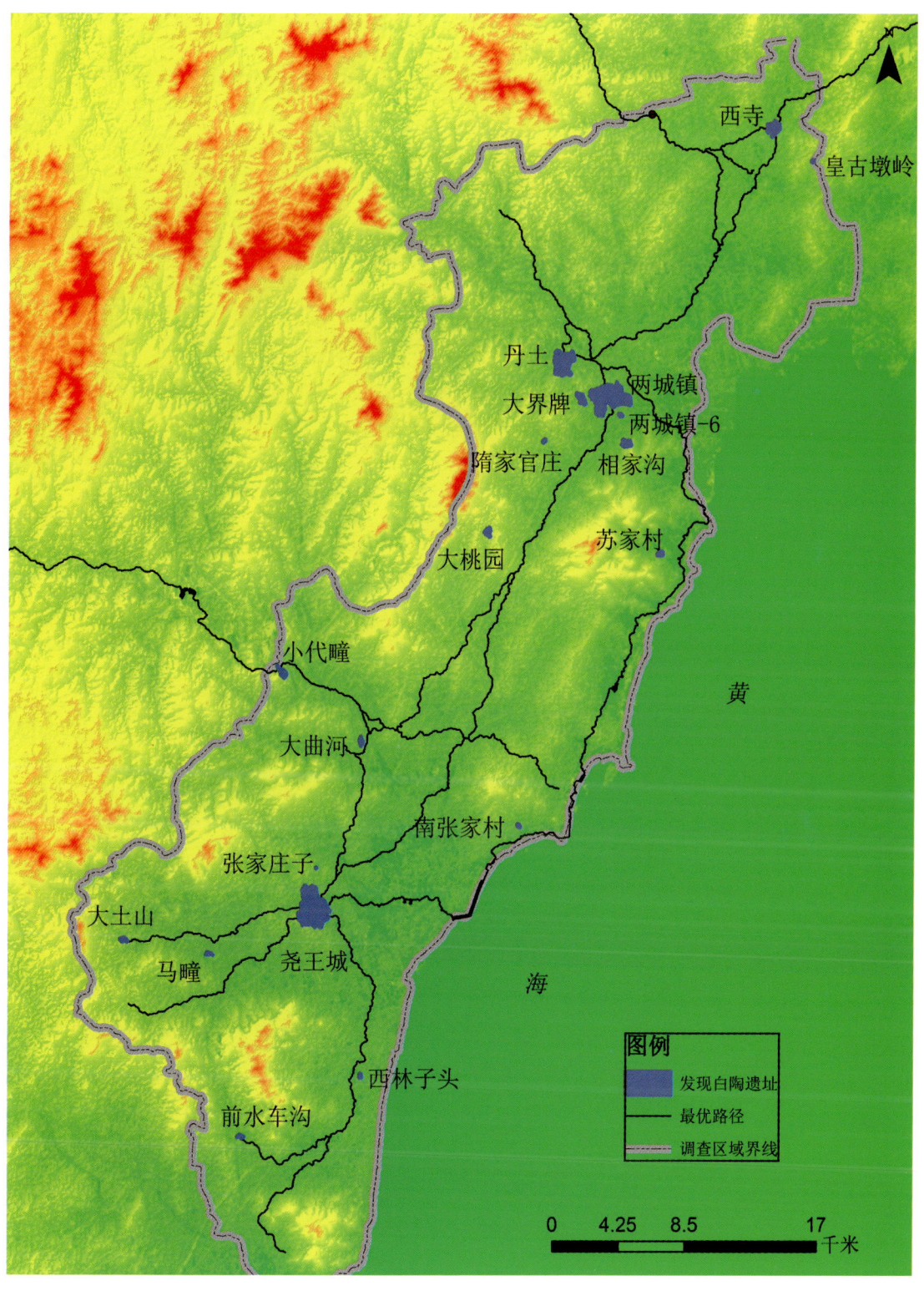

发现白陶的遗址

图版一四

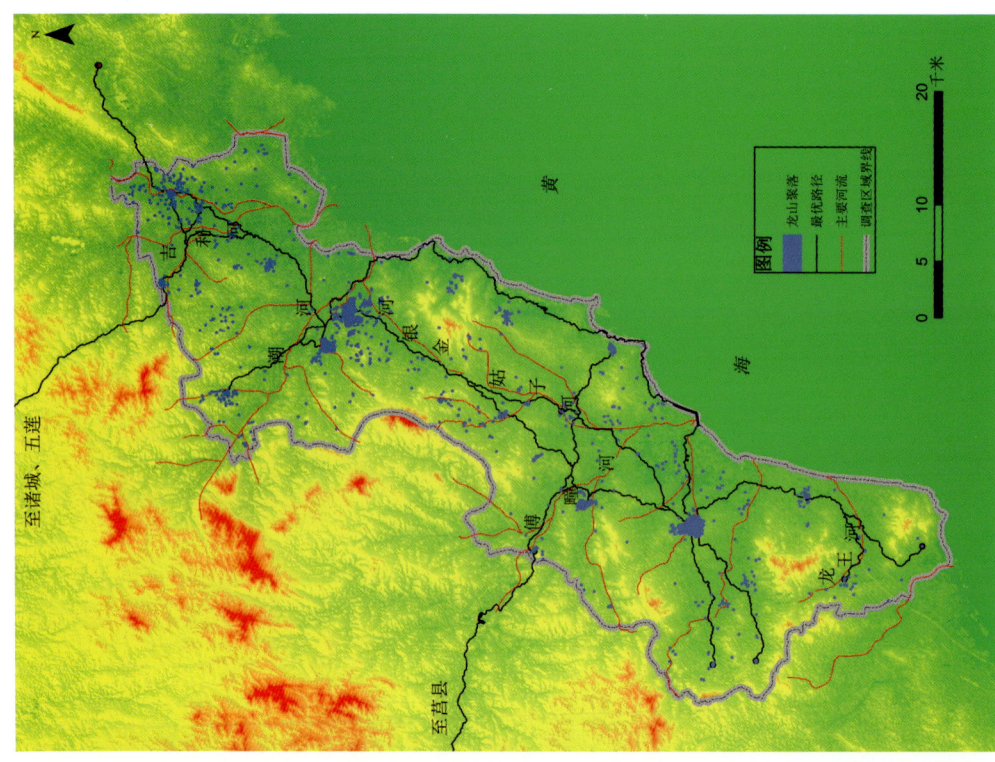

1. 龙山通道与现代交通叠加

2. 区域内主要河流与龙山通道叠加

龙山通道与现代交通叠加和区域内主要河流与龙山通道叠加

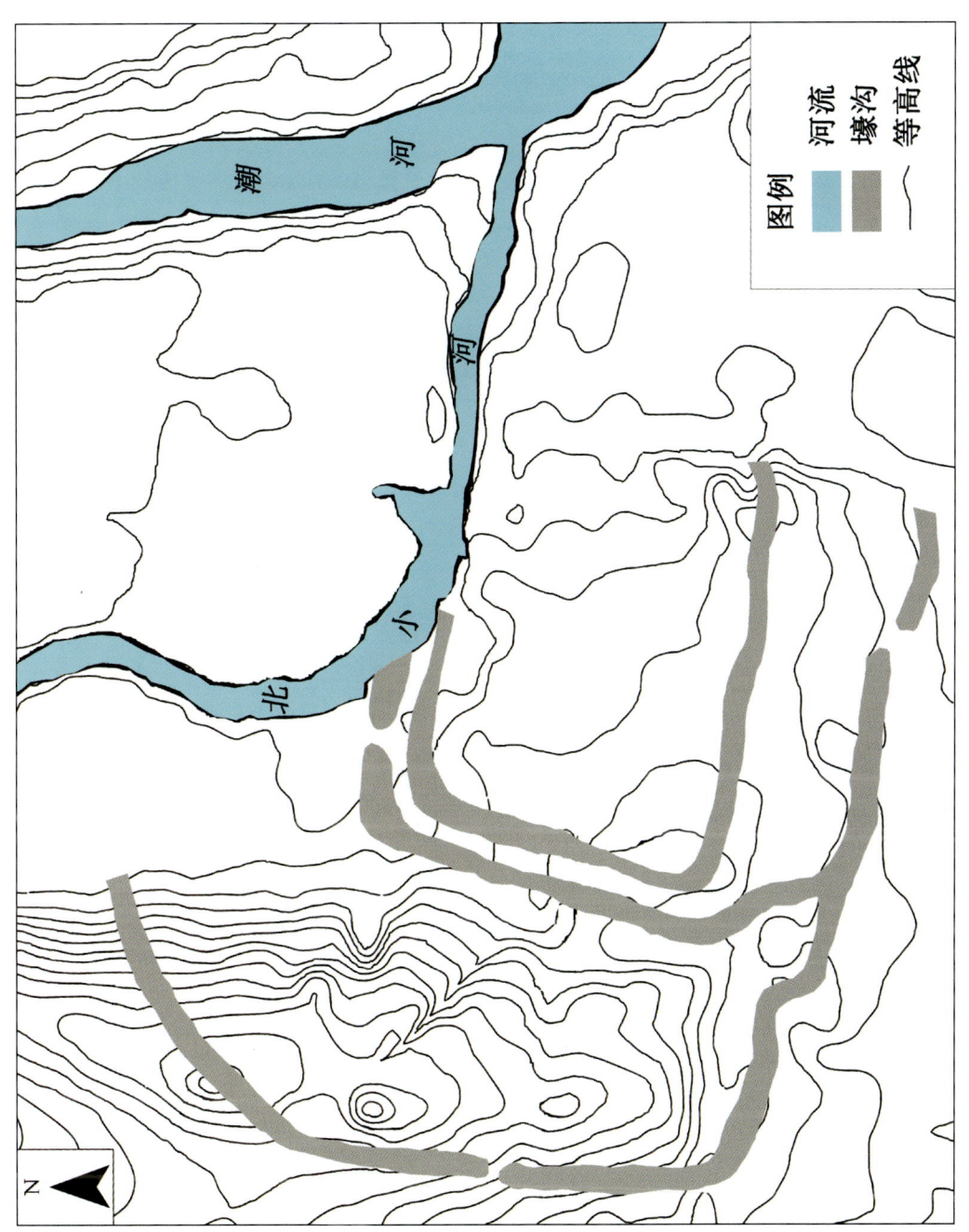

图版一五

两城镇遗址龙山文化环壕

图版一六

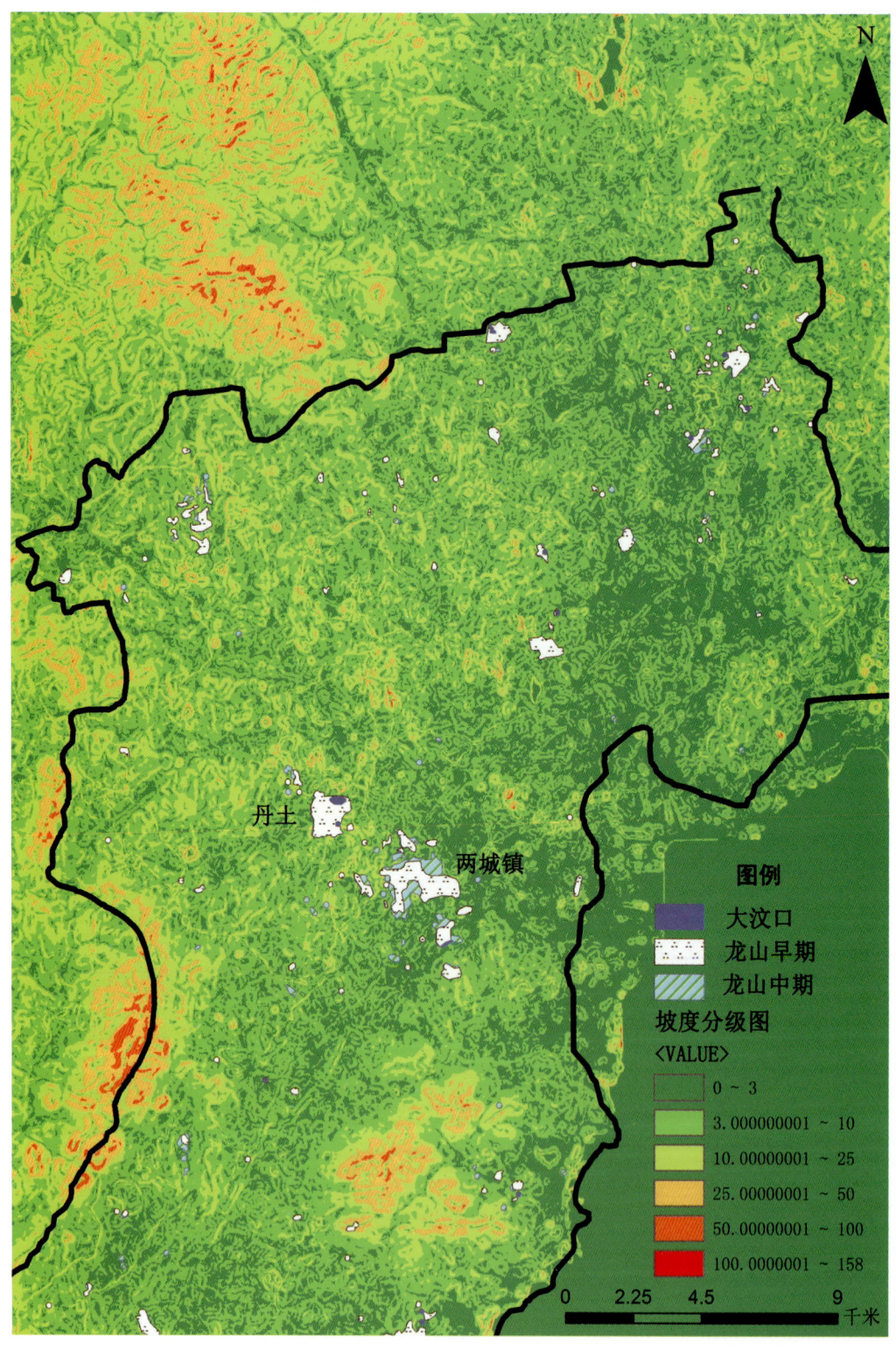

丹土两城镇一带坡度分级

图版一七

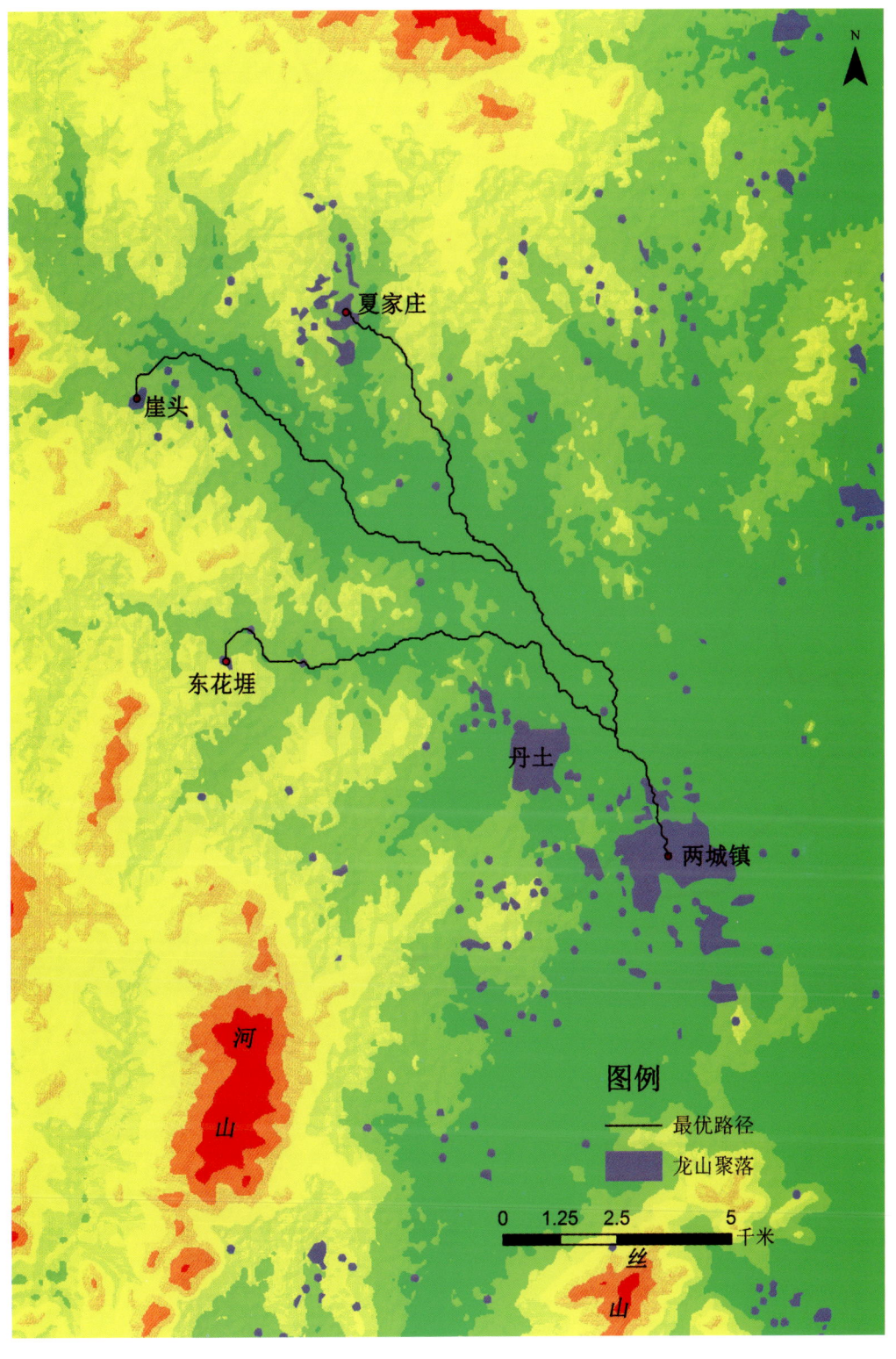

两城镇通往西北地区的最优路径

图版一八

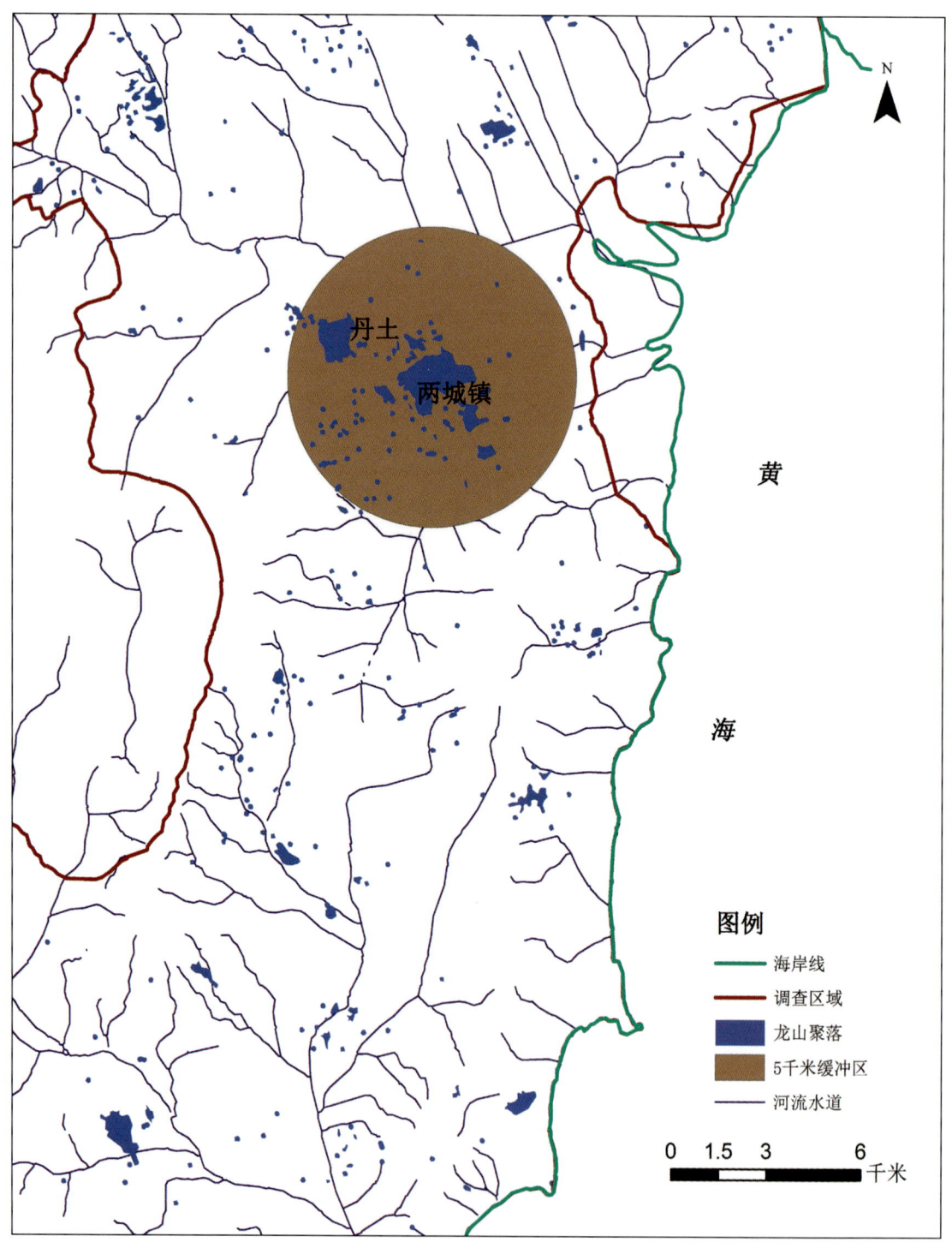

两城镇周边5千米缓冲区

图版一九

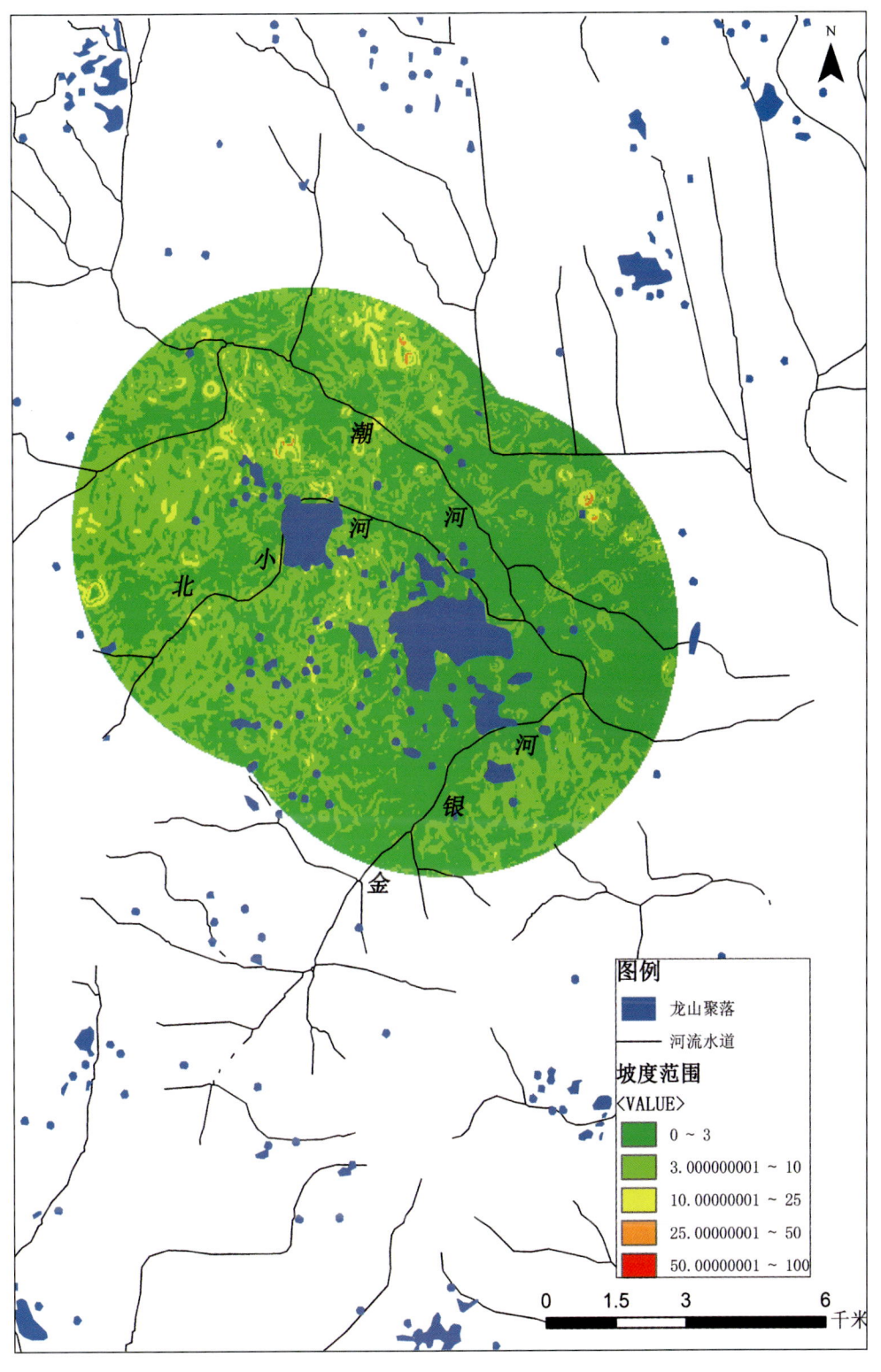

5千米缓冲区坡度分布

图版二〇

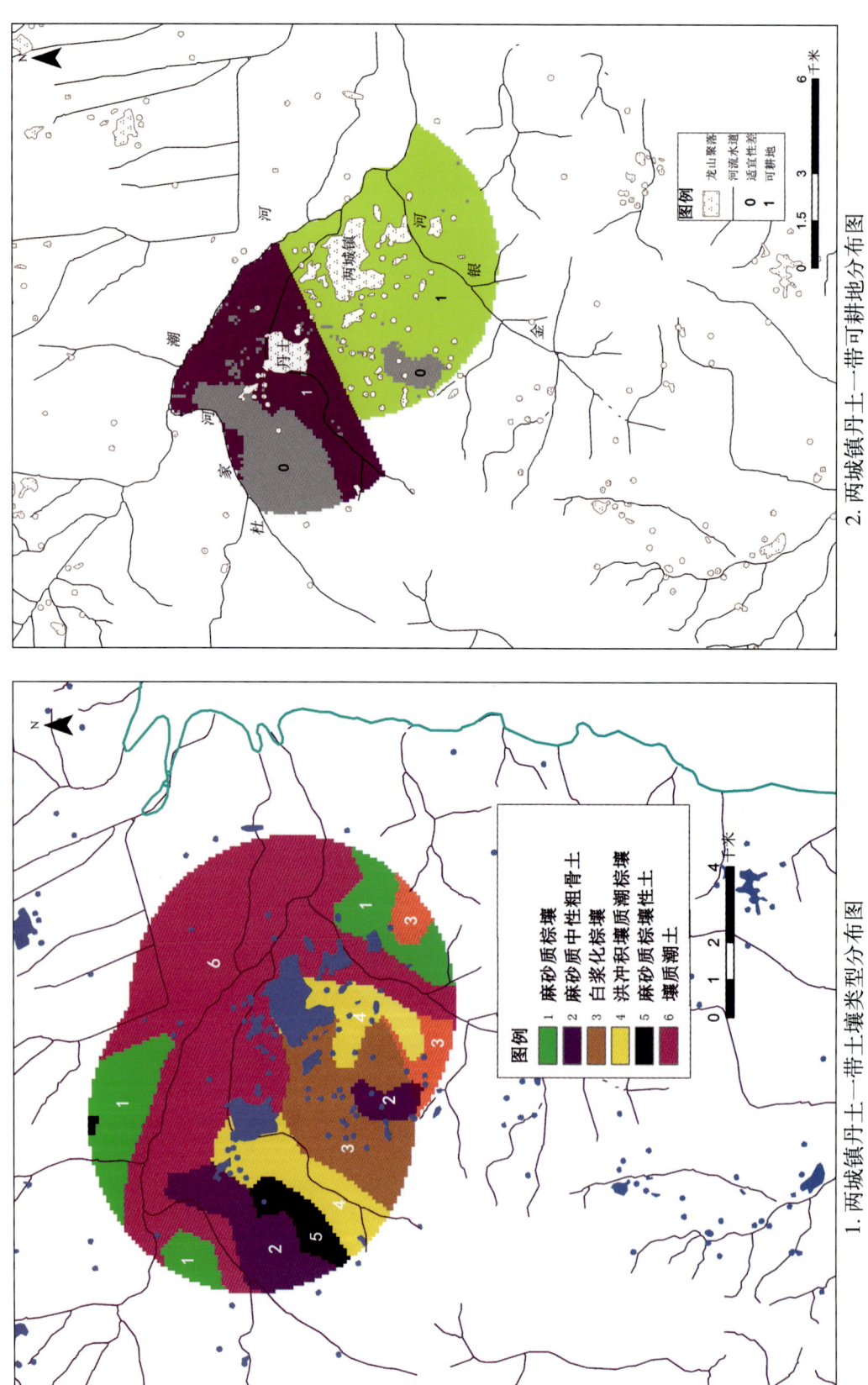

1. 两城镇丹土一带土壤类型分布图
2. 两城镇丹土一带可耕地分布图

两城镇丹土一带土壤类型和可耕地分布图